THE START

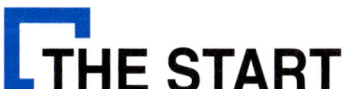

개발의 미래를 현재로 가져오다! 차세대 개발자를 위한 AI 코딩 가이드

코드 어시스턴트를 활용한
바이브 코딩

저자 김종덕

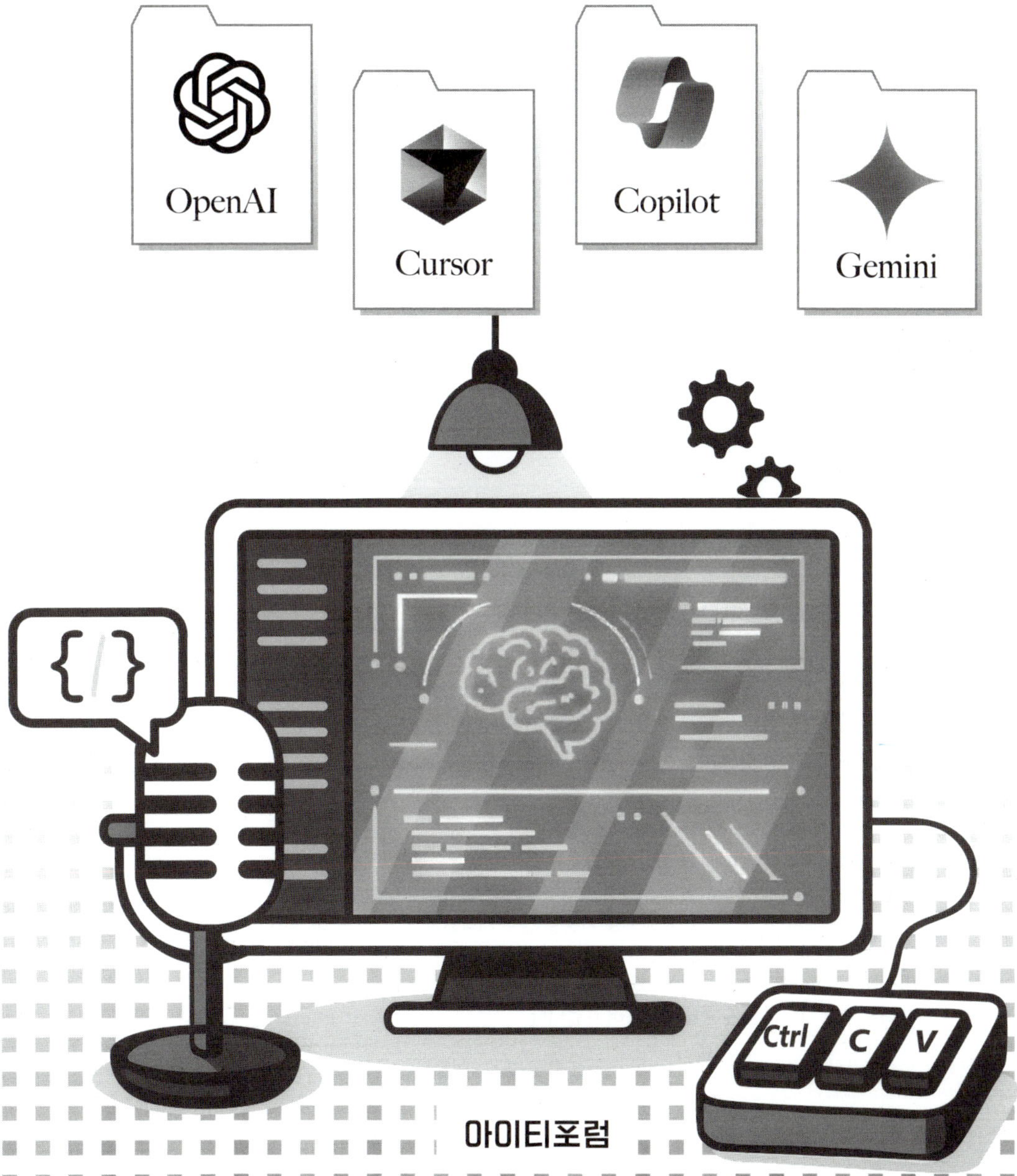

아이티포럼

코드 어시스턴트를 활용한
바이브 코딩

저자	김종덕
초판 발행	2025년 9월 31일
발행처	아이티포럼
발행인	김연홍
디자인	Studio 7kg
편집	이재덕
주소	경기도 안산시 단원구 당곡1로 28번지 912동 502호
전화	02) 865-3701
등록번호	제 2012-000001 호
등록일자	2012년 1월 26일
ISBN	978-89-97945-11-5 93000
가격	25,000원

이 책은 저작권법에 따라 보호받는 저작물로 무단제제 및 무단복제를 금지합니다.
이 책의 전부 또는 일부를 이용하려면 반드시 저작권자의 서면 동의를 받아야 합니다.
학교를 제외한 기관에서 이 책을 교육용 교재로 사용할 경우 저작권자의 서면 동의를 받아야 합니다.
본 서적의 수업 자료 및 오탈자, 수정 내용은 아이티포럼 출판사 네이버 카페
(https://cafe.naver.com/itforum01)에서 제공 및 안내 받으실 수 있습니다.
잘못 만들어진 책은 구입하신 곳에서 교환하여 드립니다.

PREFACE

이 책은 다양한 "코드 어시스턴트"를 사용하고 싶은 일반인분들을 대상으로 했습니다. 또는 초보 개발자로 바이브 코딩을 통해 생산성을 높이기를 원하는 분들을 대상으로 했습니다. IT지식이 전혀 없는 분들도 보실 수 있고, 개발자의 초급 단계에 있는 분들도 보실 수 있도록 집필을 했습니다.

"코드 어시스턴트를 활용한 바이브 코딩"은 최근에 유행하고 있는 바이브(Vibe) 코딩에 관한 내용을 다루고 있는 책입니다. 상당히 많은 도구들이 출현하고 있어서 어떤 도구를 선택해서 작업을 해야 하는지를 고민을 했습니다.

첫번째는 초보자가 쉽게 사용할 수 있는 도구들을 우선적으로 선택했습니다. 일단은 통합 개발 환경이 사용하기가 쉬운 편입니다. 마이크로소프트의 비주얼 스튜디오 코드에 코파일럿을 설치하면 정말 막강한 환경이 됩니다. 약간 기능적으로 아쉬운 부분도 있지만 초보자가 선택해서 사용하기에 멋진 환경입니다.

두번째는 무료로 일단 사용할 수 있는 도구들을 선택했습니다. 사실 클로드 코드를 사용하는 개발자들도 많지만 결제를 해야 하는 부분이 있어서 무료로 사용할 수 있는 비주얼 스튜디오 코드 + 코파일럿과 2주간 무료로 사용할 수 있는 Cursor IDE 등을 선택했습니다. 아마존에서 출시한 Kiro도 현재는 무료로 사용할 수 있는 통합 개발 환경입니다. 이 책에서는 가능하면 무료로 사용할 수 있는 환경에 대해서 주로 설명드리고 있습니다.

세번째는 최근에 새롭게 출시된 환경들이 있습니다. CLI라는 환경은 초보자가 선택하기에 쉽지 않습니다. 다만 구글의 제미나이 CLI는 무료로 사용할 수 있고, 100만 토큰이라는 용량을 제공하기 때문에 규모가 있는 프로그램들을 테스트하기도 적당하다고 생각합니다.

네번째로는 유료이지만 그래도 끝판왕에 해당되는 클로드 코드(Claude Code)를 한번 사용해 볼 수 있도록 가입하고 사용하는 방법을 정리해 보았습니다. 아무래도 코드 어시스턴트를 활용해서 개발을 하게 되면 정기적으로 결제를 해야 합니다. 독자분들에게 조금 부담이 될 수 있지만 이런 환경도 있다고 살펴보시면 됩니다. 마지막으로 전자제품 쇼핑몰을 미니 프로젝트 형태로 진행해 보았습니다. 보통 장기 교육을 할 때 1주일에서 2주일정도 만드는 것이 쇼핑몰과 게시판입니다. 2시간에서 3시간정도 Cursor IDE와 씨름을 하면서 충분히 이런 코드들을 자동 생성할 수 있습니다.

위의 환경들은 얼마든지 변경될 수 있습니다. 바이브 코딩의 도구들은 매달 새로운 버전들이 나오기 때문에 화면도 조금씩 다를 수 있습니다. 다만 사용법이 비슷하기 때문에 코딩을 도와주는 대표적인 바이브 코딩 툴들을 익혀두면 이 책에서 다루지 않는 환경들도 쉽게 적응할 수 있습니다. 제가 비슷한 경험들을 하고 있습니다.

이제는 AI기반의 LLM을 활용해서 코딩을 하는 시대가 되었습니다. 앞으로 어떤 변화가 출현할지 너무나 궁금합니다. 코드 어시스턴트를 활용하는 문화는 급격하게 퍼질 것으로

PREFACE

예상됩니다. 개인적으로 개발자들을 대상으로 하는 과정도 진행하고 있지만, 일반인들을 대상으로 하는 파이썬 프로그래밍 과정도 강의를 하고 있고, 노코드와 로우코드 과정도 강의를 하고 있는데 코딩 지식이 없는 분들도 코드 어시스턴트 도구들을 사용해서 무리 없이 실습을 진행해 보고 있습니다. 이제는 전문 개발자만의 독점인 시장이 아니라, 일반인들(시민 개발자)가 웹사이트와 애플리케이션을 만드는 시장이 활짝 열리고 있다고 보고 있습니다.

이 책에는 코드가 대부분은 생략되어 있습니다. 코파일럿과 Cursor IDE로 코드를 생성하다 보니 코드를 100% 추가하는 것이 크게 의미가 없다는 생각을 해서 과감하게 코드를 생략했습니다. 비교적 분량이 적은 책자로 만들어져서 가볍게 접근하기에 좋다고 봅니다. 완성된 코드는 깃허브에 올려두었습니다.

전체적인 책의 구성은 아래와 같습니다.

1장은 말로 코딩을 하는 시대 – 바이브 코딩을 소개합니다. 요즘 개발자들과 엔지니어들에게 가장 뜨거운 주제 중에 하나가 되었습니다.

2장은 어떤 도구들이 있는지를 살펴봅니다. 아마도 이 책이 출판되고 난 이후에도 계속 변화될 것 같습니다. 그럼에도 기본적인 내용들은 비슷합니다. 우리가 다룰 도구들을 가볍게 살펴봅니다.

3장 개발을 위한 기본적인 설치를 다룹니다. 개발자가 아닌 분들은 환경 설치부터 순차적으로 접근해야 합니다. 파이썬과 웹 페이지를 생성해서 실행하는 형태로 처음부터 접근해 봅니다.

4장은 비주얼 스튜디오 코드에 코파일럿 설치해서 사용해봅니다. 개발자가 아닌 분들도 쉽게 접근할 수 있는 환경입니다.

5장은 커서 IDE를 사용해서 코드를 생성해 봅니다. 일단은 무료로 2주를 사용해 볼 수 있습니다. 강력한 기능 때문에 아마 코딩하는 재미가 생기면 유료 결제를 할 가능성이 높습니다.

6장은 구글의 재미나이 CLI를 설치해서 사용해봅니다. 설치도 쉽고, 100만 토큰까지 무료로 사용할 수 있어서 다른 코드 어시스턴트 도구들과 같이 사용하면 좋습니다.

7장은 아마존의 Kiro를 사용해 봅니다. 다른 도구들과 크게 다르지 않지만 스펙 기반의 개발이라는 멋진 기능을 가진 도구입니다.

8장은 macOS에서 Xcode를 사용해서 아이폰 앱 개발하기를 살펴봅니다. Cursor IDE에서 생성한 코드를 애플이 제공하는 Xcode에 접목해서 사용하는 쉬운 방법을 살펴봅니다. 모바일 앱도 이런 형태로 개발하는 형태라는 것을 확인할 수 있습니다.

9장은 클로드 코드(Claude Code)를 다루고 있습니다. 거의 코드 자동 생성의 끝판왕이라고 할 수 있습니다. 이 부분은 유료 결제가 필요합니다. 앞에서 다루었던 Cursor IDE와 비슷한 부분도 상당히 많고, 사용환경은 구글 제미나이 CLI와 비슷합니다.

10장은 미니 프로젝트로 처음부터 전자제품 쇼핑몰을 만들어 보는 작업을 진행합니다. Cursor IDE를 사용해서, Supabase로 데이터베이스를 해결하고, 쇼핑작업과 게시판 작업까지 포함한 내용입니다. 앞에서 학습한 내용들을 조합해서 이런 정도의 작업을 할 수 있다고 보면 됩니다.

1장부터 7장까지는 윈도우 노트북에서 실습을 진행할 수 있습니다. 다만 8장의 경우 맥북(macOS)에서만 실습이 가능합니다. 애플이 제공하는 Xcode라는 개발도구는 반드시 macOS에서 실행해야 합니다. 혹시 맥미니나 맥기반의 노트북이 없는 분들은 가볍게 모바일도 이런 형태로 가능하구나 살펴보시면 될 것 같습니다.

9장의 경우는 맥북에서 진행을 했지만, 윈도우 노트북에서도 전혀 문제 없이 동작합니다. 10장도 윈도우 노트북에서 진행된 내용입니다. 사실 대부분의 바이브 코딩 도구들은 윈도우와 맥을 전부 지원합니다. 편의상 윈도우 노트북에서 진행된 내용들이 많기는 합니다.

독자 여러분들도 다양한 코드 어시스턴트 도구들을 활용해서 멋진 아이디어를 구현해 보는 개발자들로 성장하기를 기원합니다.

이 책이 나오기까지 많은 분들의 도움을 받았습니다. 언제나 부족한 강사가 강의를 할 수 있도록 도움을 주시는 멀티캠퍼스, 생산성본부, 휴넷, 에티버스의 관계자분들에게 먼저 감사를 드립니다. 부족한 남편을 늘 지원해주는 아내 홍은미와 아빠를 늘 응원해주는 직장인이 된 예지, 예준에게도 감사를 드립니다. 늘 무지한 저를 위해서 기도해 주시는 어머니, 장인어른과 장모님 에게도 감사를 드립니다.

이 책이 세상에 나올 수 있도록 출판을 허락해준 김연홍 대표에게도 감사를 드립니다. 꾸준하게 책에 대한 피드백을 주고 있는 동료 강사들과 현직 개발자들로 있는 선후배님들에게도 감사를 드립니다.

- 이메일: papasmf1@gmail.com
- 구글 블로그: https://papasmf.blogspot.com/
- 네이버 블로그: https://blog.naver.com/papasmf1004
- 유튜브 채널: https://www.youtube.com/@papasmf1
- 깃허브 주소: https://github.com/papasmf1/VibeCoding

Contents

1장 말로 코딩을 하는 시대 - 바이브 코딩

1.1	소프트웨어 개발의 3.0 시대가 열린다	2
1.2	개발자는 앞으로 어떤 역할을 하나?	7
1.3	바이브 코딩의 현실과 대안	10
1.4	프리 에이전트- 솔로프리너의 시대	13

2장 어떤 도구들이 있나?

2.1	빅테크들의 치열한 AI전쟁	20
2.2	마이크로소프트의 코파일럿	20
2.3	Cursor IDE	21
2.4	구글의 제미나이 CLI	22
2.5	아마존의 Kiro	23

3장 개발을 위한 기본적인 설치

3.1	파이썬과 비주얼스튜디오 코드 설치하기	26
3.2	파이썬을 사용해 보기	42
3.3	웹의 기본을 살펴보기	50

4장 비주얼스튜디오 코드에 코파일럿 설치해서 사용하기

- 4.1 비주얼 스튜디오 코드에 코파일럿을 설치하기 56
- 4.2 파이썬으로 게임작성하기 62
- 4.3 코파일럿을 사용한 데이터 자동 분석과 시각화 68
- 4.4 파이썬의 SQLite를 사용하고, 크롤링한 결과를 GUI프로그램으로 만들기 72
- 4.5 GUI프로그램을 실행파일로 만들어서 배포하기 83
- 4.6 크롤링한 결과를 엑셀 파일에 저장하는 프로그램 만들기 86
- 4.7 랜딩 웹페이지 만들기 92

5장 커서 IDE를 사용해서 코드 생성하기

- 5.1 Cursor IDE 설치하기 98
- 5.2 Cursor IDE로 개발하기 107
- 5.3 Cursor IDE로 데이터분석과 시각화 자동화하기 129
- 5.4 Cursor IDE로 제비우스게임과 같은 슈팅게임 만들기 144
- 5.5 Cursor IDE로 K-drama를 홍보하는 웹사이트를 만들기 154
- 5.6 Cursor IDE에 rule을 셋팅하기 160

6장 구글의 재미나이 CLI를 설치해서 사용하기

- 6.1 구글의 제미나이 CLI를 설치해서 비주얼 스튜디오 코드와 같이 활용하기 172

7장 아마존의 Kiro를 사용하기

- 7.1 Kiro를 설치하기 192
- 7.2 간단한 웹사이트를 스펙 기반으로 만들기 198
- 7.3 게임코드를 스펙 기반으로 만들기 204

CONTENTS

8장 macOS에서 Xcode를 사용해서 아이폰 앱 개발하기 - 커서와 같이 활용

- 8.1 아이폰 앱에 대한 간단한 소개 · 214
- 8.2 Swift언어와 SwiftUI에 대한 소개 · 217
- 8.3 Cursor IDE에서 생성한 코드를 Xcode에서 실행하기 · 222
- 8.4 아이폰에 실제 앱을 배포해서 실행해 보기 · 231

9장 클로드 코드(Claude Code)를 사용하기

- 9.1 Claude Code 설치하기 · 246
- 9.2 Claude Code 사용해서 제비우스 게임 만들기 · 257
- 9.3 Claude Code 사용해서 To-do-list웹페이지 만들기 · 265

10장 미니 프로젝트 – Cursor IDE와 Supabase 연결해서 사용하기

- 10.1 Supabase에 MCP를 사용해서 연결하기 · 276
- 10.2 쇼핑몰 프로젝트 만들기 · 279
- 10.3 쇼핑몰 프로젝트에 게시판 추가하기 · 293

1장

말로 코딩을 하는 시대 - 바이브 코딩

1.1 소프트웨어 개발의 3.0 시대가 열린다.

1.2 개발자는 앞으로 어떤 역할을 하나?

1.3 바이브 코딩의 현실과 대안

1.4 프리 에이전트- 솔로프리너의 시대

1.1 소프트웨어 개발의 3.0 시대가 열린다.

아직은 디테일한 코드를 사람이 수정하고, LLM이 완성하는 코드를 감시해야 하지만, 직접 개발자가 모든 것을 코딩하던 시대가 끝나가고 있습니다. 앞으로 개발의 프로세스가 어떻게 변경될지 궁금합니다. ㅎㅎ

개발 언어의 장벽도 사라지고 있습니다. 파이썬 개발자, 리액트 개발자, 모바일 개발자라는 구분은 구식이 되고 있고, 다양한 기술 스택(전반적인 앱과 웹을 개발하는 다양한 기술계층)을 사용해서 개발을 할 수 있는 Human + AI가 같이 협업을 할 수 있는 개발 인력들을 회사들이 요구하고 있습니다.

어떤 언어를 공부해야 하나? 라는 질문도 크게 의미가 없다고 봅니다. 저는 개인적으로 첫 번째 개발 언어로 파이썬을 공부하라고 권하고 있습니다. 쉬운 언어를 조금 공부하고, 라이브러리 개념을 익히고, 서버와 클라이언트, 클라우드, LLM의 사용법을 익히는 순서로 공부하면 될 것 같습니다. 기본적인 IT 분야의 용어들과 기술들을 모른다면 사실 벽이 생길 수 있습니다. 꾸준한 공부는 늘 필요합니다. 윈도우와 macOS, Linux와 같은 운영체제를 다루는 기본 지식들도 필요합니다.

최근에는 AI 기반의 LLM을 사용하면서 개인의 생산성은 하늘을 찌를 정도로 올라가고 있습니다. 코드 어시스턴트 도구를 사용하지 않는 개발자와 적극 사용하는 개발자는 하늘과 땅만큼의 차이가 납니다.

"바이브 코딩"이란 단어는 안드레이 카파시(Andrej Karpathy)의 강연에서 처음 나온 단어입니다. 우리는 소프트웨어 3.0의 시대로 본격 진입하고 있습니다.

- 소프트웨어 1.0: 사람이 직접 작성한 전통적인 코드 (예: C++, Python 등)
- 소프트웨어 2.0: 사람이 코드를 쓰는 대신, 데이터를 기반으로 신경망(Neural Network)을 학습시켜 파라미터(가중치)로 기능을 구현 (예: 자율주행 모델, 딥러닝 기반 시스템)
- 소프트웨어 3.0: LLM(대형 언어 모델)을 기반으로 하는 새로운 패러다임. 이제 우리가 사용하는 언어로 작성한 프롬프트(prompt) 자체가 프로그램이 되며, 우리가 사용하는 언어는 사실상 새로운 프로그래밍 언어로 작동합니다.

가장 빠르게 코딩할 수 있는 언어는 "영어"입니다. ㅋㅋ 한국인이라면 "한글"을 사용하면 됩니다. 너무 빠르게 이런 시기가 왔다고 생각합니다. AI시장은 1년 앞을 예상할 수 없는 시장입니다. 저도 기존 책을 매년 새롭게 변경해서 출간하고 있습니다. 매달 새로운 내용들이 출시되어서 정리만 해도 벅찬 매우 핫 한 시장입니다.

"앞으로 개발하는 사람(개발자와 엔지니어)의 역할은 무엇일까?"를 고민하게 됩니다. 다양한 AI 엔진들의 경계(단점과 장점)을 잘 파악하고 감시하면서, 전체 큰 그림을 그리면서 상세하게 일을 시키는 역할이 앞으로는 더 중요해질 것 같습니다.

원래 프로그래밍을 한다고 하면 사람이 직접 개발을 하던 형태였습니다. 지금도 C, C++, Java, C#, Python과 같은 개발 언어를 사용해서 대부분 직접 코딩을 하고 있습니다. 이런 형태가 소프트웨어 1.0의 시대입니다. 제가 교육센터에서 진행하는 대부분의 수업이 1.0에 해당됩니다. ㅋㅋ

소프트웨어 2.0의 시대는 디지털 신경망을 사용해서 가중치를 주고, 예측 모델을 만들어 내는 시기입니다. 알고리즘을 개발자가 전부 개발하는 것이 아닌 다양한 뉴럴 네트워크를 사용해서 데이터를 학습시키고 원하는 값을 얻어내는 형태입니다. 머신러닝과 딥러닝 기술들이 여기에 해당됩니다.

그런데 이제는 말로 코딩을 하는 시대가 열렸습니다. Vibe Coding은 "감각적으로" 또는 "말로 하는 코딩"이라고 번역할 수 있습니다. LLM(Large Language Model)을 사용해서 개발 언어를 모르는 초보자들도 웹사이트와 앱을 만들어내고 있습니다.

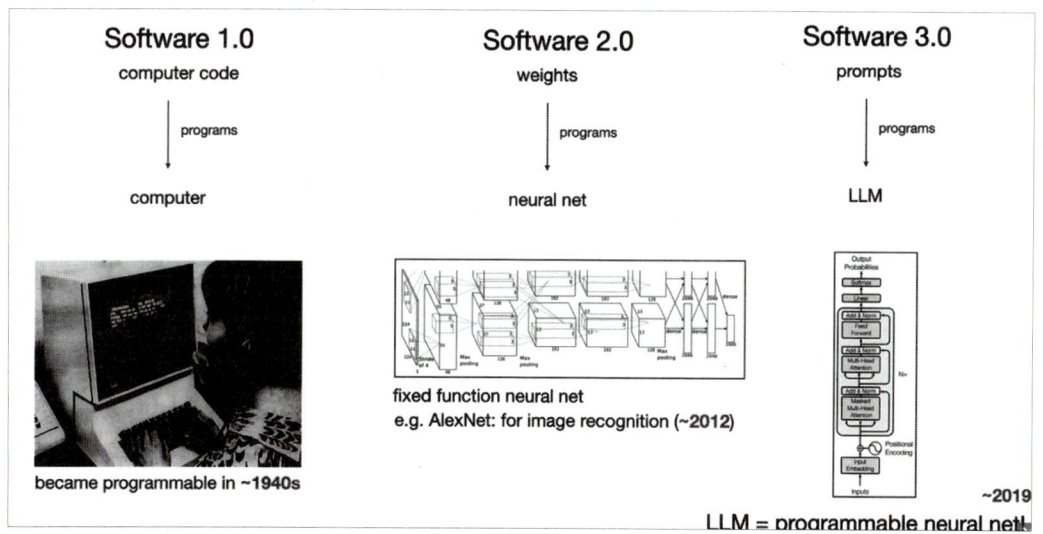

그림 1-1 소프트웨어 3.0의 시대

그림 1-2 빅테크의 데이터 센터들이 더욱 확장되고 있음.

이런 배경을 살펴보면 OpenAI와 같은 회사들이 탄생하면서, 새로운 시장이 오픈되었고, 현재는 치열한 빅테크와 선두 업체들의 경쟁이 시작되면서 더욱 가속화 되고 있습니다. 이 책에서는 비주얼 스튜디오 코드에 코파일럿을 설치해서, 코드 어시스턴트 도구를 사용하는 법부터 시작을 합니다. 가장 쉽게 초보자들이 사용할 수 있는 환경입니다. 파이썬 언어의 문법을 좀 알고 있으면 상당히 도움이 됩니다. 혹시 모른다면 그래도 코드 어시스턴트 도구들을 통해서 만들어 보면서 배우면 됩니다.

또한 개발자들에게 인기 있는 Cursor IDE를 설치해서 몇 개의 웹사이트와 앱을 만들어 보려고 합니다.

마지막으로 구글의 제미나이 CLI와 아마존의 Kiro를 사용해 보려고 합니다. 상당히 많은 도구들이 있지만 몇 개를 사용해 보면 비슷하기 때문에 기본기를 익히고 계속 전진하면 됩니다.

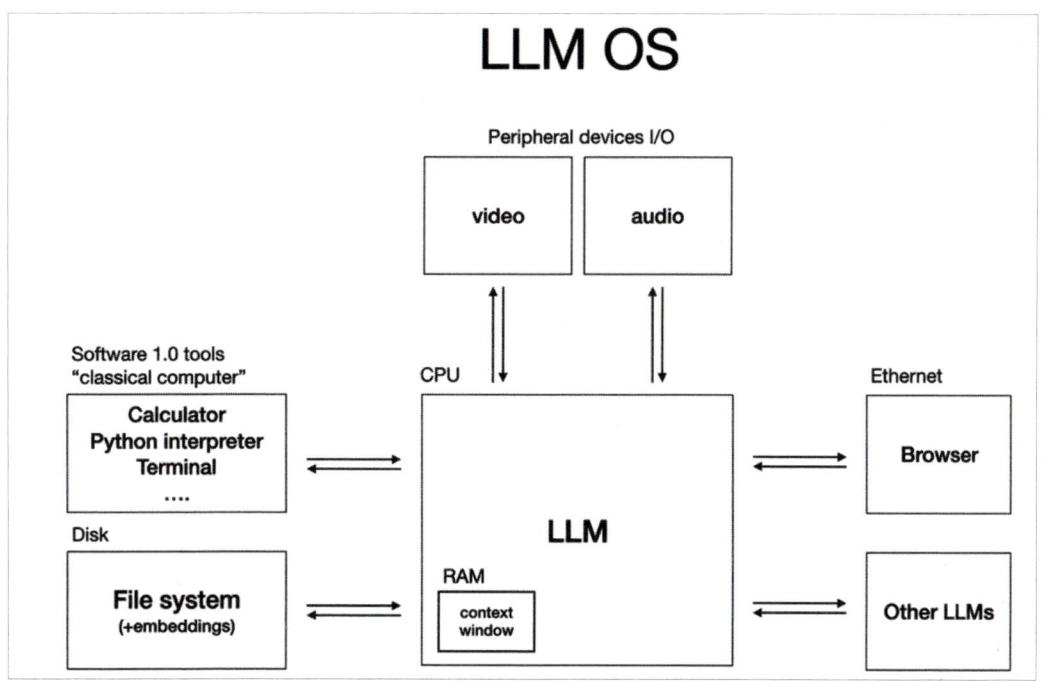

그림 1-3

저는 LLM(Large Language Model - 초 거대 언어 모델)을 OS라고 생각해 본적이 없습니다. ㅎㅎ 그런데 LLM은 정말 운영체제의 역할을 하고 있습니다. 앞으로 우리가 말로 명령을 하면 다양한 개발 언어의 코드가 나오는 시대로 가고 있습니다. 운영체제 또는 웹브라우저가 중요한 것이 아니라 어떤 LLM을 사용해서 코드를 생성하고 실행하는지가 더 중요한 시대가 될 것 같습니다. 매년 기술이 발전하는 것을 보면 참 대단합니다.

챗GPT에게 Vibe Coding에 대해 알려달라고 부탁을 했습니다.

> ☑ **1. 감성 기반 코딩(Vibe Coding) - 창의적 개발 문화**
>
> **정의:**
> "Vibe coding"은 개발자 사이에서 일종의 **감각(감성)** 또는 **분위기(vibe)** 에 따라 자유롭고 창의적으로 코딩하는 문화를 말할 때 사용됩니다.
>
> **특징:**
> - 정해진 방식보다 **자신의 감각과 감성**에 따라 코드를 구성함
> - 뻔하지 않고 **트렌디한 코드 스타일, 미니멀한 UX/UI 구현**을 추구함
> - 팀 내 소통이 활발하고, **디자인 감성**과 코딩을 융합하려는 시도
> - 개발을 예술적 행위나 **'작곡'**에 비유하기도 함

예시 상황:
- 스타트업에서 개발자들이 '오늘의 바이브로' 자유롭게 기능을 구현함
- 코드 리뷰에서 "이건 vibe coding이야, 틀렸다기보다 스타일 차이야"

☑ 2. VIBE Coding (실제 브랜드나 플랫폼일 경우)

간혹 **VIBE라는 브랜드명**이나 플랫폼에서 사용하는 자체 명칭일 수도 있습니다.
예: "네이버 VIBE"와 연동한 음악 추천 API나, 감정 기반 음악 코딩 교육 플랫폼
이 경우에는 **해당 플랫폼 공식 문서**나 사례를 살펴보아야 정확히 알 수 있습니다.

☑ 3. AI나 Creative Coding에서의 Vibe

Creative Coding 분야에서는 vibe를 다음과 같이 구현할 수 있습니다.
- 음악이나 미디어의 **감정선(vibe)**을 분석해서 코드에 반영
- 예: 밝은 음악이면 배경색이 노란색, 어두운 음악이면 어두운 배경으로 자동 조정

python
복사편집
```python
if song_vibe == "happy":
    set_background_color("yellow")
elif song_vibe == "melancholy":
    set_background_color("blue")
```

☑ 4. 밈(Meme) 혹은 유행어로의 Vibe Coding

개발자 커뮤니티에서는 아래와 같이 농담처럼 쓰기도 합니다.
- "오늘은 생산성보다 vibe coding 간다"
- "코드 성능은 모르겠고 일단 멋있게 짰다" → 느낌적인 느낌의 코드

AI가 소프트웨어 개발의 패러다임을 바꾸고 있다는 주장은 좀 식상하기는 합니다. 그럼에도 ChatGPT를 사용해서 글을 작성하고, 그림을 그리고, 영상을 만들던 시기에서 이제는 전문적인 코드를 만드는 시장으로 버티컬 AI 시장(특정 분야에 특화된 AI)이 폭발하고 있습니다. 이제는 특정분야의 문제를 해결하는 범용 LLM이 아닌 특화된 LLM들이 각 분야에서 인기를 끌고 있습니다.

1.2 개발자는 앞으로 어떤 역할을 하나?

우리가 처음 사용할 GitHub Copilot은 비주얼 스튜디오 코드와 같이 사용하면 정말 파워풀합니다. 이런 도구들은 상용구 코드(boilerplate)작성, 테스트 생성, 문서 작성과 같은 반복 작업을 대폭 줄여줍니다. 다만 조심할 부분은 개발자가 코드의 깊은 이해 없이 그럴듯하게 작동하는 결과물에만 만족하게 되면 단순한 기술 부채를 넘어, 아무도 그 내부 동작을 책임지지 못하는 블랙박스 부채를 축적시키는 결과를 만들 수 있습니다.

간혹 제가 수업을 하다가 만나는 수강생분들을 보면, 언어는 필요 없고, 기술도 이해할 필요가 없다! 결과물만 만들겠다고 하는 분들도 있습니다. 사실 기초가 없으면 금방 무너질 수 있습니다. 저는 오히려 역으로 개발 언어, 라이브러리, 개발도구들과 웹과 모바일, 네트워크, 클라우드, LLM 활용에 대한 기초 지식들을 조금씩이라도 공부해서 이해하고 활용하는 것이 좋다고 봅니다. 깊이가 없더라도 두루 두루 기초를 공부하고 연결하는 능력이 더 중요한 시대가 되었습니다.

LLM이 생성하는 다양한 에러들을 경험하다 보면 IT 분야의 기초 지식이 더욱 더 중요해진 것 같습니다. 물론 대부분의 에러와 문제들도 빠르게 해결이 되고 있습니다. 그럼에도 사람의 역할은 늘 중요하다고 봅니다.

사람은 시스템 설계자이자 비판가로서의 역량이 더욱 더 필요합니다. AI가 코드를 생성하면, 사람은 시스템의 목적과 비즈니스 가치를 정의하는 설계자이자, 최종 비판가로 이동할 수 있습니다. AI에게 올바른 질문을 던지고, 생성된 산출물의 잠재적 위험을 찾아내고, 시스템 전체의 일관성과 안정성을 책임지는 사람의 능력이 더욱 중요한 시대입니다.

AI의 환각을 줄이기 위해서는 명확한 설계도가 더욱 더 중요합니다. 그런데 이런 설계도를 만들려면 개발자들이 사용하는 아키텍처와 용어들이 더욱 더 중요합니다. 이런 구조와 용어들을 모른다면 프롬프트로 녹여낼 수 없기 때문입니다. 저도 개인적인 역량의 부족함을 많이 느끼면서 오히려 공부하는 시간이 더 늘어났습니다.

걱정이 되는 것은 경험이 풍부한 시니어들에게는 유리한 시장인데, 주니어 개발자들이 성장할 부분이 문제가 되고 있습니다. 미래의 개발자를 양성하려면 단순한 AI 활용법을 가르치는 것이 아닌, 기초 IT 지식을 훈련시키고, 코드 리뷰와 시스템 분석을 통해 전체를 보는 눈을 길러주는 새로운 방식의 교육과 멘토링이 필요한 시기입니다. 저도 오픈 소스의 수혜를 톡톡히 누리고 있기 때문에 이런 차원에서 사회에서 받은 것을 다시 환원하는 것이 꼭 필요하다고 봅니다. 가격이 높은 교육도 진행하지만, 봉사 차원에서 오픈 소스 커뮤니티에 자원 봉사하는 것도 정말 중요합니다. 개인적으로 참 부끄러운 부분입니다. 요즘은 남는 시간들이 많아져서 이런 활동들도 조금씩 하려고 합니다. 미약하지만 제 유튜브 채널에 영상을 올리는 것도 이런 활동의 한 부분입니다. 다양한 강사들과 엔지니어, 그리고 개발자들과 일반인의 연대와 참여가 필요합니다.

생산성은 앞으로 더욱 더 높아질 겁니다. 개인적으로 자기계발 서적을 자주 읽고 있습니다. 개인과 기업의 생산성이 높아지는 것을 멋진 일입니다. 바이브 코딩으로 MVP(Minimum Viable Product, 최소 기능 제품)를 뽑아내고, 데모 코드를 작성하는 것을 넘어서 다양한 분야의 워크플로우 개선의 사례들이 늘어나고 있습니다.

개발자들에게는 멋진 세상이 다가오는 것은 확실합니다. 저도 교육을 담당하면서 3개월마다 정말 새로운 기술과 제품들 쏟아져 나와서 수업을 하면서도 꾸준하게 공부를 하고 있습니다. 정신을 차리고 각성을 한 상태에서, 이 분야를 공부할 가치가 있다고 생각합니다. 개발자들에게도 늘 역량 강화가 필요합니다. 혹시 개발자가 아닌 분들이라면 이미 다양한 LLM 기반의 도구들을 활용해서, 시민 개발자들도 웹과 앱을 만들 수 있는 새로운 시대가 열리고 있습니다.

앤드류 응의 인터뷰 중에 이런 내용이 있습니다. **"바이브 코딩은 필수… 코딩 교육도 AI 잘 쓰기 위해 필수.** 바이브코딩은 생각보다 즐겁지 않아요. 고된 작업이죠. 코딩 자체가 높은 지적 활동이라 바이브가 얹혀졌다고 드라마틱하게 쉬워 지지지는 않아요." 역시 대가들의 인사이트는 대단하다고 생각합니다.

제가 참 좋아하는 마인드 마이너 – 송길영 작가님의 책에 나오는 문구입니다.

"미래는 이미 와 있다. 다만 모두에게 균등하게 온 것은 아니다"

우리는 미래를 준비할 필요가 있습니다. 앞으로 1년 뒤에, 5년 뒤에, 10년 뒤에 세상이 어떻게 변화되어 있을지 사뭇 궁금합니다.

결국 LLM은 로봇에 탑재가 되면서 물리세계로 진출할 것 같습니다. 테슬라의 옵티머스나 보스턴 다이나믹스의 아틀라스, 중국 유니트리의 로봇을 보면 정말로 가시화되고 있습니다. 2만 달러에서 9만 달러 정도에 나온 로봇들도 있으니 빠르게 가정과 제조에 공급될 수 있습니다. 앞으로 우리는 로봇을 제어하는 프로그래밍을 할 수도 있을 것 같습니다.

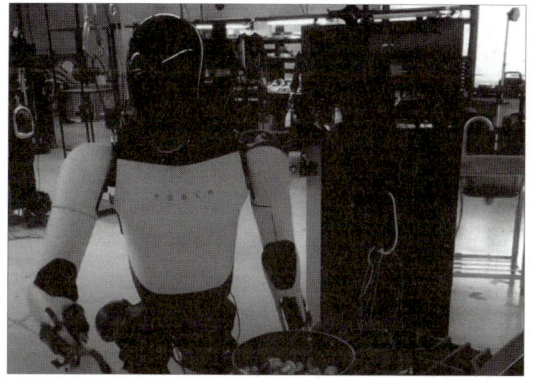

🖌 **그림 1-4** 가정일을 학습하는 테슬라의 옵티머스

🖌 **그림 1-5** 보스턴 다이나믹스의 아틀라스

🖌 **그림 1-6** 중국 유니트리 로봇

제 블로그에는 여기에 관련들 글과 사진, 영상들이 늘 올라옵니다. 영상을 한번 찾아서 보셔도 됩니다. 꿈이 아니라 실제로 산업 현장에서 벌어지는 있는 일들입니다. 미래는 꾸준하게 공부하면서 준비하는 분들의 것이라고 생각합니다.

1.3 바이브 코딩의 현실과 대안

제가 같이 일하는 강사들도 사실 의견이 분분합니다. 엔지니어들도 LLM을 사용해야 한다! 아니다! 이런 의견들로 갈리고 있습니다.

일단 이런 한계는 있습니다.

첫번째로 비용이 좀 걸림돌이 됩니다. 이 책에서는 무료로 사용하는 제품들을 주로 다루고 있지만 지속적으로 사용하려면 한달에 10불에서 20불, 많게는 100불에서 200불을 지불해야 할 수 있습니다. 비용 대비 효과가 있는지를 체크해 볼 필요가 있습니다.

두번째는 부가가치입니다. 나만 혹은 우리 회사만 할 수 있는 것은 아닙니다. 제가 할 수 있다면 여러분도 할 수 있고 누구나 할 수 있습니다. 이런 차별성은 결국 사람이 만들어야 합니다. 앱과 웹페이지를 만드는 진입장벽이 사라지고 있고, 가격이 상당히 저렴해지고 있습니다. 나만이 할 수 있는 영역과 차별화가 더 필요합니다.

세번째는 최적화의 문제입니다. 바이브 코딩은 사람에 제시한 문제에 대해 스스로 해결책을 만들지만 프로젝트가 고도화되고 기능이 추가되면 오류가 늘어날 수 있습니다. 그래서 처음부터 설계를 잘하고 코드를 키워 나가야 합니다. 초기에 코드를 생성할 때, 모듈화를 해달라고 부탁을 해야 합니다.

이런 문제들이 있기 때문에 무턱대고 바이브코딩을 도입하는 것은 문제가 될 수 있습니다. 그럼에도 코딩 초보자에게는 좋은 강사역할을 하며, 코딩 중고급자들에게는 멋진 부기장과 부사수(Copilot)의 역할을 하고, 스타트업에게는 아이디어를 현실화 할 수 있는 멋진 도구들이라고 생각합니다. 저는 주변에 1인 스타트업이 많아졌습니다. 기업에 소속되어 있지 않고도 한명이 책을 쓰고, 코딩을 하고, 회사를 운영하면서 수익을 내는 것이 가능한 시대가 되었습니다.

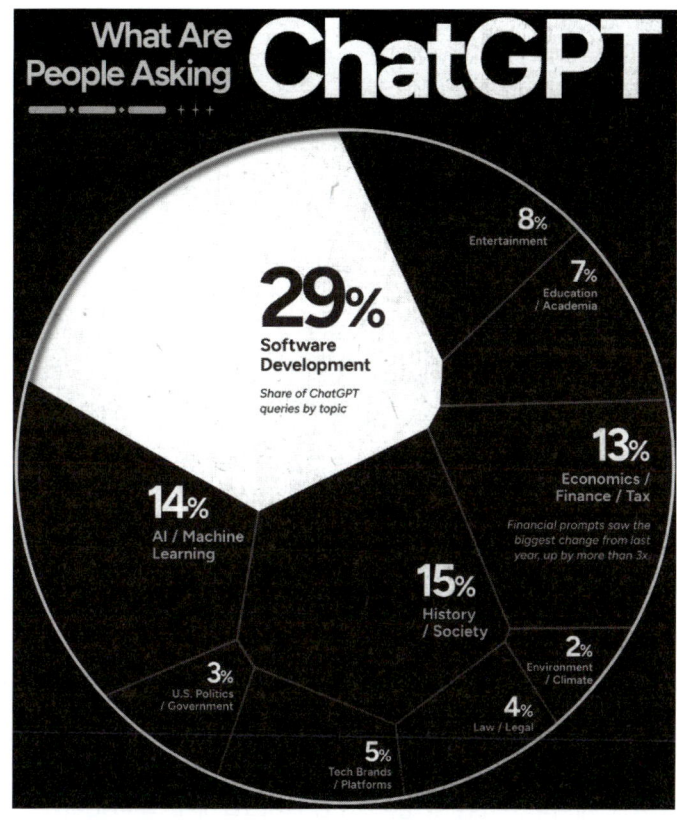

그림 1-7 사람들은 ChatGPT에게 무엇을 질문하는가?

사람들이 ChatGPT에게 무엇을 질문하는지를 체크해보면 무려 29%가 소프트웨어 개발 분야입니다. 아래의 웹사이트에서 확인해 볼 수 있습니다.

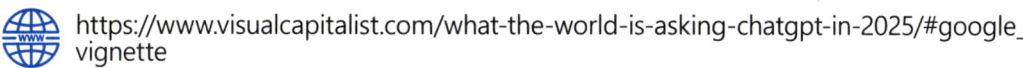
https://www.visualcapitalist.com/what-the-world-is-asking-chatgpt-in-2025/#google_vignette

저는 한국의 대학교육에 대한 의문점을 많이 가지고 있습니다. 요즘 미국 대학들도 컴퓨터 공학을 나와도 취업이 잘 안된다는 이야기들이 들립니다. 미국 내에서도 다들 가고 싶어하는 빅테크 기업들은 슈퍼 개발자로 클 인재 또는 당장 쓸 수 있는 인재가 아니면 뽑지 않고 있습니다.

이런 상황에서 팔란티어의 경우 대졸자를 받지 않고 고졸자를 받아서 키우는 나노디그리(자체 학위)를 주겠다고 선언을 했습니다. 미국의 공교육이 바뀌고 있고, 한국도 이런 흐름을 따라가야 한다고 봅니다. AI 교과서만 도입하는 것이 아니라, AI란 무엇이고 어떻게 다룰 것인가를 가르쳐야 한다고 봅니다.

개인적으로 정말 재미있게 읽었던 책이 "듀얼 브레인"이라는 책입니다. 독자 여러분들에게 일독을 권해봅니다. 이선 몰릭이라는 왓튼 스쿨의 교수님이 집필하신 책입니다.

"AI 시대의 실용적 생존 가이드"라는 부제가 달려 있습니다. 이 책에서는 공동 지능이 되기 위한 네가지 원칙을 설명합니다.

원칙1: 작업할 때 항상 AI를 초대한다.

나와 공동 저자들이 'AI의 들쭉날쭉한 경계(Jagged Frontier of AI)'라고 이름 붙인 현상이다. LLM은 소네트를 능숙하게 지어내지만, 정확히 50단어로 구성된 시는 잘 만들지 못한다. 단어가 아닌 토큰으로 세상을 이해하기 때문에, 일관되게 50개보다 많거나 적은 단어의 시를 작성하게 된다. AI의 들쭉날쭉한 경계를 파악하면서, 우리는 AI의 강점만 알아내는 것이 아니라 약점도 파악하게 된다.

원칙2: 인간이 주요 과정에 계속 개입한다.

사람이 주요 과정의 일원이 되는 것, 다시 말해 '휴먼 인 더 루프human in the loop'라는 개념은 전산 시스템과 자동화의 초기 시절에서 유래되었다. 이는 복잡한 시스템을 운영할 때 자동화된 루프에 인간의 판단과 전문성이 반드시 포함되어야 한다는 것을 의미한다.

원칙3: AI를 사람처럼 대하고, 어떤 유형의 사람인지 AI에게 알려준다.

의인화는 인간이 아닌 것에 인간의 특성을 부여하는 행위다. 사람은 주위의 모든 것을 의인화하는 경향이 있다. 구름에서 사람의 얼굴을 찾아내고, 날씨에 의도를 부여하고, 반려 동물과 대화를 나눈다. 이렇게 보면 AI를 의인화하고 싶은 것은 놀라운 일이 아니다. 지금껏 우리는 AI를 감정이 없는 논리적인 로봇이라고 생각해 왔지만, LLM이 동작하는 방식은 인간과 비슷하다. LLM은 그 어떤 분야의 전문가도 아니지만, 전문가의 표현 방식을 흉내 내서 우리에게 도움을 준다. 또는 반대로 판단을 그르치게 할 수도 있다.

원칙4: 지금의 AI를 앞으로 사용하게 될 최악의 AI라고 생각한다.

LLM은 이메일과 웹브라우저처럼 널리 쓰이는 도구와 통합될 것이다. 그리고 AI 개발의 다음 단계에서는 더 많은 AI 에이전트가 등장할 것이다. AI 에이전트란 목표가 주어졌을 때 인간의 도움을 최소한으로 받으면서 임무를 수행하는 반자율 AI를 말한다.

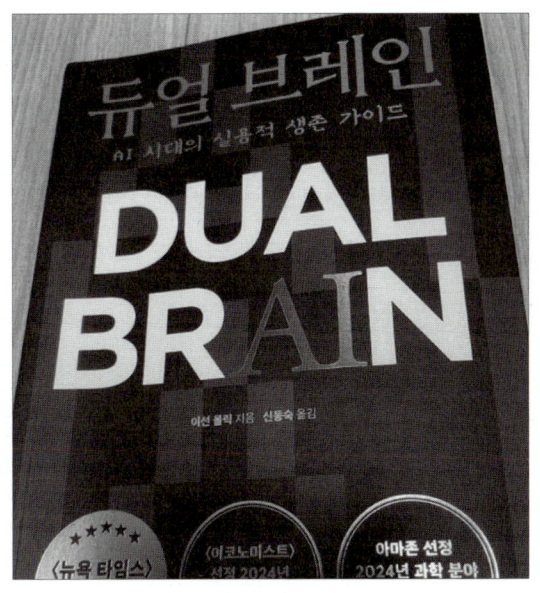

그림 1-8

1.4 프리 에이전트 - 솔로프리너의 시대

지금은 솔로프리너의 시대입니다. 최근에 유행하고 있는 단어인데 제가 참 좋아하는 다니엘 핑크의 "프리 에이전트의 시대가 오고 있다"라는 책의 최근 버전으로 보입니다. 정말 새로운 개념과 단어가 출현하고 있습니다. 개인적으로 프리랜서라는 단어를 참 좋아합니다. 프리랜서 강사로 26년 살아오면서 먹고 사는 문제로 참 고민을 많이 했는데 지금까지 개발하고, 강의하고, 책을 집필하면서 이제는 먹고 사는 문제에서는 좀 자유로워진 것 같습니다.

지식 노동자들의 천국인 치앙마이도 다녀왔고, 노트북만 들고 가면 일을 할 수 있는 쿠알라룸프도 여행을 다녀왔습니다. 국내에서는 한달살기에 좋은 후보가 되는 지역들이 제주도, 강릉, 부산 등의 지역들이라고 생각합니다. 배낭에 가볍게 노트북을 가지고 다니면서, 글을 쓰고 코딩을 하면서 디지털 노마드의 삶을 살 수 있는 곳입니다.

최근에는 프리 에이전트나 디지털 노마드 보다는 솔로프리너라는 단어가 유행하고 있습니다. ChatGPT에게 "솔로프리너"라는 단어를 설명해 달라고 부탁을 했습니다.

1. '솔로프리너'란?

'Solopreneur = Solo + Entrepreneur'
직원 없이 **혼자서 기획·제작·판매·브랜딩까지** 맡아 수익을 창출하는 1인 창업자를 가리킵니다. 프리랜서처럼 프로젝트 단위로만 일하기보다 **지속 가능한 비즈니스를 직접 보유**한다는 점이 핵심 차이입니다.

2. 왜 지금이 '솔로프리너의 시대'인가?

변화	구체적 변화
디지털 인프라	카드 한 장 없이도 결제, 배송, 세금계산서를 모두 처리해 주는 **SaaS·노코드·생성 AI 툴 폭증** → 개인이 기업 수준의 운영 가능
플랫폼 경제	유튜브·틱톡·인스타·디지털 마켓플레이스가 **시장·마케팅·유통**을 '열린 API'처럼 제공
가치관 전환	MZ세대 중심으로 '안정〈자율·의미' 추구, 팬덤 기반 **퍼스널 브랜드** 선호
팬데믹 이후 재택근무	전 세계 원격 협업 문화 정착 → 국경 없는 고객/클라이언트 확보
정부·기관 지원	한국은 '1인 창조기업법'으로 창업지원금·전용 사무공간·세제 혜택 제공

3. 시장 규모·통계로 보는 흐름

- 한국 – 2022년 기준 '1인 창조기업'이 **처음 100만 개 돌파** (1,007,769개) bizinfo.go.kr
- 글로벌 – 프리랜서/솔로프리너 시장이 **2025년 5,000억 달러**(약 700조 원) 규모로 확대 전망 ClientManager.io
- 노동 구조 – 전 세계 노동자의 **약 47 %**가 프리랜서 형태로 일하는 시대 ClientManager.io

이처럼 '1인 기업'이 제도권 통계에 잡히고, 전 세계적으로 거대한 경제권을 형성하면서 **솔로프리너는 일시적 유행이 아닌 구조적 현상**이 되고 있습니다.

한 줄 정리

'솔로프리너의 시대'는 '나 혼자의 한계'보다 '디지털 레버리지'가 더 크게 작동하는 시대입니다.
아이디어와 실행력을 갖춘 개인이라면, 지금은 **기업·국적·자본의 벽이 가장 낮아진 순간**이기도 합니다.
즉, **작고 민첩한 1인 기업이 거대 조직만큼의 임팩트를 낼 수 있는 골든 타임**이 바로 지금입니다.

2001년에 다니엘 핑크가 예고했던 "프리 에이전트의 시대"가 이미 현실이 되었습니다. 저도 은퇴할 나이가 되어서야 이런 상황이 현실이 된 것을 목도하고 있습니다. 참으로 신기합니다. ㅎㅎ

프리 에이전트에 대한 것도 ChatGPT에게 한번 물어보았습니다.

"Free Agent Nation" 2025: 왜 지금 '회사 밖에서 일하기'가 기본값이 되고 있을까요?

1. 2001년 다니엘 핑크의 예언, 현실이 되다

- **다니엘 핑크**는 《Free Agent Nation》(2001)에서 "자율성과 진정성을 좇아, 조직 밖에서 스스로 일자리를 설계하는 사람들이 대세가 된다"고 전망했습니다.
- 20여 년이 지난 지금, 글로벌 노동시장의 숫자가 그 예언을 뒷받침합니다. **전 세계 프리랜서·솔로프리너 인구는 15.7억 명, 전체 경제활동 인구의 46.5 %**로 추정됩니다. DemandSage

2. '프리 에이전트 시대'를 가속하는 다섯 가지 동력

동력	구체적 흐름	참고 데이터·사례
① 플랫폼·도구의 폭발적 진화	Upwork·Fiverr 같은 글로벌 마켓플레이스 매출이 연 16 % 이상 성장, 2030년 **플랫폼 시장 규모 138억 달러** 전망	GlobeNewswire
② 기업의 '스프링클 구조'	고정비 축소를 위해 프로젝트 단위 외주·계약직 활용 확대 → 78 %의 숙련 프리랜서가 정규직보다 급여 만족도가 높다	macon.com
③ 디지털 전환 & AI 자동화	전문직도 'AI+1' 형태의 협업이 가능해지며 개인 생산성·시장 접근성이 급등	(WEF 플랫폼 경제 전망) **2033년 플랫폼 가치 2.1조 달러**
④ 인구·가치관 변화	MZ세대는 '일↔삶 경계 희석', 베이비붐 세대는 '언퇴어(retire→contractor)' → *시니어 계약직 재진입이 팬데믹 전의 2배*	Financial Times
⑤ 제도적 뒷받침	한국: '1인 창조기업' 98만 7천 개('21)·프리랜서 고용보험·출산급여 신설 등 보호망 강화	

회사 밖에서도 생존할 수 있는 환경이 충분히 만들어지고 있습니다. AI의 도움을 받아서 적극적으로 LLM을 업무에 활용하는 슈퍼 개발자들이 탄생하고 있습니다. 앞으로의 우리의 방향이 될 것으로 생각합니다.

저는 한근태 작가님의 책을 참으로 좋아합니다. 이 분의 책은 신간이 나오면 모조리 읽고 정리합니다. 저에게 하셨던 질문중의 하나가 "당신은 워커입니까? 크리에이터입니까? 인베스터입니까?"입니다. 저는 워커의 삶을 살았고, 이제는 크리에이터와 인베스터의 삶을 살고 있습니다. 제가 공부하고, 일하고, 투자하는 것은 늘 네이버 블로그에 기록되어 있습니다. 먹고 사는 문제에서 벗어나서, 하고 싶은 일을 하고, 사랑하는 가족들과 살면서, 여행을 다니는 프리 라이더의 삶이 제가 꿈꾸고 실천하는 삶입니다. 주말에는 에이스오픽스(브롬톤과 비슷한 트라이폴드)를 타면서 한강 라이딩을 하는 시간이 가장 즐거운 시간입니다.

최근에 제가 읽은 한근태 작가님의 책은 "모든 일에는 순서가 있는 법"입니다. IT 분야의 개발자와 엔지니어가 되려면 아래와 같은 순서 – 단계들이 필요합니다. 저는 강사를 하면서 수강생분들을 통해서 정말 많이 배우고 성장합니다. 저는 고수가 아닌 하수입니다. ㅎㅎ 그럼에도 IT 분야의 거인들의 어깨에 올라타서 세상을 관조하는 것을 참 좋아합니다. 지금의 빅테크들이 미쳐 있는 AI 세상에 우리는 거인들의 어깨에 올라타서 세상을 바라보아야 합니다.

고수의 단계

그들도 처음에는 초보였을 것이다. 내가 생각하는 고수의 프로세스는 루티(LUTI – Learn, Use, Teach, Inspect)다.

첫째는 런(Learn)이다. 배우는 것이다. 어깨너머로 배우든, 스승에게 배우든, 책으로 배우든 배워야 한다. 개인적으로 책이 투자 대비 효과가 가장 좋다. 돈을 별로 들지 않고 마음만 먹으면 언제 어디서든 공부할 수 있다.

둘째는 유즈(Use)다. 해봐야 한다. 아는 것과 실제는 천지 차이다.

셋째는 티치(Teach)다. 가르쳐보는 것이다. 아는 것과 가르치는 것 역시 매우 다르다. 안다고 잘 가르치는 건 아니다. 가르치는 것과 배우는 것이 서로에게 도움이 된다는 말이다. 고수가 되려면 혼자 잘하는 걸 넘어 자신이 아는 걸 남들에게 가르쳐봐야 한다.

마지막은 인스펙트(Inspect)다. 검사 혹은 평가다. 흑백요리사의 백종원과 안성재가 하는 게 바로 그것이다. 그 과정 역시 배움의 단계를 높이는 좋은 방법이다. 현재 여러분은 어느 단계인가?

현재 여러분의 단계는 어떤 단계입니까? 바로 독자 여러분과 저에게 하는 질문입니다.

📌 그림 1-9

코딩을 위한 학습의 순서를 잘 따라가서 고수로 성장할 독자 여러분을 기원하고 응원합니다.

2장

어떤 도구들이 있나?

2.1　빅테크들의 치열한 AI 전쟁

2.2　마이크로소프트의 코파일럿

2.3　Cursor IDE

2.4　구글의 제미나이 CLI

2.5　아마존의 Kiro

2.1 빅테크들의 치열한 AI 전쟁

빅테크들은 지금 치열한 전쟁을 하고 있습니다. LLM 시장의 처음 포문을 오픈한 것은 OpenAI의 ChatGPT입니다. 지금은 다양한 LLM들과 치열한 경쟁을 하고 있습니다. OpenAI의 경우 Codex를 출시했습니다. 생각보다 다른 진영에 비해서 개발의 생산성과 정밀도는 낮은 편입니다. 글과 그림에 사용하는 것처럼 다양한 분야에서는 아직도 ChatGPT가 최고라고 생각하지만 더 좋은 LLM들이 출시되고 있습니다.

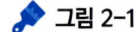 그림 2-1

2.2 마이크로소프트의 코파일럿

최근에 제가 수업에서 많이 활용하고 있는 것은 마이크로소프트의 코파일럿입니다. 개발자들이 좋아하는 비주얼 스튜디오 코드에 추가로 Copilot 익스텐션을 설치하면 Free Plan을 사용해서 한달에 50번의 채팅까지 무료로 사용할 수 있습니다. 책을 집필할 경우도 사용하고, 수업용 데모를 만들 때도 적극 활용하고 있습니다. 초보자분들이 사용하기에 가장 좋은 도구 중에 하나라고 생각합니다.

저는 계속 사용하고 있어서 매달 10불을 결제해서 사용하고 있습니다.

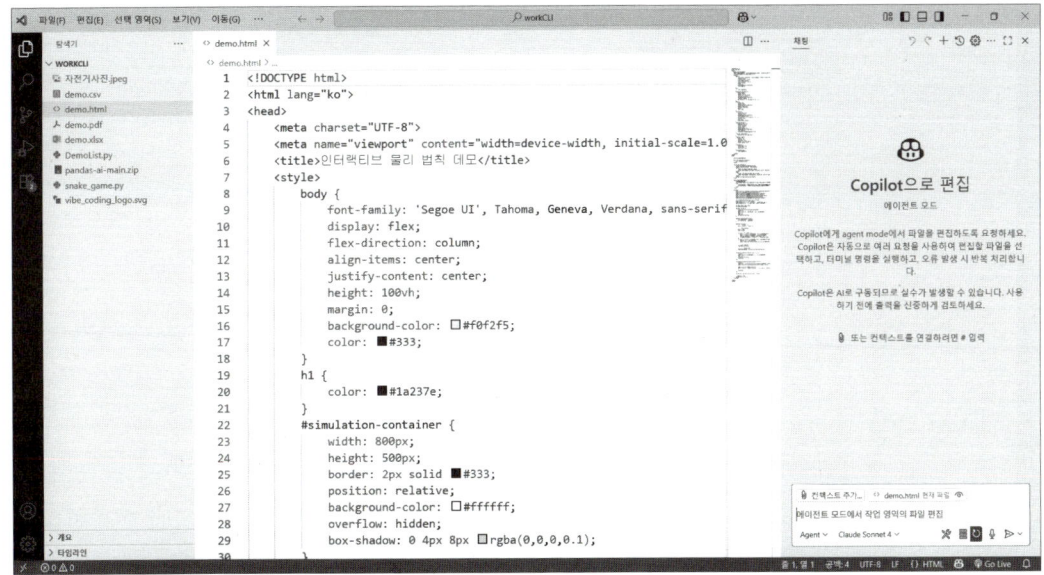

그림 2-2

2.3 Cursor IDE

혜성처럼 등장한 바이브 코딩의 인기있는 도구 중에 하나가 Cursor IDE입니다. 이 툴을 처음 사용하면 2주간 무료로 사용할 수 있습니다. 지속적으로 사용하려면 20불을 결제해야 합니다.

비주얼 스튜디오 코드를 포크해서 만든 프로그램이라 사용법이 비슷합니다. 아마도 쉽게 적응하실 겁니다.

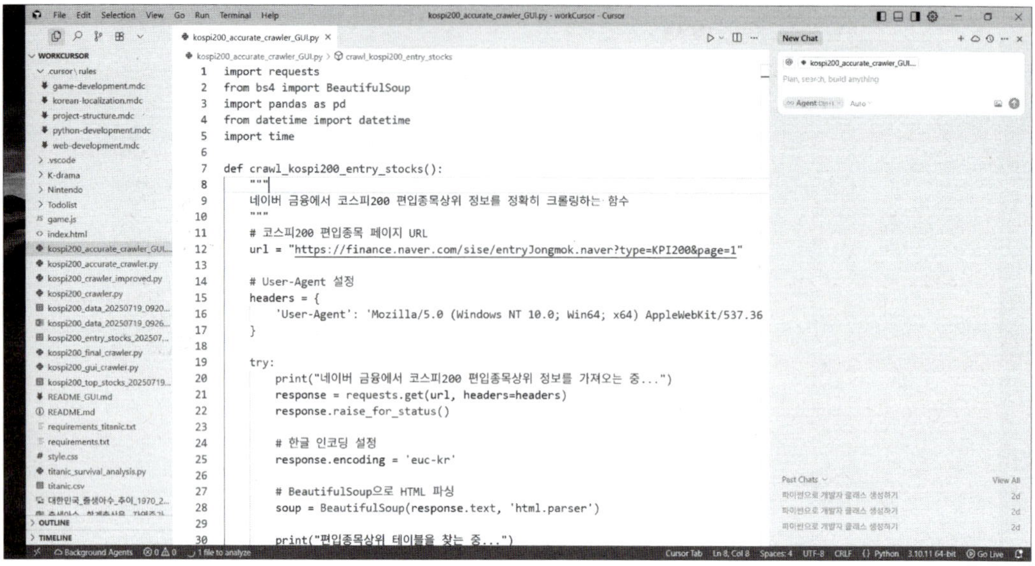

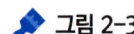

그림 2-3

2.4 구글의 제미나이 CLI

최근에 등장한 재미있는 바이브 코딩의 도구는 구글의 제미나이 CLI입니다. 윈도우나 맥에서 설치가 어렵지 않고 터미널 기반으로 매우 강력한 작업들을 할 수 있습니다. 구글은 100만 토큰까지 무료로 사용할 수 있도록 매우 공격적으로 사람들을 끌어 모으고 있습니다. 아직은 부족한 부분들도 보이지만 상당히 재미있습니다. 앞으로 상당한 성능 향상이 기대가 됩니다. 콘솔 기반이라 처음에는 좀 어려울 수 있지만 익숙해지면 강력한 도구 역할을 수행합니다.

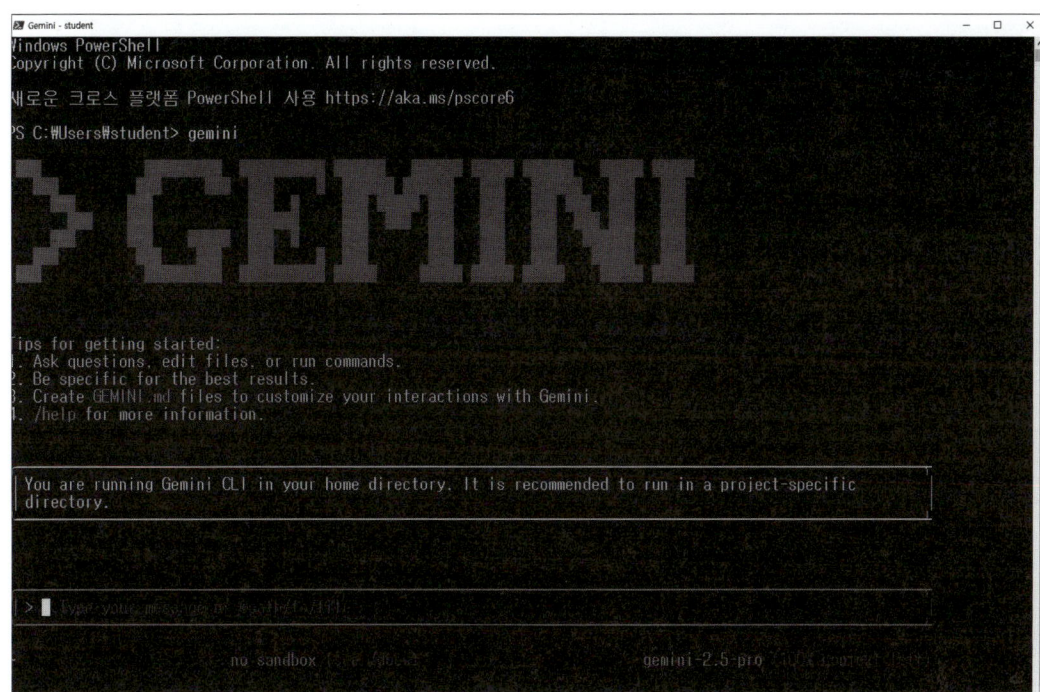

그림 2-4

2.5 아마존의 Kiro

빅테크의 전쟁에 새롭게 끼어든 업체가 아마존입니다. ㅎㅎ 아마존의 노림수는 무엇일까? 궁금합니다. 아직은 무료이고 초기 버전이라 앞으로 많이 발전할 겁니다. 일단은 개발자들의 커뮤니티에서는 반응이 좋은 편입니다. 아래의 사이트에서 다운로드 받을 수 있습니다.

https://kiro.dev/downloads/

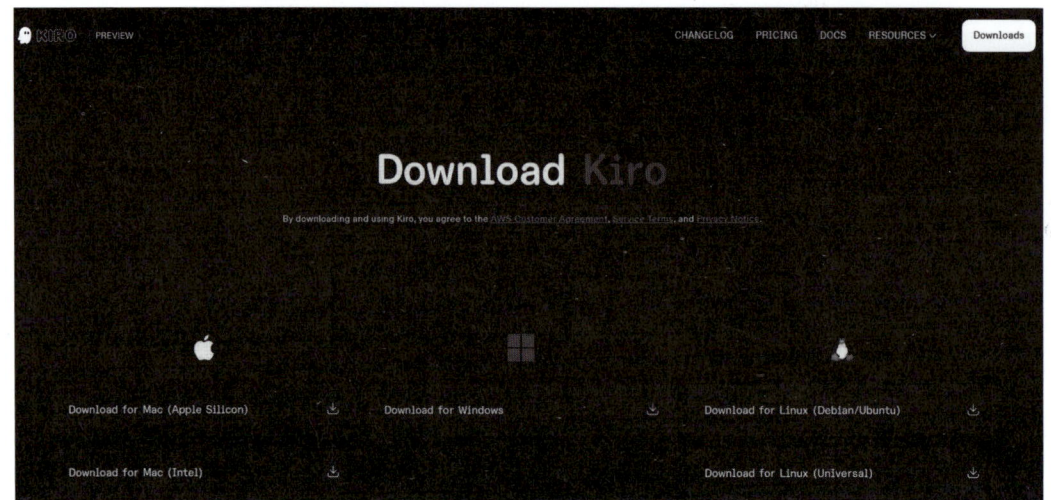

그림 2-5

어떤 업체가 승자가 될지 우리는 예측할 수 없지만, 다양한 코드 어시스턴트 도구들을 사용해서 바이브 코딩을 하는 것은 늘 즐거운 일입니다. 저도 은퇴가 가까운 나이가 되었지만 취미로 강의를 하고 코딩을 하고 있습니다. ㅋㅋ

3장
개발을 위한 기본적인 설치

3.1 파이썬과 비주얼 스튜디오 코드 설치하기

3.2 파이썬을 사용해 보기

3.3 웹의 기본을 살펴보기

3.1 파이썬과 비주얼 스튜디오 코드 설치하기

바이브 코딩을 할 때 쉽게 사용할 수 있는 언어가 파이썬입니다. 우리는 파이썬도 보고, 웹 기반의 언어와 기술도 보고, 모바일에서는 Swift와 SwiftUI를 사용해 보려고 합니다. 쉬운 언어도 있고, 약간 어려운 언어와 환경도 있습니다. 처음에 개발에 접근할 때는, 내가 쉽게 배울 수 있는 간단한 개발 언어라면 좋습니다. 일단은 학습곡선이 가파르지 않고 쉬운 파이썬을 먼저 공부해 보는 것을 권합니다.

먼저 파이썬을 설치해야 합니다. 우리는 Python 3.10을 사용합니다. 파이썬의 버전은 매년 새롭게 변경될 수 있습니다. 꼭 최신 버전을 사용할 필요는 없지만, 사용하면서 조금씩 최신 버전으로 올려도 됩니다. 호환되는 라이브러리(부품)이 많아서 아직까지 파이썬 3.10을 사용하는 경우가 많습니다.

 https://www.python.org/downloads/release/python-31011/

위의 주소에서 Python 3.10을 받을 수 있습니다.

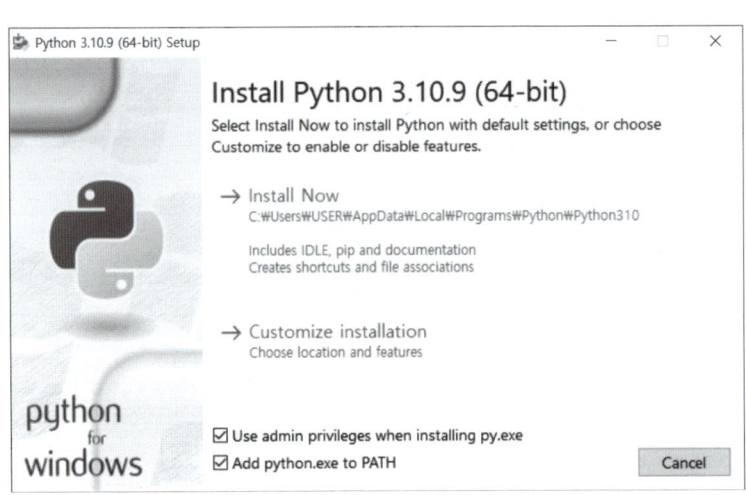

🔑 그림 3-1 파이썬 설치옵션에서 Add python.exe to PATH를 체크합니다.

위의 그림과 같이 2개의 체크박스가 나옵니다. 윈도우 환경변수인 PATH에 추가하는 것이 편리하기 때문에 "Add python.exe to PATH"를 체크해 줍니다. 2개의 체크박스를 전부 체크해 줍니다.

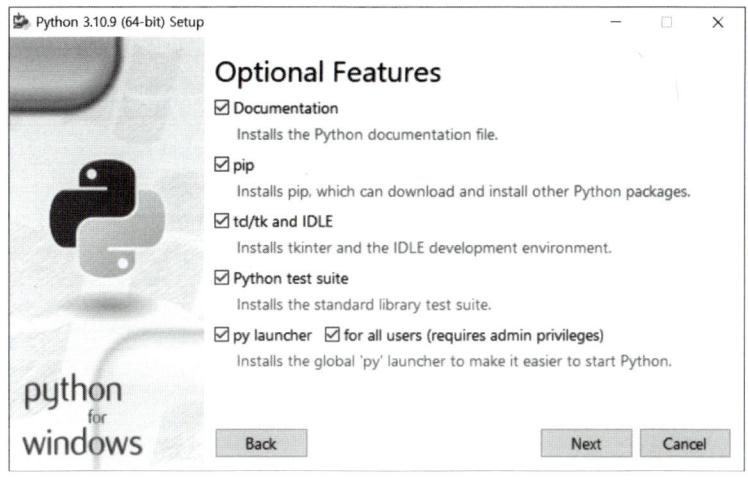

🖌 **그림 3-2** 옵셔널 피쳐스는 선택된 내용들을 그대로 두고 Next를 클릭합니다.

옵셔널 피쳐스는 기본 체크된 것을 그대로 두고 진행하면 됩니다. 옵션 기능들인데 앞으로 전부 사용할 수 있습니다.

Advanced Options는 아래와 같이 "c:₩Python310"와 같이 간단하게 변경합니다. 아무래도 폴더 구조가 복잡하면 접근하기 힘들기 때문에 접근하기 쉽고 간단하게 폴더명을 변경합니다. 이 책에서 계속해서 c:₩Python310 폴더를 살펴보기 때문에 접근하기 쉽게 간단하게 변경하는 것이 좋습니다.

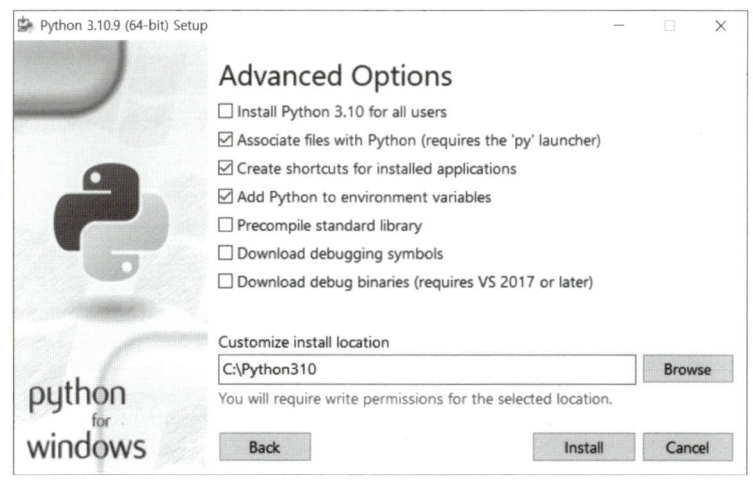

🖌 **그림 3-3** Advanced Options는 위와 같이 설치 경로를 수정합니다.

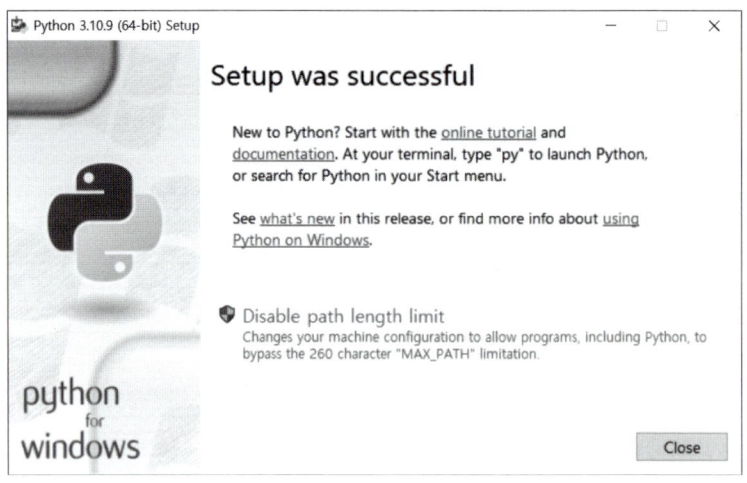

그림 3-4

설치가 정상적으로 종료되면 위와 같이 출력됩니다.

우리가 주로 사용할 첫번째 파이썬의 개발도구는 꾸준하게 파이썬 커뮤니티에서 인기를 끌고 있는 Visual Studio Code입니다. 이 툴은 다양한 개발 언어의 환경을 지원하면서 윈도우, 맥, 리눅스를 모두 지원하는 만능의 통합 에디터입니다. python IDLE(파이썬에서 제공하는 기본 개발 툴)를 사용하면서 추가로 설치해서 사용하면 복잡한 코드나 파일로 구성된 스크립트를 쉽게 디버깅할 수 있는 장점이 있습니다. 물론 바이브 코딩의 용도로 활용할 때 코파일럿을 같이 설치하려고 합니다.

설치를 하려면 https://code.visualstudio.com 사이트에 접속해서 최신 버전을 받으면 됩니다. 업데이트가 빠르게 진행되기 때문에, 책에서 사용하는 버전보다 높은 버전들이 보여도 전혀 문제없습니다. 최신 버전을 설치하면 됩니다. 윈도우, 맥, 리눅스 등의 주요 플랫폼을 모두 지원합니다.

저는 개인적으로 맥북과 윈도우 노트북에 동일한 Visual Studio Code를 설치해서 사용하고 있습니다.

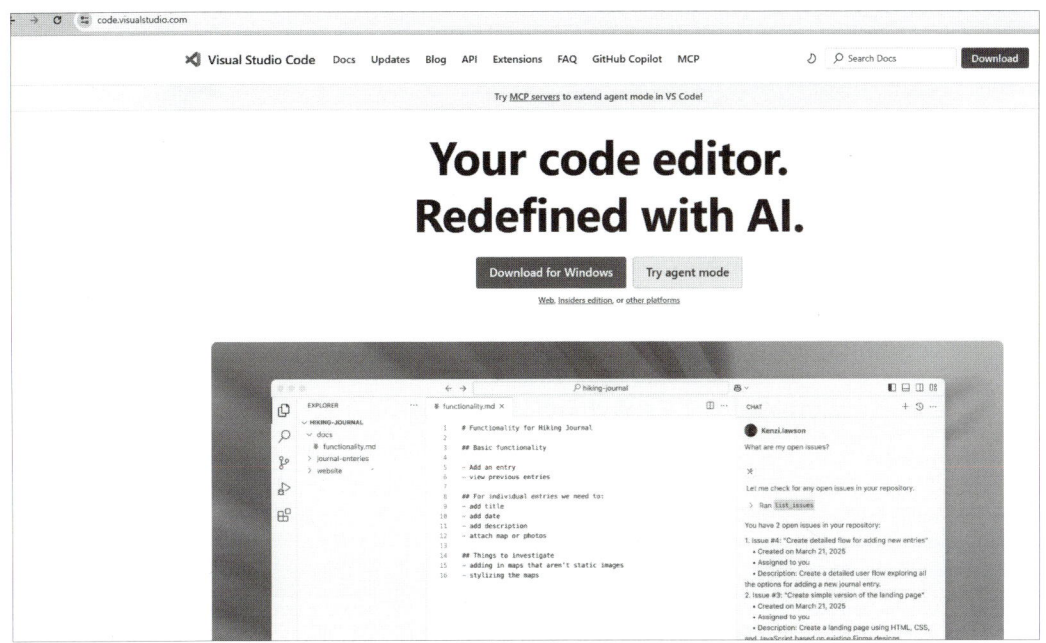

🖌 **그림 3-5** code.visualstudio.com에서 비주얼 스튜디오 코드를 다운로드 합니다.

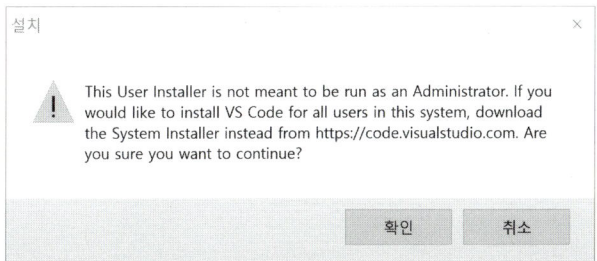

🖌 **그림 3-6** 비주얼 스튜디오 코드는 설치할 때 관리자 계정으로 실행해야 합니다.

비주얼 스튜디오 코드는 기본 옵션으로 설치하면 됩니다. 다만 처음 설치를 실행할 때 관리자 권한으로 설치를 해야 합니다. 위의 그림 3-6과 같이 경고 메시지가 출력됩니다. 설치 파일을 다운로드 받아서 마우스 오른쪽 버튼을 클릭해서 "관리자 권한으로 실행"을 클릭하면 됩니다. 위의 경고 메시지는 관리자 권한으로 실행을 해도 나오긴 합니다.

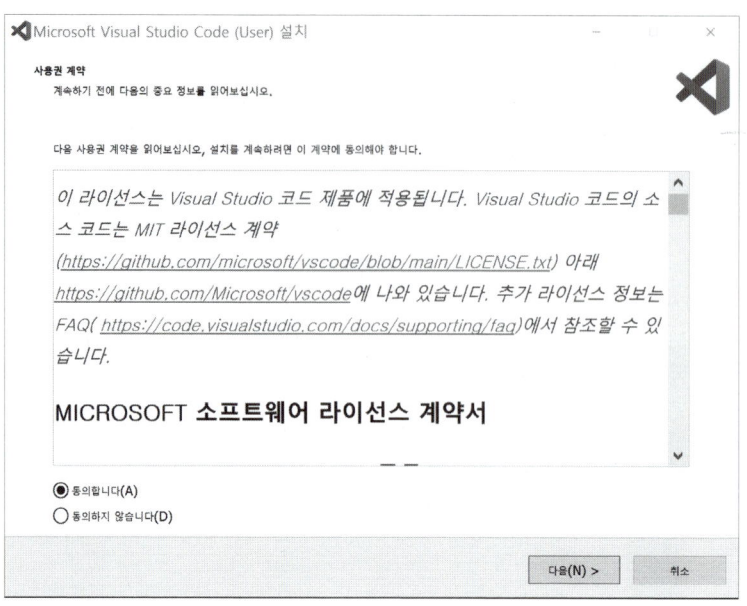

🖌 **그림 3-7** 라이선스 계약서에 동의하면 됩니다.

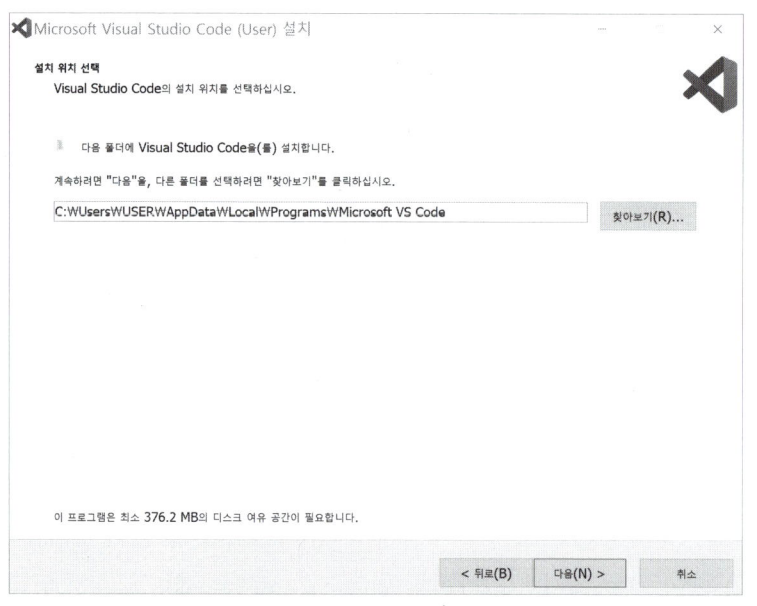

🖌 **그림 3-8** 기본 폴더에 설치하면 됩니다.

비주얼 스튜디오 코드는 약간의 환경 셋팅이 필요합니다. 기존 다른 개발 통합 툴과는 달리 Visual Studio Code는 툴바(상단에 보통 나오는 단축 메뉴 버튼들)가 상단에 없고 왼쪽에 출력됩니다. 메뉴와 단축키를 통해 사용하면 됩니다. 파일(File) → 기본 설정(Preferences) → 설정(Settings)을 클릭합니다. 실습을 위해 글자체나 글자 크기 등을 변경할 수 있습니다.

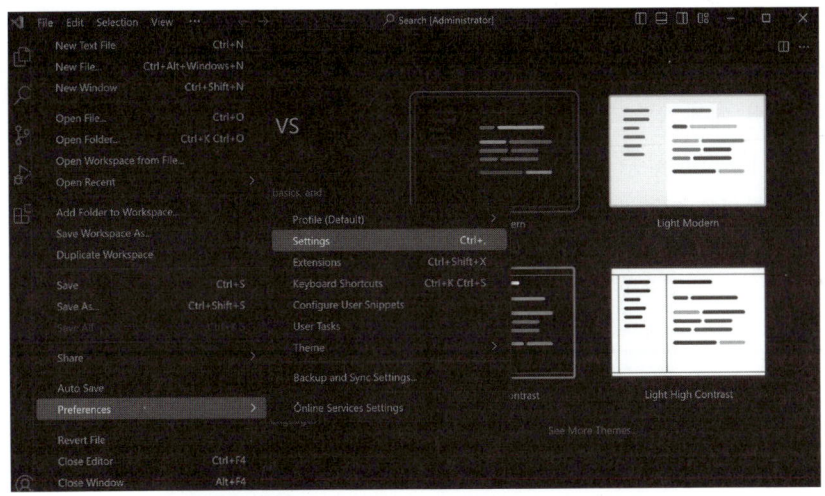

🖌 **그림 3-9** 설정에서 폰트크기를 변경합니다.

File메뉴에서 Preferences에서 Settings를 클릭합니다. 혹시 한글 언어팩을 먼저 설치했다면, 파일 → 기본 설정 → 설정을 클릭해도 됩니다.

Text Editor 항목을 클릭해서 메뉴를 펼치면 Font 항목에서 Font Size를 변경할 수 있습니다. 10 포인트가 너무 작다면 12~16 포인트로 변경하면 됩니다. 저는 소스를 좀 더 크게 보여드리기 위해서 18로 지정을 했습니다.

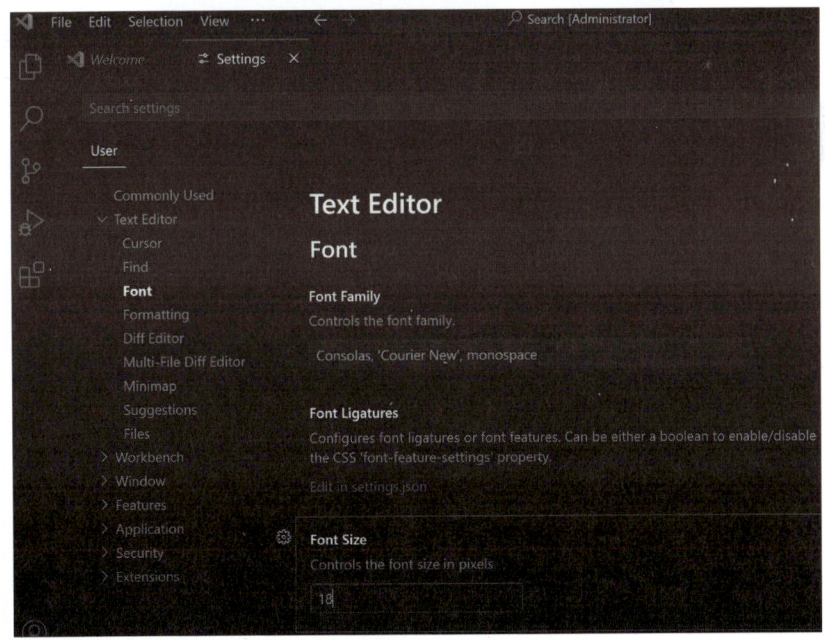

🖌 **그림 3-10**

이제 익스텐션(Extension)을 설치하면 파이썬을 위한 개발 툴로 활용할 수 있습니다. Visual Studio Code에서 왼쪽에 있는 탭에서 Extension을 클릭합니다. 왼쪽 상단에서 아래쪽으로 내려오면 다섯번 째에 있는 버튼입니다. 마켓플레이스에서 Python을 입력합니다. 가장 위쪽에 올라오는 Python(일종의 확장팩으로 파이썬 언어를 인식함)을 설치하면 됩니다. 마켓플레이스에서 검색을 하지 않아도 가장 인기있는 확장팩으로 상단에 올라옵니다.

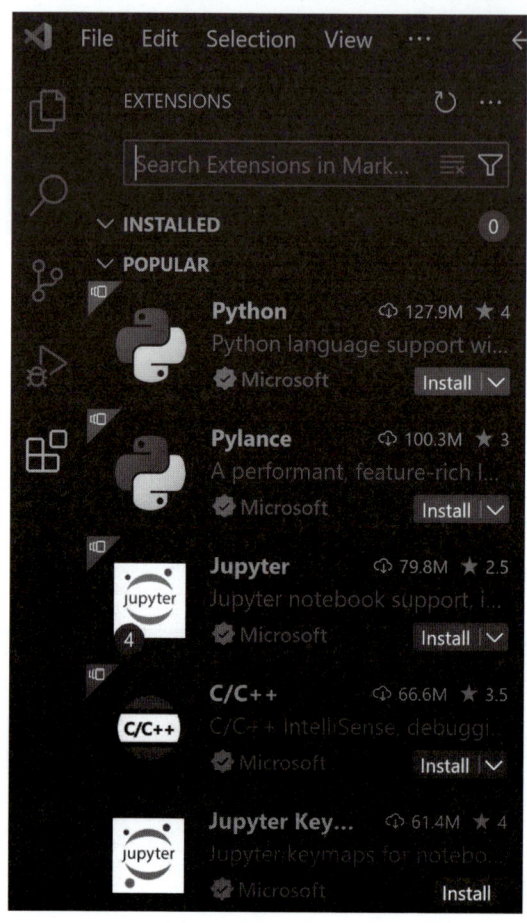

📌 **그림 3-11** 확장(Extensions)에서 Python을 설치하면 됩니다. Install 버튼을 클릭합니다.

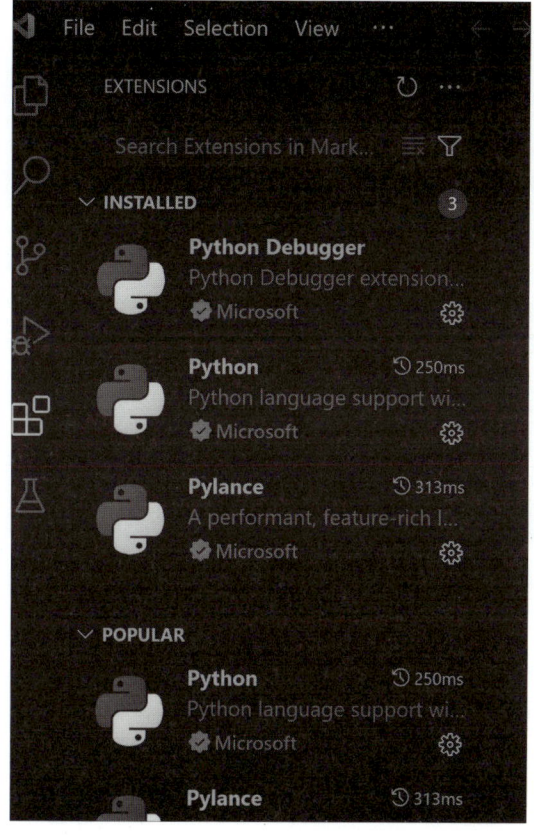

📌 **그림 3-12** 추가로 설치된 확장들이 있습니다.

그림 3-12를 보면 추가로 설치된 Python Debugger와 Pylance 등이 있습니다. 자동으로 설치되는 확장들로 보면 됩니다. 비주얼 스튜디오 코드는 계속 버전업이 되기 때문에 독자분들이 설치할 때는 다른 형태로 변경되어 있을 수 있습니다. 혹시 설치가 변경되는 부분들은 제 유튜브 채널이나 블로그를 통해서도 알려드리겠습니다. 버전업이 빠른 경우는 종이책의 한계가 있다고 봅니다.

아무래도 이런 개발 툴은 한글 지원이 되면 좀 더 편합니다. 익스텐션에서 "Korean Language Pack for Visual Studio Code"을 검색해서 Install을 클릭하면 한글로 변경됩니다. 상단의 검색창에서 "Korean"을 입력하면 바로 검색이 됩니다. 혹시 Visual Studio Code가 영문으로 계속 나오면 툴을 한번 종료했다가 다시 시작하면 됩니다.

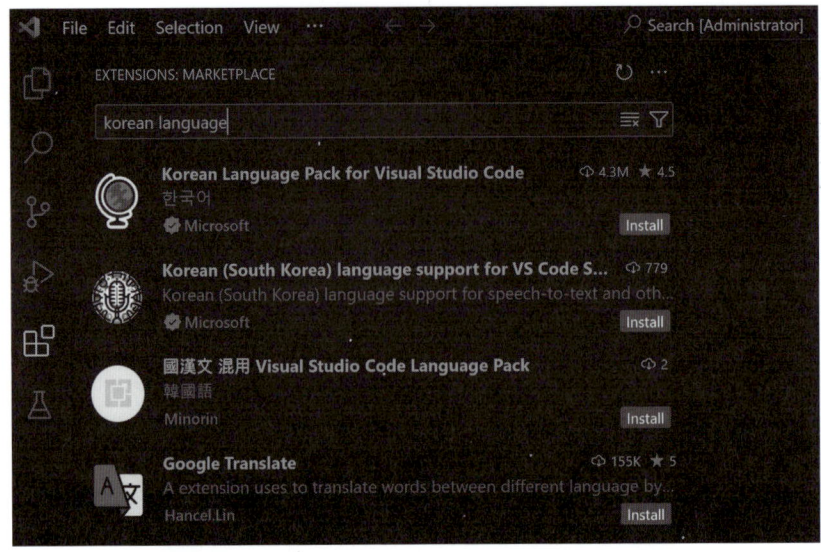

📌 **그림 3-13** 확장(Extensions)에서 Korean Language Pack for Visual Studio Code를 설치합니다.

설치하고 오른쪽 하단에 "Change Language and Restart"가 출력되면 클릭해서 툴을 재시작하면 됩니다. 혹시 비주얼 스튜디오 코드를 사용하다가 메뉴가 다시 영문으로 출력되는 경우에도 툴을 재시작하면 정상적으로 돌아옵니다. 간혹 비주얼 스튜디오 코드를 사용하다가 자동으로 업데이트되는 경우들이 있습니다. 이런 경우 한글메뉴가 아닌 다시 영문 메뉴로 나올 수 있습니다. 이런 경우에 재시작을 하면 됩니다.

📌 **그림 3-14** 비주얼 스튜디오 코드를 다시 시작하기

비주얼 스튜디오 코드를 사용할 때 작업 폴더를 먼저 지정해야 합니다. 비주얼 스튜디오 코드의 왼쪽 상단에 있는 첫 번째 버튼을 클릭합니다. 작업 폴더는 특정 폴더를 지정해서 파일 리스트를 보고 디버깅 작업 등을 셋팅 하기 위해서 선행되어야 하는 작업입니다. 단어 그대로 작업을 위한 폴더입니다. 우리는 c:\workVibe 폴더를 윈도우 탐색기로 하나 생성해서 사용합니다.

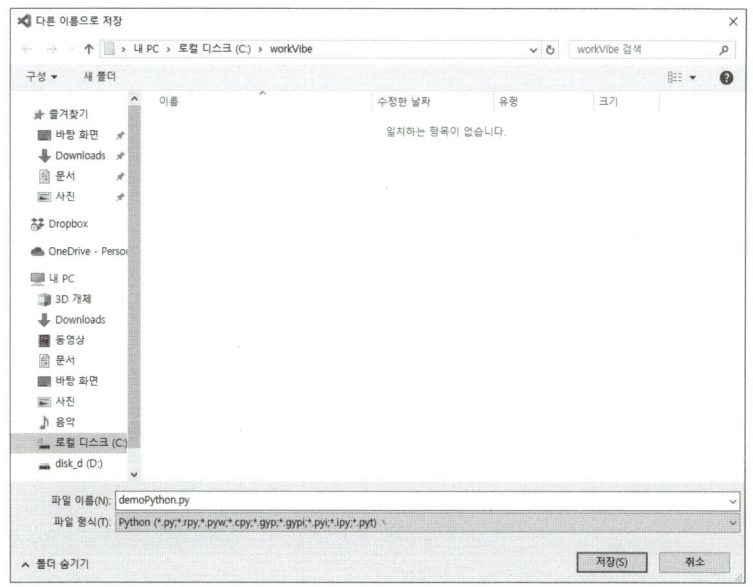

 그림 3-15 workVibe 폴더를 하나 생성해서 작업 폴더로 지정합니다.

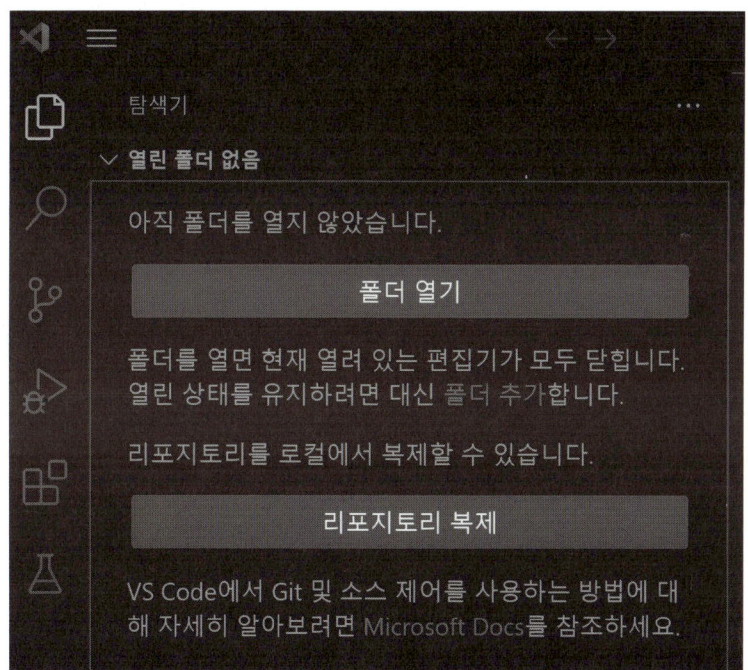

 그림 3-16 작업 폴더 지정하기

그림 3-16과 같이 왼쪽의 툴바에서 첫번째 버튼을 클릭하고 "폴더 열기"를 클릭해서 c:₩workVibe를 작업 폴더로 지정하면 됩니다.

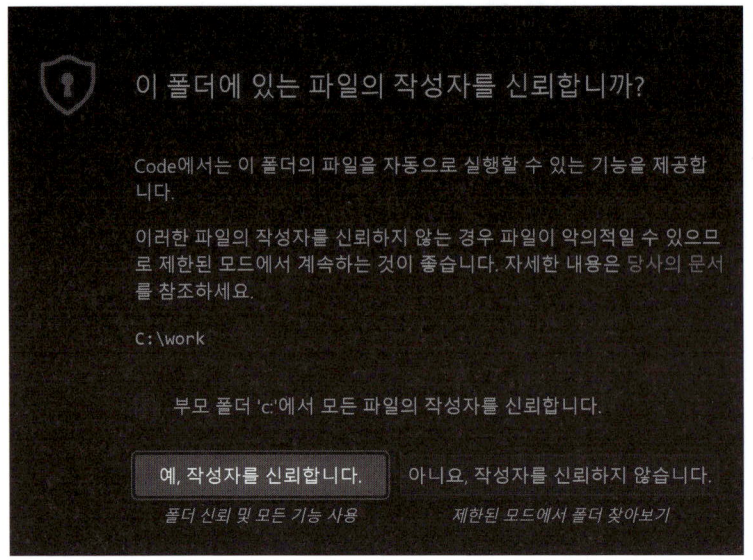

📌 **그림 3-17** 이 폴더의 파일을 작성하는 사람을 신뢰한다는 체크입니다.

위와 같이 c:₩workVibe를 지정하면 처음에는 "이 폴더에 있는 파일의 작성자를 신뢰합니까?" 라는 메시지가 출력됩니다. 체크만 하면 됩니다. 당연히 내가 작업하는 파일에 대해서 신뢰(?)를 해야 합니다. 처음에 한번 작업 폴더를 지정할 때만 출력됩니다.

테스트를 위해 파일메뉴에서 "새 텍스트 파일"을 클릭합니다. 파일 메뉴에서 저장을 클릭하고 파일 이름에 "demo"을 입력하고 파일 형식에서 "Python"을 찾아서 클릭합니다. 파일 형식 콤보 박스를 클릭하면 다양한 언어들을 지원하는 것을 볼 수 있습니다. 우리는 주로 "*.py"로 끝나는 파이썬 소스 파일로 저장을 하면 됩니다. 일반적으로 개발 언어에 따라서 확장자가 다르게 되어 있습니다. C언어는 "*.c"로 저장하고, C# 같은 언어는 "*.cs"와 같은 확장자를 사용합니다.

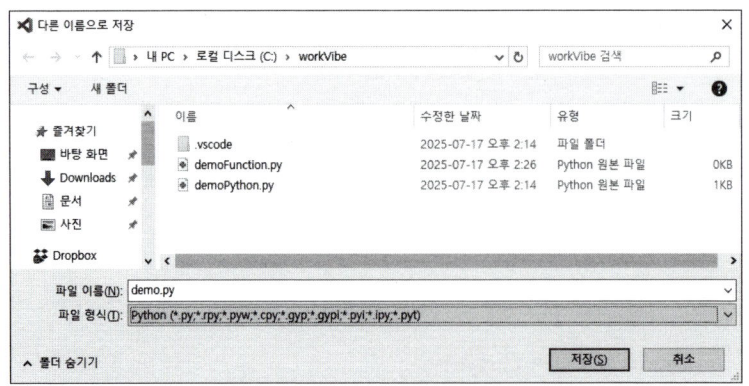

📌 **그림 3-18** demo.py라고 파일을 저장한다.

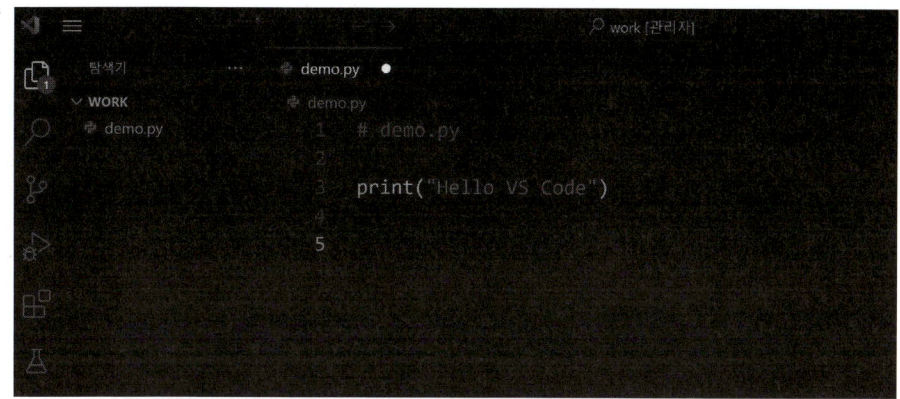

그림 3-19

다음과 같이 코드를 작성해 봅니다. 하나의 문자열을 출력하는 간단한 코드입니다. print() 함수를 사용해서 콘솔(터미널)에 "Hello VS Code"라는 문자열을 출력하는 코드입니다.

```
print("Hello VS Code")
```

우리가 앞으로 주력으로 사용할 개발 도구가 비주얼 스튜디오 코드입니다. 한번 파일명을 주고 저장하면 계속 편집해도 자동 저장을 하도록 하면 편리합니다. 파일 메뉴에서 "자동 저장"을 한번 클릭해 두면 됩니다.

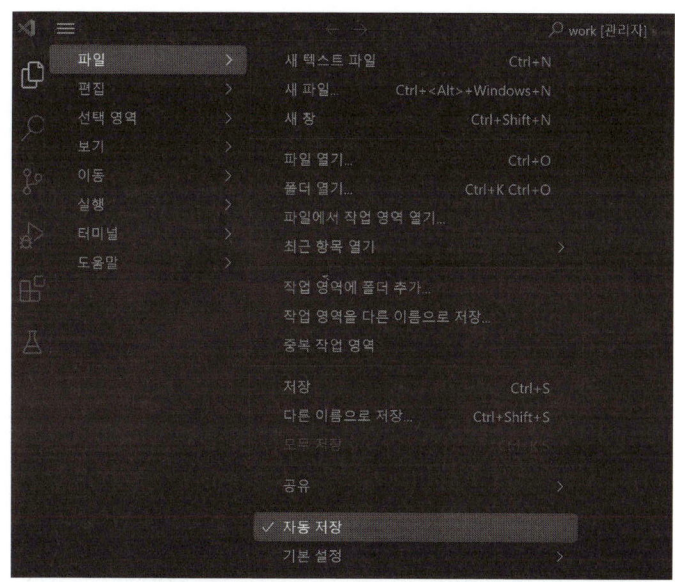

그림 3-20 자동 저장을 체크해 둡니다.

작성한 코드를 실행할 경우 마우스 오른쪽 버튼을 클릭해서 "Python 실행" → "터미널에서 Python 파일 실행(Run Python File in Terminal)"을 클릭하면 됩니다. 한글팩을 설치하면 컨텍스트 메뉴(팝업 메뉴 창)도 한글로 출력됩니다. 하단의 터미널에 결과가 출력됩니다. 비주얼 스튜디오 코드의 하단에 일종의 실행창(Command)이 오픈 되어서 실행 결과를 볼 수 있습니다.

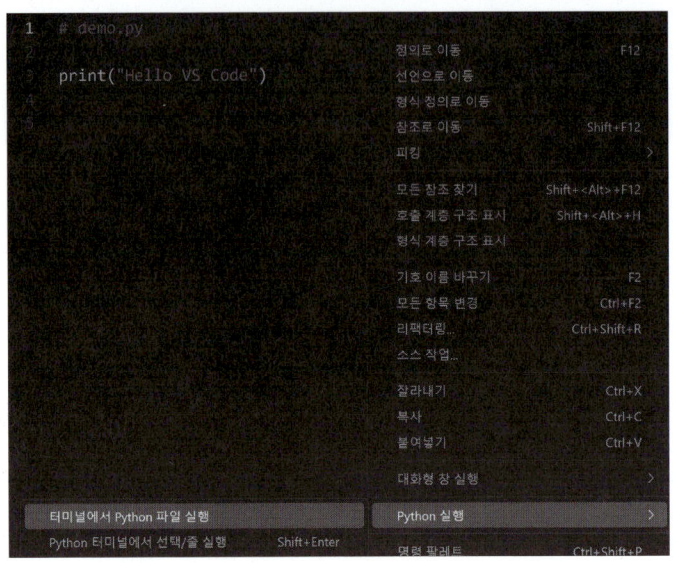

그림 3-21 작성한 파이썬 코드를 실행하기

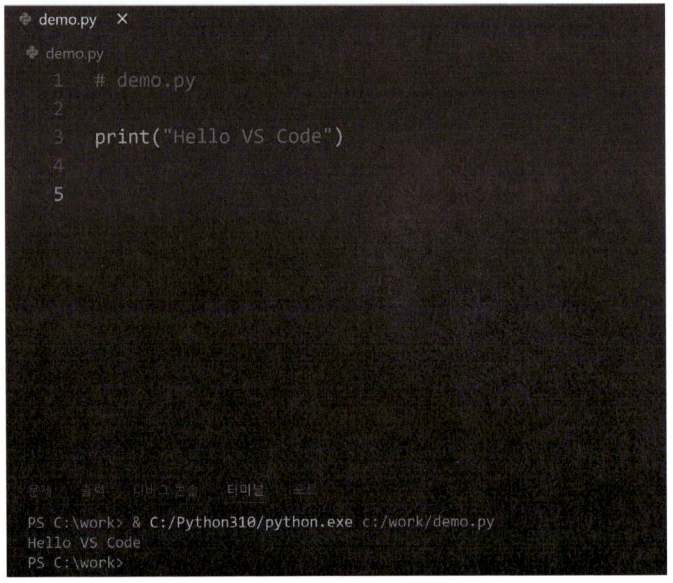

그림 3-22 하단의 터미널창에서 실행 결과를 확인하기

위의 그림을 보면 실행 결과가 하단의 터미널창에서 출력되는 것을 볼 수 있습니다. python.exe를 실행해서 우리가 작성한 소스 코드를 실행하는 형태입니다. 혹시 실행이 되지 않는다면 설치 순서가 파이썬을 설치하고 비주얼 스튜디오 코드 순서로 설치했는지를 다시 확인해 봅니다. 또는 다른 파이썬 버전들을 사용하고 있거나 아나콘다 패키지(파이썬을 배포하는 패키지 중의 하나)를 설치해서 이미 파이썬을 사용하고 있었다면 설치 환경의 충돌이 발생할 수 있습니다. 비주얼 스튜디오 코드의 하단에 언어가 "python"으로 되어 있고, "3.10.9"와 같이 버전이 출력되는 것을 볼 수 있습니다. 이 버전을 클릭하면 상단에 다시 파이썬의 실행되는 경로를 선택할 수 있습니다. 이 부분에서 "python 3.10"을 선택해 두면 정상적으로 실행됩니다.

제가 수업을 진행할 경우에 수강생분들의 노트북에 너무나 복잡하게 파이썬 개발 환경들이 설치되어 있는 것도 종종 보게 됩니다. 잘 안되면 깨끗하게 충돌나는 환경들을 삭제하고 처음부터 다시 설치하셔도 됩니다. 처음에는 좀 어려워도 나중에는 수월하게 개발 환경을 셋팅 하게 될 겁니다.

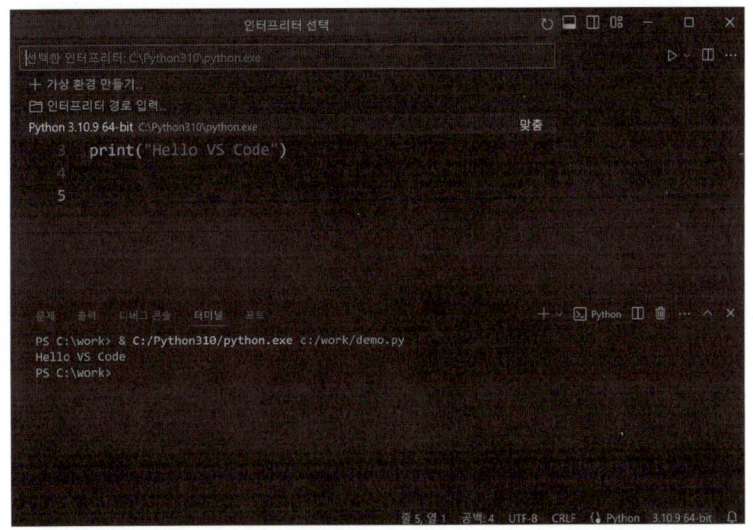

그림 3-23 파이썬 버전을 확인하고 실행 경로를 선택하면 됩니다.

좀 더 진행을 해보겠습니다. 자~~ 이번에는 디버깅하는 방법을 연습해 봅니다. 디버깅 환경을 셋팅 하면 논리적인 오류를 알기 위해서 코드 내부를 Step by Step(라인 단위로 추적해서 살펴보기)으로 살펴보기 위한 도구를 사용할 수 있습니다. 작성중인 demo.py 파일에 보면, 라인번호 바로 앞에 마우스로 클릭해서 중단점(Break Point)를 추가할 수 있는 공간이 있습니다. 여기를 클릭해서 적색 점이 추가되면 디버깅하는 모드에서는 중단점 역할을 수행합니다. 적색점은 토글이 가능합니다. 한 번 더 클릭하면 삭제가 되고, 다시 클릭하면 중단점이 추가됩니다. 왼쪽상단에 위치한 버튼들 중에 네 번째 있는 디버그 버튼(풍뎅이 그림이 있는 삼각형모양)을 클릭합니다. 처음 디버깅을 하는 경우에는 환경 값(일종의 디버깅 셋팅 값)을 구성해야 합니다. 디버깅 정보를 가지고 있는 launch.json 파일을 생성해야 합니다. 비주얼 스튜디오 코드에서 왼쪽의 버튼 중에 삼각형으로 되어 있는 플레이 버튼이 "실행 및 디버그"버튼입니다. "launch.json 파일 만들기"를 클릭하면 됩니다. 처음 한 번 만 클릭하면 됩니다. 셋팅이 되면 이 화면은 더 이상 보이지 않습니다.

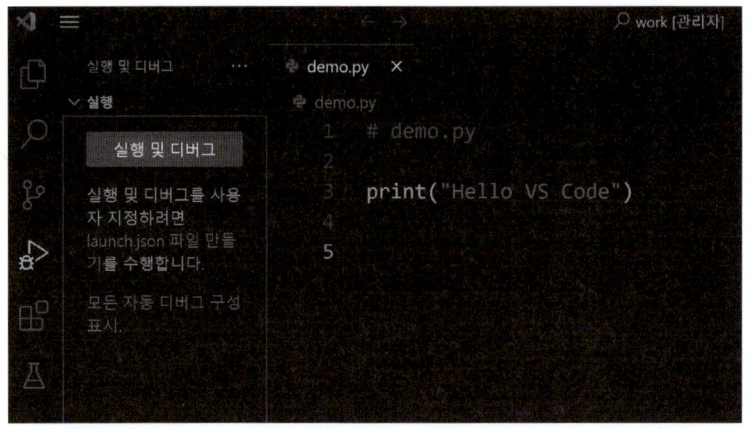

🔑 **그림 3-24** 왼쪽 툴바에서 네번째 버튼(삼각형 버튼)을 클릭합니다.

위와 같이 화면이 출력되면 왼쪽 툴바에서 삼각형 표시가 있는 네번째 버튼을 클릭하고 "launch.json 파일 만들기"를 클릭합니다. 이 파일은 디버깅을 위한 환경을 셋팅 할 경우 필요한 파일입니다. 이 파일은 수정할 내용은 없고 확인만 하고 바로 닫으면 됩니다.

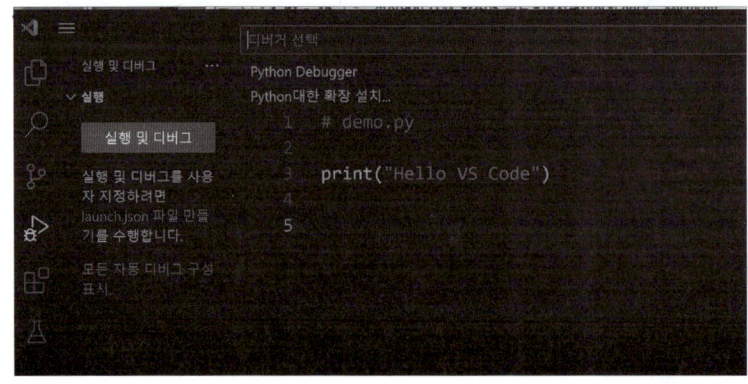

🔑 **그림 3-25** 상단에 출력된 "Python Debugger"를 선택합니다.

상단에 출력된 디버거 선택에서 "Python Debugger"를 선택하면 됩니다. 앞에서 설치한 "Python" 확장팩에서 자동으로 추가 설치된 확장팩입니다.

아래의 화면과 같이 디버그 구성 선택을 물어보면, 가장 상단에 있는 "Python 파일"을 클릭하면 됩니다. 우리는 웹 환경이 아닌 기본 파이썬 개발 환경에서 작업을 하기 때문입니다. 아직은 복잡한 디버깅 환경이 아니기 때문에 가장 처음 나오는 "Python 파일"을 클릭하면 디버그 구성이 종료됩니다.

🖌 **그림 3-26** Python 파일을 클릭하기

다음과 같이 코딩해서 for i in lst: 라인번호 앞에 있는 왼쪽의 빈 공간을 클릭하면 적색점이 추가됩니다. 보통은 이런 적색점을 중단점(Break Point)이라고 합니다. 디버깅 모드로 실행을 할 때 중단점이 있으면, 일단 멈추고 실행을 기다리게 됩니다. 코드를 한 줄씩 단계별로 실행할 때 매우 유용하게 사용할 수 있습니다. 아래와 같이 간단한 코드를 입력해서 디버깅하는 방법을 연습해 봅니다.

🖌 **그림 3-27** 디버깅하기

전체 코드입니다.

 전체 코드

```python
print("Hello VS Code")

lst = [1,2,3,4,5]
for i in lst:
    print(i)
```

상단에 보면 왼쪽에 플레이 버튼(녹색의 삼각형 표시)을 클릭하면 디버깅이 시작됩니다(단축키는 F5입니다). 중단점에서 실행이 멈춘 상태에서 단축키로 F11을 누르면, 라인 단위(Step Into)로 디버깅되는 것을 볼 수 있습니다. Visual Studio Code는 코드 자동완성과 디버깅하는 용도로 사용이 가능한 멋진 도구입니다!

다른 개발자가 작성한 코드를 분석하거나 혹은 내가 작성한 코드에 문제점이 있는지를 체크하고 검사할 경우 디버깅하는 도구가 있다면 편하게 작업을 할 수 있습니다. 여러 번 사용하면서 익숙해지도록 연습을 하면 됩니다.

디버깅을 하면서 실행할 경우는 단축키로 F5를 클릭하면 됩니다. 디버깅을 하지 않고 실행할 경우 단축키로 ctrl-F5를 클릭해서, 바로 결과를 확인해도 됩니다. 디버깅 없이 실행을 하면 좀 더 빨리 결과가 출력됩니다.

혹시 툴을 설치하는 것이 어렵다면 제 유튜브 채널에 있는 영상들을 보면서 따라서 설치해도 됩니다.

3.2 파이썬을 사용해 보기

우리는 파이썬 언어를 공부하는 것이 목적은 아닙니다. 그럼에도 개발 언어를 모른다는 것을 나중에 문제가 될 수 있습니다. 기본적인 개발 언어를 하나 익혀두면 분명히 도움이 됩니다.

개발자가 아닌 분들에게는 파이썬이 가장 만만합니다. 가장 현업에서 많이 사용하는 Python 3.10을 설치했으니 간단한 코드를 살펴보면 좋습니다.

비주얼 스튜디오 코드를 실행해서 "파일" → "새 텍스트 파일"을 클릭합니다. 새로운 파일을 추가해서 간단한 코드를 작성해 보려고 합니다.

그림 3-28

파일의 "저장"메뉴를 클릭해서 "demoPython.py"라는 이름으로 저장합니다. 아래와 같은 코드를 작성합니다. 파이썬의 기본 형식을 사용해보고, List, Tuple, Dict 형식을 사용해 봅니다.

보통 코딩을 할 때 변수와 함수라는 단어를 사용합니다. 변수는 아래와 같이 값을 저장하는 형태입니다. x라는 변수는 정수 형식이고, y는 실수형식, strA는 문자열 형식입니다. 다른 언어들과 다르게 파이썬은 앞부분에 형식을 지정하지 않고 사용합니다.

```
x = 5
y = 3.14
strA = "파이썬은 강력해"
```

메모리에 있는 변수들의 목록을 본다면 dir() 내장 함수(내장 기능)을 사용하면 됩니다. 우리가 편하게 사용할 수 있도록 내장 함수들이 파이썬에서 제공됩니다.

```
print(dir())
```

하단의 실행창(터미널)에 결과를 출력해야 해서 print() 함수로 한 번 더 감싸줍니다.

파이썬에서는 여러 개의 데이터를 다루는 경우 배열(Array) 형태로 사용할 수 있는 몇 개의 형식들이 있습니다. 이 중에 리스트는 입력된 순서로 출력되는 특징이 있고, 초기화 한 이후에 입력, 수정, 삭제, 검색을 모두 수행할 수 있습니다. len() 함수는 문자열의 길이를 알려주거나, 배열의 방의 개수를 알려주는 용도로 사용됩니다.

```
lst = [10,20,30]
print(len(lst))
```

반복문을 사용하면 여러 개의 값을 가지고 있는 경우에 하나씩 분리해서 볼 수 있습니다. 파이썬에서는 for ~ in 구문과 while구문이 반복문으로 제공됩니다.

```
for item in lst:
    print(item)
```

튜플(Tuple)의 경우 한방에 데이터를 입력하거나, 한방에 여러 개의 값을 리턴 할 경우 많이 사용됩니다. 리스트(List)는 [] - 스퀘어 브라켓을 기호로 사용하고, 튜플(Tuple)은 () - 소괄호를 기호로 사용합니다. 순서가 있는 형식인 리스트와 튜플은 []을 사용해서 슬라이싱(인덱싱)을 할 수 있습니다. 원하면 0번, 1번, 2번과 같은 순서로 잘라서 내부 데이터를 받을 수 있습니다.

```
tup = (10, 20, 30)
print(tup[0])
```

딕셔너리는 좀 더 복잡합니다. {} - 브레이스라는 기호를 사용하며 {"키":"값"…} 이렇게 매핑 되어 있는 구조를 사용합니다. 쌍 따옴표와 단일 따옴표는 파이썬에서 구분하지 않고 사용합니다. 문자열의 경우 "", ''로 묶는 것이 전혀 차이가 없습니다.

딕셔너리는 입력된 순서로 출력이 되지 않습니다. 그럼에도 초기화 한 이후에 입력, 수정, 삭제, 검색을 수행할 수 있습니다. 아래와 같이 초기화 합니다.

```
colors = {'red': 1, 'green': 2, 'blue': 3}
```

특정 키에 매핑 된 값을 요구하면 아래와 같이 딕셔너리 변수[키]를 지정하면 됩니다.

```
print(colors['red'])
```

새롭게 추가를 하거나 삭제를 하는 경우에도 키중심으로 작업합니다.

```
colors["pink"] = 4
print(colors)
del colors['green']
print(colors)
```

내부에 있는 키와 값을 볼 때 미리 준비된 items() 메서드(일종의 함수로 기능을 의미)를 사용해서 반복문을 사용하면 됩니다.

```
for item in colors.items():
    print(item)
```

전체 코드입니다.

 전체 코드

```
# demoPython.py
print("---파이썬의 기본형식---")
x = 5
y = 3.14
strA = "파이썬은 강력해"
print(dir())

print("---리스트형식과 튜플, 딕셔너리 사용하기---")
lst = [10,20,30]
print(len(lst))
for item in lst:
    print(item)

tup = (10, 20, 30)
print(tup[0])

colors = {'red': 1, 'green': 2, 'blue': 3}
print(colors['red'])
colors["pink"] = 4
print(colors)
```

```
del colors['green']
print(colors)
for item in colors.items():
    print(item)
```

실행 결과입니다.

 실행 결과

```
---파이썬의 기본형식---
['__annotations__', '__builtins__', '__cached__', '__doc__', '__file__', '__loader__', '__name__', '__package__', '__spec__', 'strA', 'x', 'y']
---리스트형식과 튜플, 딕셔너리 사용하기---
3
10
20
30
10
1
{'red': 1, 'green': 2, 'blue': 3, 'pink': 4}
{'red': 1, 'blue': 3, 'pink': 4}
('red', 1)
('blue', 3)
('pink', 4)
```

이번에는 함수와 클래스를 공부해 봅니다. 비주얼 스튜디오 코드의 왼쪽에 있는 첫번째 버튼을 클릭하면 작업 폴더로 이동을 합니다. 여기서 오른쪽 상단에 있는 첫번째 버튼을 클릭해서 새로운 파일을 추가합니다. 새로운 파일의 이름은 "demoFunction.py"으로 입력합니다.

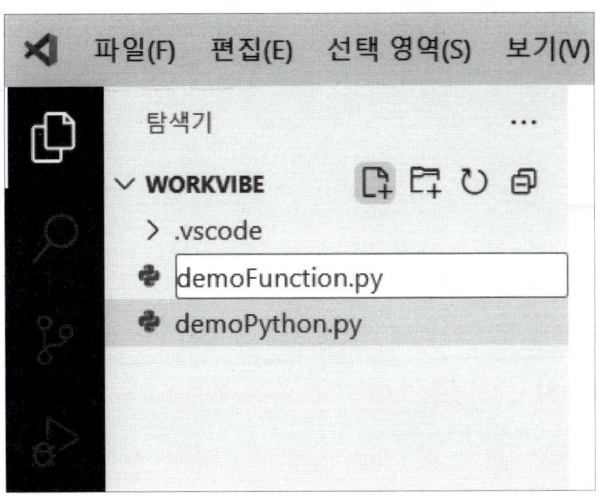

그림 3-29

함수(Function)은 어떤 로직을 구현해서 이 코드에 이름을 부여하고 재사용을 하기 위한 기본 단위입니다. 예를 들면 아래와 같이 곱셈을 간단하게 구현한 times() 함수가 정의되어 있습니다. 변수는 초기화한다고 말하고, 함수는 정의하고 호출한다고 말합니다.

파이썬에서 어떤 코드를 작성하고 마지막에 :를 사용하면 들여쓰기를 한 본문이 있다는 표시입니다. 들여쓰기도 문법이 될 수 있습니다. 대부분의 개발 도구에서 자동으로 들여쓰기를 하기 때문에 크게 신경 쓰지 않아도 됩니다.

def라는 키워드(미리 약속된 파이썬의 예약어)는 define이라는 단어입니다. 약자로 줄여서 def까지만 사용합니다. 파이썬은 간결함을 추구하는 언어입니다.

```python
def times(a,b):
    return a * b
```

위에 정의된 times() 함수를 호출할 때 아래와 같이 합니다.

```python
result = times(3, 4)
print(result)
```

실행을 해보면 12라는 결과가 나온 것을 볼 수 있습니다.

전체 코드입니다.

전체 코드

```python
# demoFunction.py

#함수를 정의
def times(a,b):
    return a * b

#함수를 호출
result = times(3, 4)
print(result)
```

비주얼 스튜디오 코드의 왼쪽에 있는 가장 상단의 버튼을 클릭하면 작업 폴더로 이동을 합니다. 여기서 오른쪽 상단에 있는 첫번째 버튼을 클릭해서 새로운 파일을 추가합니다. 새로운 파일의 이름은 "demoClass.py"로 입력합니다.

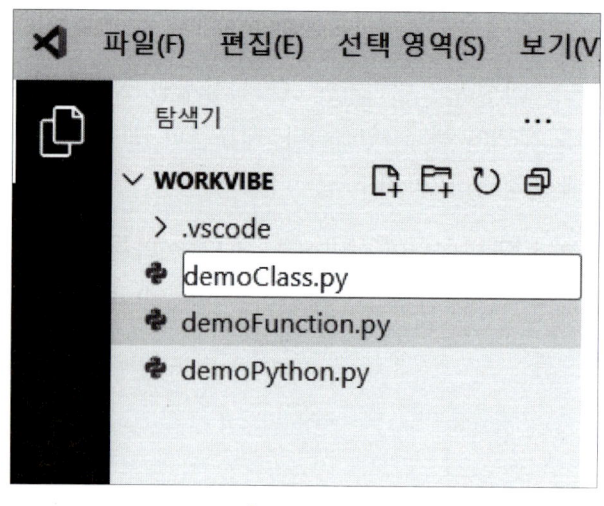

그림 3-30

계속해서 툴을 사용하다 보면 비주얼 스튜디오 코드가 어렵지 않을 겁니다. 약간의 익숙해지는 시간이 필요합니다. Cursor IDE나 Kiro같은 통합 툴도 비슷한 환경을 제공하기 때문에 하나의 툴에 익숙해지면 다른 툴을 사용해도 별반 다르지 않습니다.

이번에는 개발자 클래스를 하나 정의해서 사용해 보려고 합니다. 클래스(class)는 하나의 형식을 의미합니다. 우리가 업무적으로 필요한 형식을 직접 커스텀하게 만들 수 있습니다. 개발자 클래스에는 멤버 변수(값)과 멤버 메서드(로직)가 있습니다. 개발자의 이름과 다루는 언어를 초기화해서 출력하는 형태로 만들어 봅니다.

파이썬에서는 class라는 키워드를 사용하며 Developer라는 이름으로 개발자를 클래스로 정의해 봅니다. __init__()는 초기화 메서드로 사용됩니다. 이름과 언어를 받아서 개발자 클래스의 인스턴스(복사본)을 초기화 하는 용도로 사용합니다. 언더바(_)가 앞뒤에 2개씩 붙어 있는 형태입니다. display_info() 메서드는 개발자의 내부 멤버 변수를 외부에 출력하는 용도로 준비했습니다.

```python
class Developer:
    def __init__(self, name, language):
        self.name = name
        self.language = language

    def display_info(self):
        print(f"Developer Name: {self.name}, Language: {self.language}")
```

클래스라는 틀은 직접 사용하기 보다는 인스턴스를 생성해서 사용합니다.

```python
dev = Developer("전우치", "Python")
dev.display_info()
```

아래의 코드에서 f"…"이렇게 되어 있는 부분은 f-string이라는 문법입니다. 소문자 f를 문자열 앞에 붙여서 바로 변수명을 넘겨주는 문법을 의미합니다.

```python
print(f"Developer Name: {self.name}, Language: {self.language}")
```

전체 코드입니다.

 전체 코드

```python
# demoClass.py
# 클래스 정의
class Developer:
    def __init__(self, name, language):
        self.name = name
        self.language = language

    def display_info(self):
        print(f"Developer Name: {self.name}, Language: {self.language}")
```

```
# 인스턴스 생성
dev = Developer("전우치", "Python")
dev.display_info()
```

실행 결과 입니다.

 실행 결과

```
Developer Name: 전우치, Language: Python
```

정말 간단하게 파이썬 언어를 살펴보았습니다. 추가로 언어의 학습이 필요한 분들은 졸작이지만 제가 집필한 기존 책인 "챗GPT를 활용한 파이썬 프로그래밍"책을 추천합니다.

3.3 웹의 기본을 살펴보기

이번에는 HTML5, CSS3, Javascript에 대한 기본을 학습해야 합니다. 우리는 ChatGPT를 사용해서 sample.html 페이지를 작성해 달라고 부탁하면 됩니다. 우리는 직접 태그(Tag)를 작성할 필요는 없습니다. 자세한 내용은 몰라도 대략 어떤 구조와 형태인지를 파악하면 됩니다.

대략 웹페이지를 작성할 때 태그는 어떤 요소이고, 스타일시트는 어떤 역할을 하는지, 자바스크립트는 어떤 역할을 하는지 알면 됩니다. 아래의 샘플 페이지는 비주얼 스튜디오 코드에 코파일럿을 설치하고 만들어본 샘플 페이지입니다.

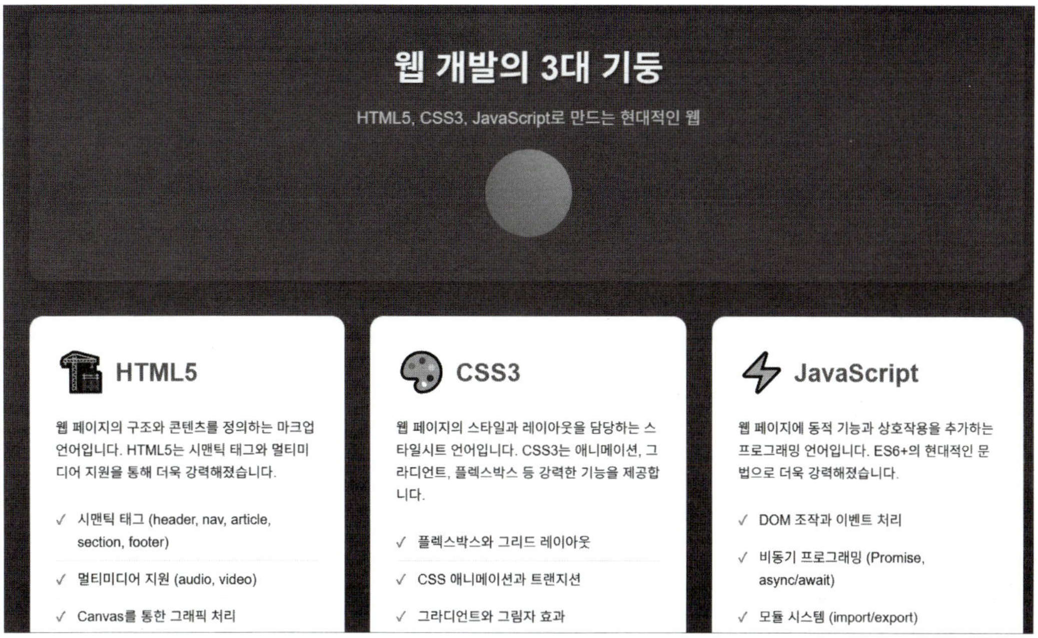

그림 3-31

ChatGPT에 아래와 같이 프롬프트를 입력해 보았습니다.

> 웹페이지를 작성할 때 html5, css3, javascript의 구조와 역할을 설명해줘

ChatGPT의 말:

웹페이지를 구성할 때 사용하는 **HTML5, CSS3, JavaScript**는 각각 고유한 역할과 구조를 가지고 있으며, 이 세 가지가 유기적으로 결합되어 하나의 웹사이트를 완성합니다. 아래에 각 요소의 **역할과 구조**를 정리해 드릴게요.

☑ 1. HTML5 (HyperText Markup Language)

🗡 역할: 웹페이지의 '뼈대(구조)'를 만든다
- **콘텐츠와 구조**를 정의하는 마크업 언어
- 텍스트, 이미지, 버튼, 폼, 링크 등 **요소들을 배치**
- 시맨틱 태그(header, footer, article, section) 등을 통해 **문서의 의미 구조**를 명확히 함

🧱 예시 구조:

html
복사편집
```
<!DOCTYPE html>
<html>
  <head>
    <title>나의 웹사이트</title>
  </head>
  <body>
    <header>헤더 영역</header>
    <nav>메뉴</nav>
    <main>
      <section>본문 내용</section>
    </main>
    <footer>푸터 영역</footer>
  </body>
</html>
```

☑ 2. CSS3 (Cascading Style Sheets)

📌 역할: 웹페이지의 '디자인(스타일)'을 담당한다
- 색상, 폰트, 여백, 배치, 애니메이션 등 **시각적 요소를 정의**
- HTML 요소를 디자인적으로 **꾸며줌**
- 반응형 디자인(media query) 지원 → 모바일, 태블릿에 따라 레이아웃 자동 조정

🎨 예시 스타일링:

css
복사편집
```css
body {
  font-family: 'Noto Sans', sans-serif;
  background-color: #f5f5f5;
}

header {
  background-color: #333;
  color: white;
  padding: 20px;
  text-align: center;
```

☑ 3. JavaScript (JS)

⚙ 역할: 웹페이지의 '동작(기능)'을 구현한다
- 사용자와의 **상호작용(인터랙션)** 처리
- 버튼 클릭 시 이벤트 발생, 폼 유효성 검사, 실시간 데이터 처리 등
- API 호출, 동적 콘텐츠 생성 등을 통해 **동적인 웹페이지 제작 가능**

⚙ 예시 동작:

javascript
복사편집

```javascript
document.querySelector("button").addEventListener("click", function() {
  alert("버튼이 클릭되었습니다!");
});
```

⚙ 요약 정리

구성 요소	핵심 역할	예시
HTML5	구조 (뼈대)	텍스트, 이미지, 버튼 등 콘텐츠 구성
CSS3	스타일 (피부)	색상, 배치, 폰트, 애니메이션 등
JavaScript	동작 (두뇌)	클릭, 스크롤, 서버통신 등 동적 기능

비유하자면, 웹페이지는 **HTML로 골격을 만들고, CSS로 옷을 입히며, JavaScript로 움직이게 만든다**고 할 수 있습니다.

우리는 이렇게 대략적인 형태를 알고 있으면 됩니다. HTLM 태그로 출력한 컨텐츠의 모양을 만들고, 세련된 스타일을 CSS로 입히고, 동적인 작업의 코드는 Javascript로 코딩하면 됩니다.

우리는 직접 코딩하지 않고 프롬프트를 입력해서 웹페이지를 생성하는 작업을 하기 위한 기본 지식을 알고 있으면 충분합니다.

4장

비주얼 스튜디오 코드에 코파일럿 설치해서 사용하기

4.1　비주얼 스튜디오 코드에 코파일럿을 설치하기

4.2　파이썬으로 게임작성하기

4.3　코파일럿을 사용한 데이터 자동 분석과 시각화

4.4　파이썬의 SQLite를 사용하고, 크롤링한 결과를 GUI 프로그램으로 만들기

4.5　GUI 프로그램을 실행 파일로 만들어서 배포하기

4.6　크롤링한 결과를 엑셀 파일에 저장하는 프로그램 만들기

4.7　랜딩 웹페이지 만들기

4.1 비주얼 스튜디오 코드에 코파일럿을 설치하기

우리가 바이브 코딩(Vibe Coding)에서 가장 쉽게 사용할 수 있는 것은 마이크로소프트에서 만든 비주얼 스튜디오 코드에 추가로 설치해서 사용할 수 있는 코파일럿(Copilot)입니다. 좀 더 강력한 도구들로 Cursor IDE가 있고, 최근에는 구글의 Gemini CLI도 인기를 끌고 있습니다. 아마존에서 출시한 Kiro라는 도구도 있습니다. 어떤 도구를 사용해도 비슷하기 때문에 나에게 적당한 도구를 선택해서 개발의 생산성을 높이면 됩니다. 저도 이런 도구들을 사용한 "코드 어시스턴트 활용 프로그래밍"이나 "개발 생산성 향상 프로그래밍"에 관련된 강의들을 하고 있습니다. 바이브 코딩은 개인과 기업의 관심이 가장 뜨거운 분야 중에 하나입니다.

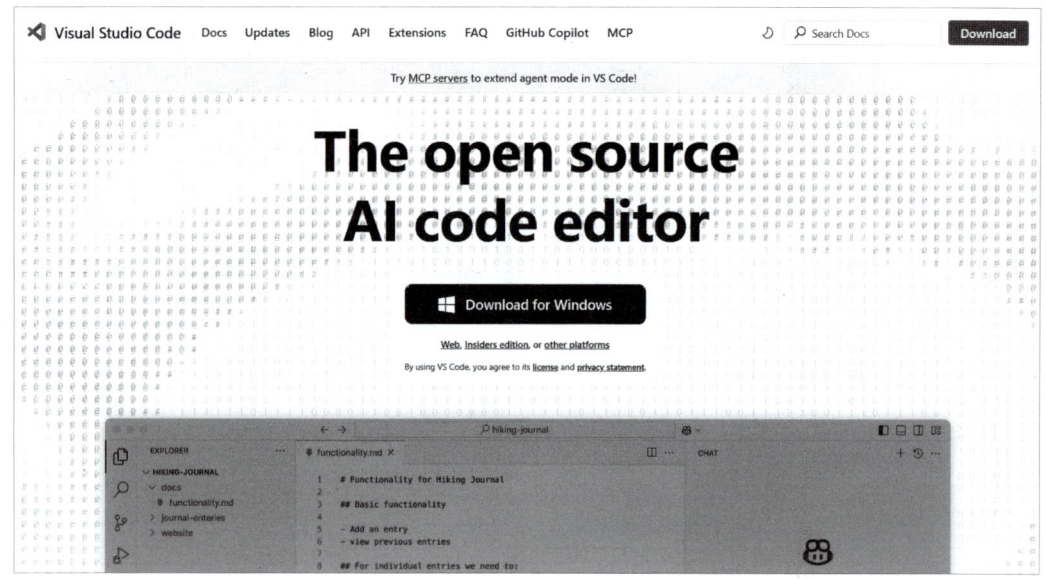

그림 4-1

우리가 계속 사용했던 비주얼 스튜디오 코드의 경우 "Copilot" 익스텐션을 설치하면 바로 "Free Plan"을 사용할 수 있습니다. 현재는 한달에 50번의 채팅과 2,000 라인의 코드를 생성할 수 있습니다. 저는 매달 10$ 결제를 해서 "Pro" 계정으로 사용하고 있습니다. 한달에 13,500원 정도 결제가 되는데 충분한 가치를 뽑고 있다고 생각합니다. 워낙 마이크로소프트의 제품들을 좋아해서 그럴 수 있습니다. 개인적으로 약간은 마이크로소프트와 애플과 같은 테크 기업들의 제품에 편향(?)이 있을 수 있습니다. ㅋㅋ

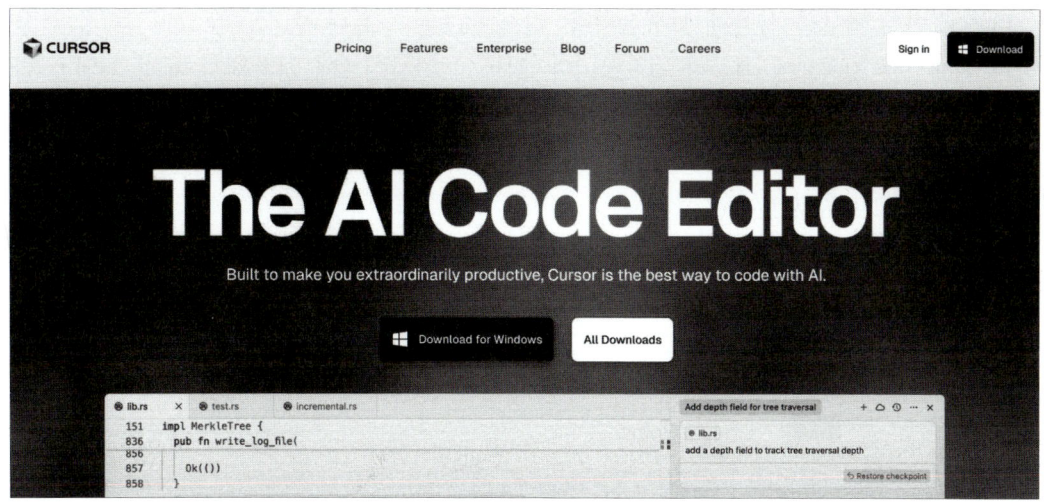

그림 4-2

다음 장에서 다룰 도구는 개발자들에게 정말 인기가 있는 통합 개발 도구인 Cursor IDE 입니다. 정말 강력한 개발 도구입니다. 새로 설치를 하면 2주 정도 무료로 사용할 수 있습니다. 트라이얼 제품의 사용이 끝나고, 매달 사용할 경우 기본 요금은 월에 20불 정도 됩니다.

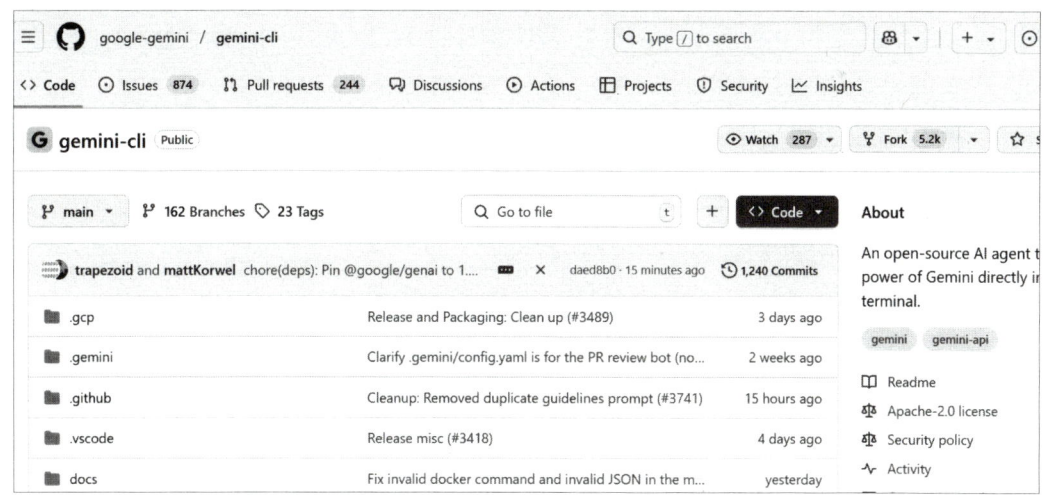

그림 4-3

그런데 이런 시장에 새로운 파장을 일으키고 있는 제품이 구글의 제미나이 CLI입니다. 이 제품은 무려 100만 토큰을 제공하면서 무료입니다. ㅋㅋ 대인배 구글입니다.

우리는 첫번째 도구를 사용해 보겠습니다. 먼저 비주얼 스튜디오 코드에 코파일럿을 사용하기 위해서는 깃허브에 계정이 필요합니다. 아래의 웹사이트에 접속해서 계정 가입을 합니다. 우리는 최대한 결제를 하지 않고 무료로 사용하려고 합니다.

 https://github.com/

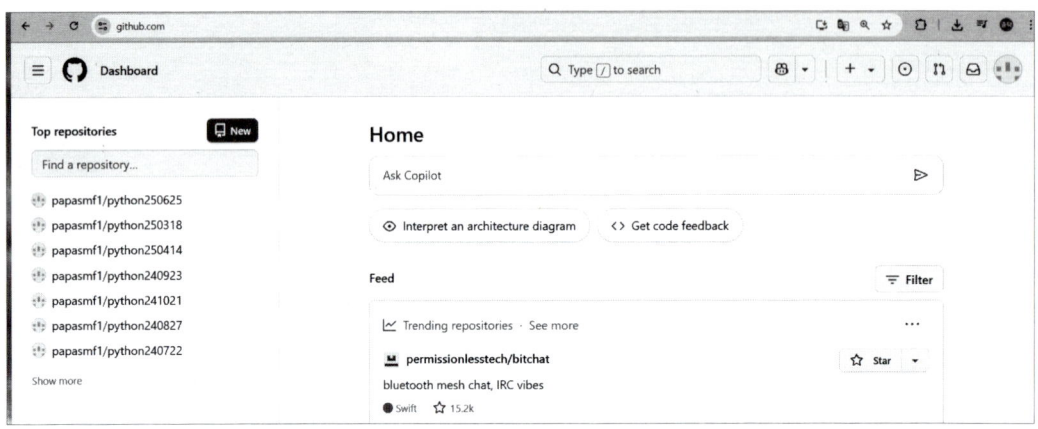

그림 4-4

깃허브는 소스의 버전 관리를 하고 협업을 할 수 있는 Git과 연동이 되는 웹사이트입니다. 마이크로소프트가 인수한 이후에 다양한 툴과 연동이 되고 있습니다. 전세계 오픈 소스의 성지라고 불리는 엄청난 사이트입니다. 깃과 깃허브의 사용법도 공부를 해두시면 상당히 좋습니다. 요즘은 개발자들에게 소스의 백업, 버전 관리, 협업을 위한 필수 도구입니다. 일단 우리는 계정을 생성해서 코파일럿을 사용하는 용도로만 학습을 하려고 합니다.

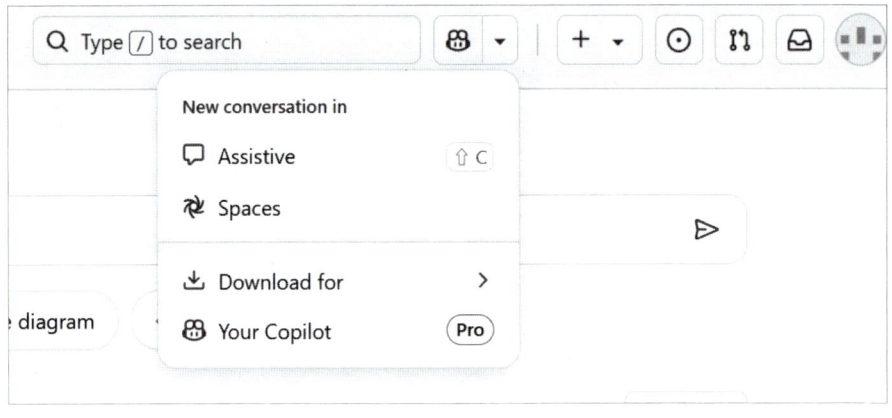

그림 4-5

깃허브에 회원 가입을 하고 상단의 중앙에 보면 코파일럿 버튼이 보입니다. 안경을 걸치고 있는 귀여운 아이콘입니다. 여기를 클릭해서 "Your Copilot"을 선택하면 됩니다.

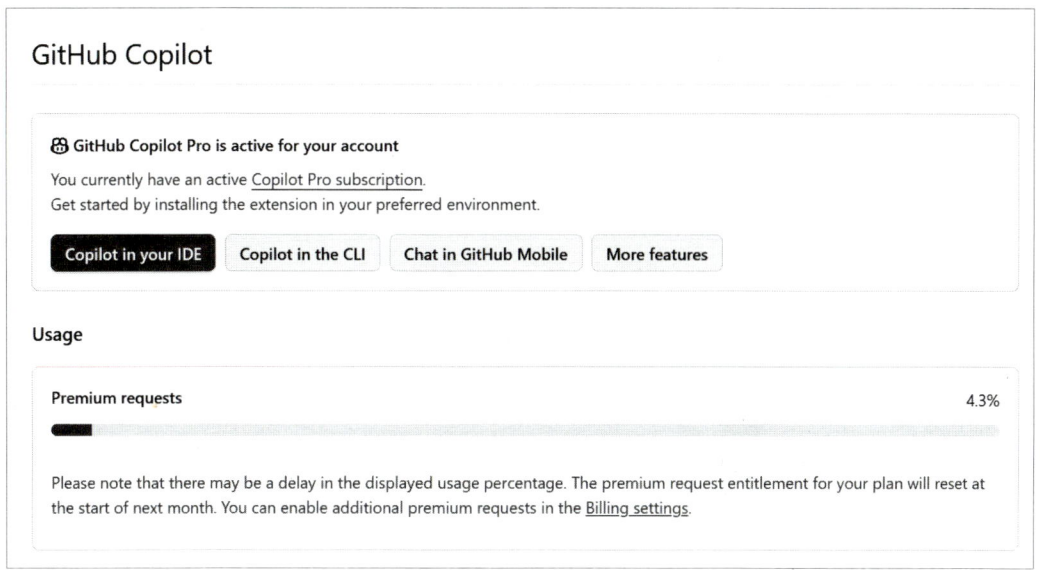

그림 4-6

저는 "Pro"요금제를 사용하고 있지만 많이 사용하지 않는다면 충분하게 무료로 사용할 수 있습니다. Free Plan은 약간씩 변경될 수 있습니다. 아래의 주소로 가면 각 요금제를 볼 수 있습니다. 최근에는 무료, 10불, 39불 요금제도 있습니다. 다른 진영의 경우 200불 요금제도 심심치 않게 볼 수 있습니다.

 https://docs.github.com/ko/copilot/get-started/plans-for-github-copilot

그림 4-7

깃허브에 개발자 계정이 준비되었다면, 비주얼 스튜디오 코드에서 왼쪽에 있는 "Extension"을 클릭합니다. 상단의 검색창에 아래와 같이 "Copilot"을 입력하면 2개의 Extension이 검색됩니다.

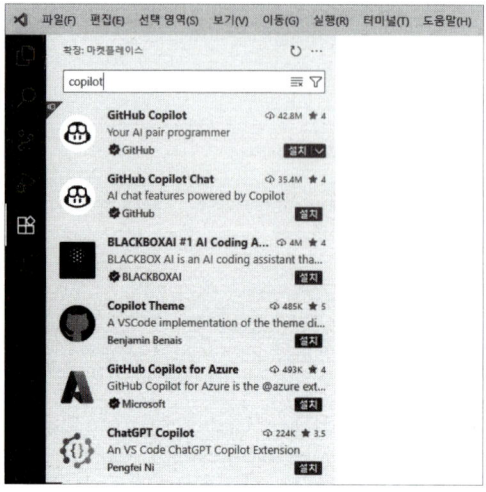

그림 4-8

"GitHub Copilot"을 클릭해서 설치하면 "GitHub Copilot"과 "GitHub Copilot Chat"이 같이 설치됩니다.

이번에는 비주얼 스튜디오 코드의 왼쪽 하단에 있는 로그인 버튼을 클릭합니다. 끝에서 두 번째 버튼입니다. 사람 모양의 아이콘입니다. "GitHub(으)로 로그인하여 GitHub Copilot 사용"을 클릭하면 됩니다.

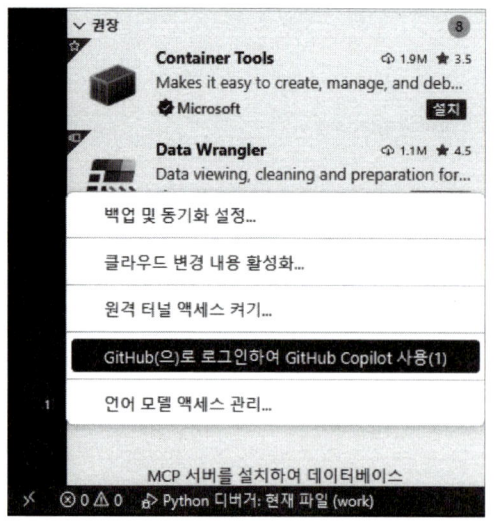

그림 4-9

그러면 웹브라우저가 실행되면서 아래와 같이 로그인한 계정을 통해서 인증을 할 수 있습니다. "Continue"를 클릭하면 됩니다.

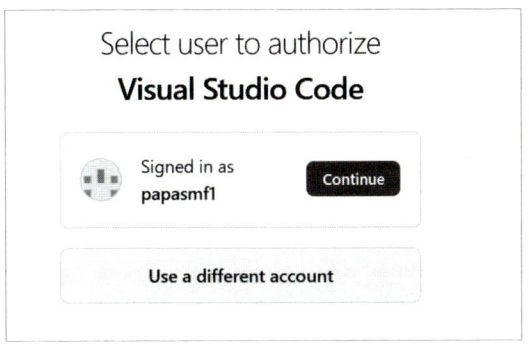

[그림 4-10]

그러면 아래와 같은 메시지가 출력됩니다. 인증이 끝난 이후에 다시 비주얼 스튜디오 코드를 오픈하면 됩니다. "Visual Studio Code 열기"를 클릭하면 됩니다.

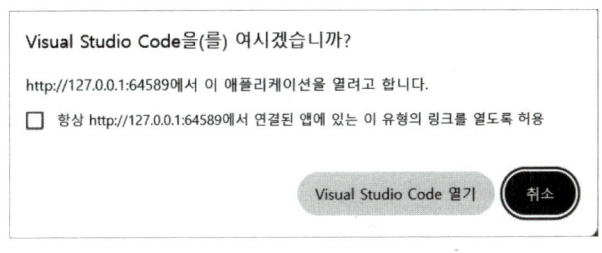

그림 4-11

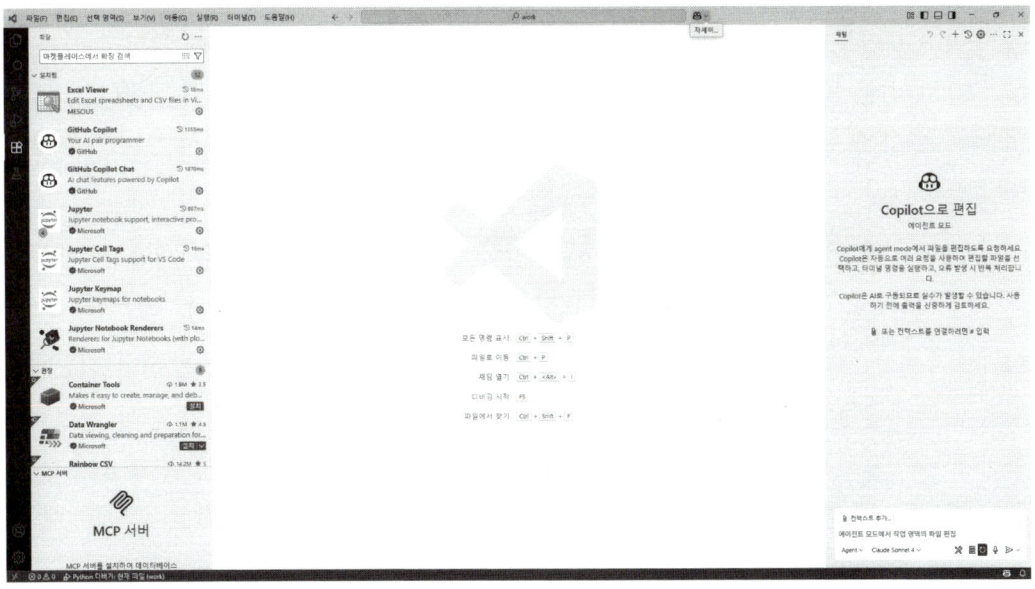

그림 4-12

비주얼 스튜디오 코드의 상단 중앙에 있는 코파일럿 버튼을 클릭하면 통합 툴의 오른쪽에 바로 채팅 창이 오픈 됩니다.

4.2 파이썬으로 게임작성하기

작업 폴더에서 "블록깨기게임.py"와 같이 파이썬 파일을 하나 추가합니다. 코파일럿의 채팅 창이 오픈된 상태에서 오른쪽 하단에 아래와 같이 프롬프트를 입력합니다.

> 파이썬으로 블럭깨기 게임 코드를 작성해줘

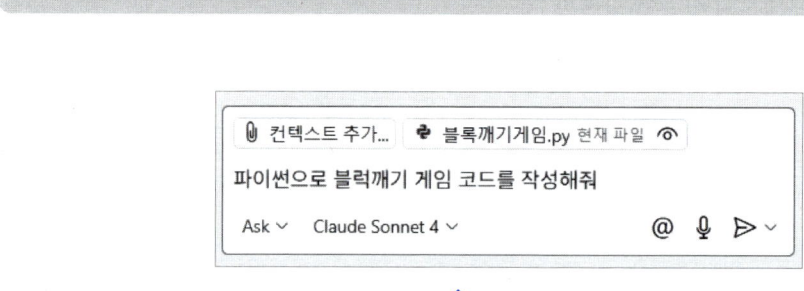

그림 4-13

오른쪽에 출력되는 코파일럿의 채팅 창 하단을 보면 Ask 모드와 Agent 모드가 있습니다. 일단은 "Ask" 모드로 셋팅을 해서 작업하면 단답식으로 응대를 합니다. 하나씩 프롬프트를 입력하고 일을 시킬 경우에 사용합니다. LLM 모델을 선택할 수 있는데 무료 버전의 경우 그대로 기본 LLM을 사용하고, 유료 버전이면 "Claude Sonnet 4"를 추천합니다. 조금 더 코드를 잘 생성하는 LLM 모델이 있습니다. 기본 모델도 현재 상태에서는 나쁘지 않습니다.

ChatGPT창과 왔다 갔다 하면서 사용하지 않아도 바로 통합 개발 툴에서 코드를 생성하고 확인할 수 있습니다. 정말 편해졌습니다. ㅋㅋ

한가지 추가로 설치할 부품이 있습니다. 윈도우 탐색기에서 상단에 "cmd"를 입력해서 도스 창을 오픈해야 합니다. 요즘은 커맨드창이라고 합니다. 이 창에서 아래와 같이 입력해야 합니다. 수동으로 아래와 같이 커맨드창을 오픈해서 추가 라이브러리(일종의 부품)을 설치해야 합니다. pip는 Python Install Package의 약자로 내 PC에 없는 부품을 조달할 때 사용됩니다. Python.org에서 가져오는 부품으로 위험한 명령은 아닙니다. ^^

```
cmd
pip install pygame
```

그림 4-14

생성된 코드의 오른쪽 상단의 첫번째 버튼은 "적용하기"입니다. 새로 추가한 파이썬 파일에 바로 적용할 수 있습니다. 코드가 생성되는데 약간의 시간이 필요합니다. 1분 정도 기다렸다가 더 이상 코드가 생성되지 않고 종료가 되면 "적용하기" 버튼을 클릭하면 됩니다.

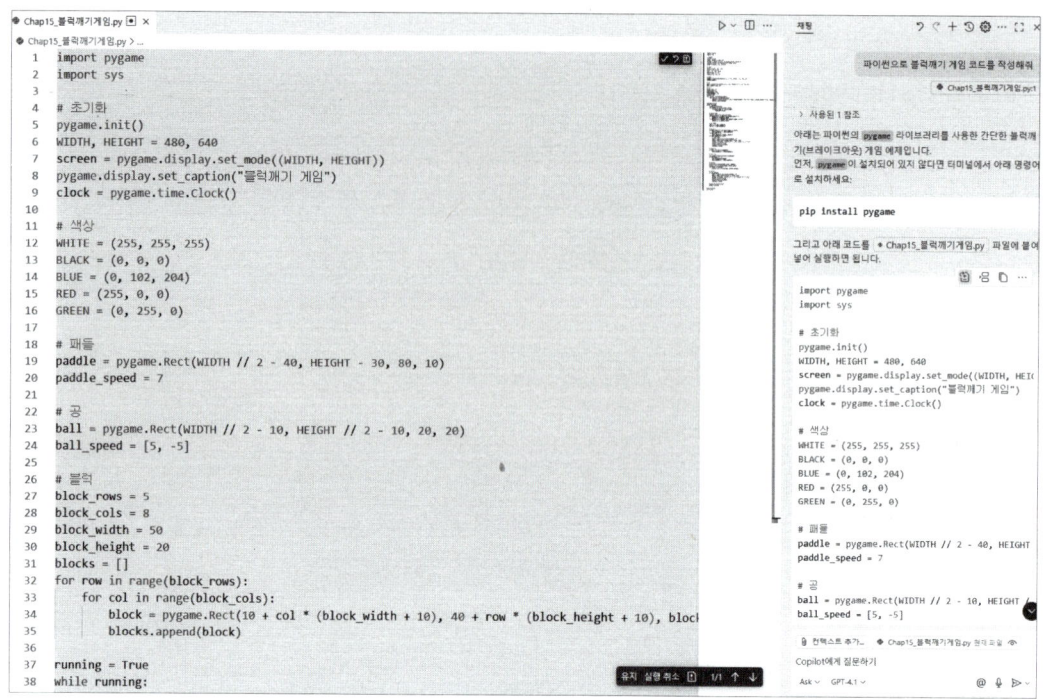

그림 4-15

중앙에 있는 소스 코드 창에서 하단에 있는 "유지"를 클릭하면 복사된 코드가 그대로 유지(적용)됩니다.

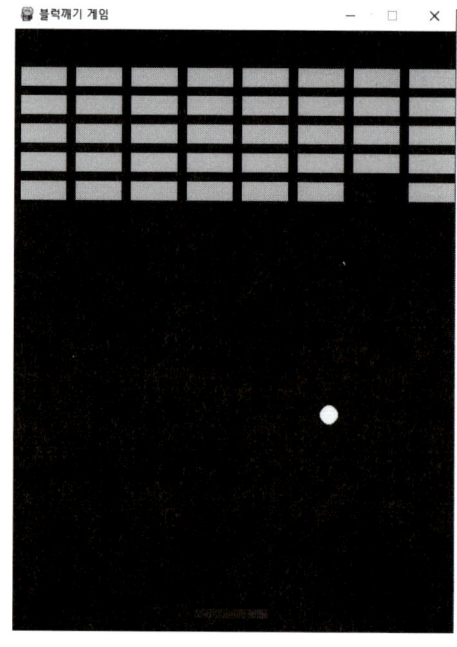

그림 4-16

처음 개발자로 입문했을 때, 게임개발자가 하나의 꿈이였습니다. ㅋㅋ 개인적인 꿈을 5분 만에 이루어 주는 AI의 파워입니다. 상상하는 것을 그대로 만들 수 있는 세상입니다.

이번에는 작업 폴더에 "테트리스게임.py"라는 새로운 파일을 추가합니다. 오른쪽의 코파일럿 채팅 창에 있는 상단의 "+"아이콘을 클릭하면 새로운 대화를 시작할 수 있습니다. ChatGPT에서 새로운 대화를 시작하는 것과 동일합니다.

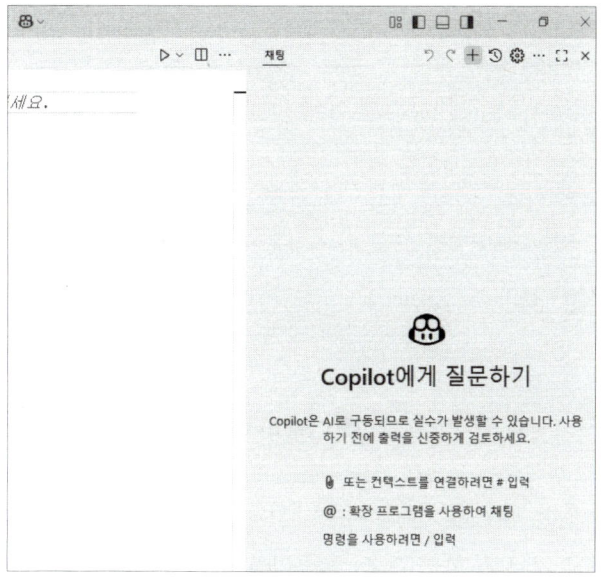

그림 4-17

아래와 같이 프롬프트를 입력합니다.

> 파이썬으로 테트리스 게임 코드를 작성해줘. 게임이 시작되면 블록이 떨어지고, 왼쪽 화살표키와 오른쪽 화살표키는 각각 블록을 왼쪽이나 오른쪽으로 이동시킬 수 있고, 위쪽 화살표키는 블록의 방향을 회전시킬 수 있고, 아래쪽 화살표키는 블록을 빠르게 하단으로 떨어뜨릴 수 있는 기능을 구현해줘

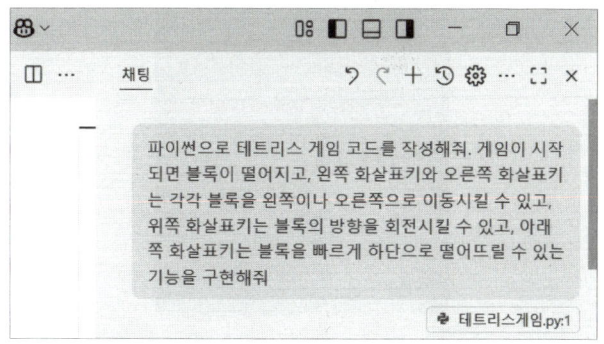

그림 4-18

이번에는 코드 생성에 조금 시간이 걸립니다. 1분에서 2분정도 기다렸다가 코드가 다 생성되는 것을 확인하고 오른쪽 상단에 있는 "적용" 버튼을 클릭하면 됩니다.

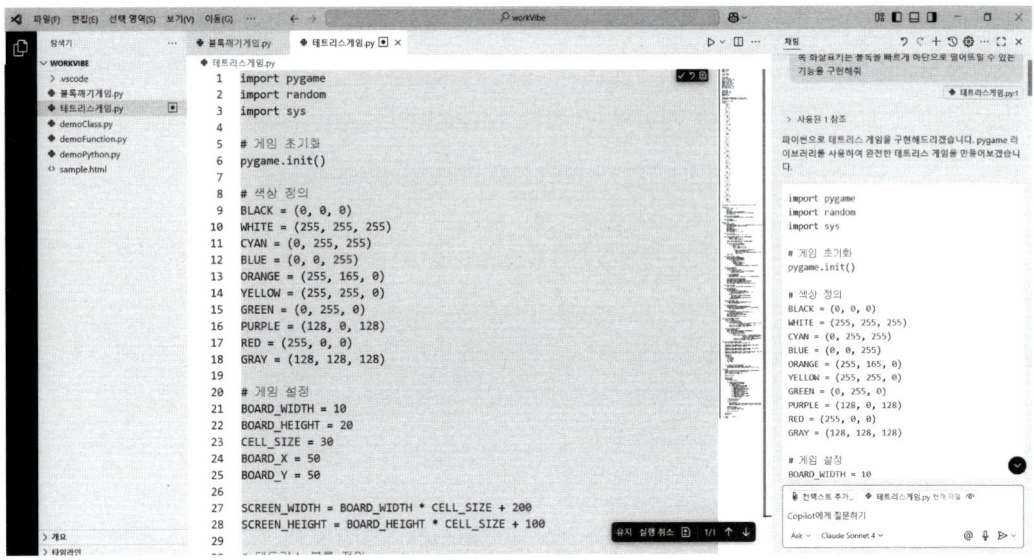

그림 4-19

그리고 중앙의 소스 코드 하단의 "유지" 버튼을 클릭하면 코드 복사작업이 완료되고, 바로 소스 코드를 실행해서 결과를 확인할 수 있습니다.

그림 4-20

우리는 30분도 학습을 하지 않고 블록깨기와 테트리스 게임 코드를 작성하는 게임 개발자가 되었습니다. ㅋㅋ LLM을 사용하면 정말 생산성이 말도 안되게 향상이 됩니다. 5명의 개발자가 하던 일을 1명의 개발자가 할 수 있는 시대가 되었습니다. AI를 잘 활용하는 개발자들의 전성시대라고 할 수 있습니다.

이렇게 생성된 코드를 모두 깃허브에 업로드 했습니다. 전체 코드를 책에 추가하는 것이 의미가 없다는 생각입니다. ㅎㅎ 코드가 문제가 있는 분들은 제가 업로드한 코드를 참조해도 됩니다.

혹시 에러가 나는 분들은 에러 메시지를 복사해서 에러를 해결해 달라고 해도 됩니다.

```python
import pygame
import random
import sys

# 초기화
pygame.init()

# 색상 정의
BLACK = (0, 0, 0)
WHITE = (255, 255, 255)
CYAN = (0, 255, 255)
BLUE = (0, 0, 255)
ORANGE = (255, 165, 0)
YELLOW = (255, 255, 0)
GREEN = (0, 255, 0)
PURPLE = (128, 0, 128)
RED = (255, 0, 0)
GRAY = (128, 128, 128)

# 게임 설정
GRID_WIDTH = 10
GRID_HEIGHT = 20
CELL_SIZE = 30
…
```

4.3 코파일럿을 사용한 데이터 자동 분석과 시각화

이번에는 데이터 분석과 시각화에 활용해 보겠습니다. 원래는 파이썬에서 데이터 분석과 시각화는 Pandas, matplotlib과 같은 라이브러리를 학습하고 직접 분석을 해야 합니다. 우리는 코파일럿을 사용해서 자동으로 분석해 보도록 합니다.

미리 설치할 라이브러리들이 있습니다. 데이터 분석의 중심에는 Pandas 라이브러리가 있습니다. 시각화를 할 경우 matplotlib, seaborn 등이 있습니다. 엑셀 파일에 읽기와 쓰기 작업을 할 경우 openpyxl 라이브러리를 사용합니다. 혹시 몰라서 numpy, scipy 등도 같이 설치합니다. 아래와 같이 차례로 설치하면 됩니다. 윈도우 탐색기에서 상단에 "cmd"를 입력하고 아래와 같이 하나씩 설치합니다.

```
pip install numpy
pip install scipy
pip install pandas
pip install matplotlib
pip install seaborn
pip install openpyxl
```

설치가 끝나면 비주얼 스튜디오 코드의 오른쪽의 코파일럿 창 상단에 있는 "+" 버튼을 클릭합니다. 새로운 개발을 시작할 경우 이 버튼을 클릭합니다.

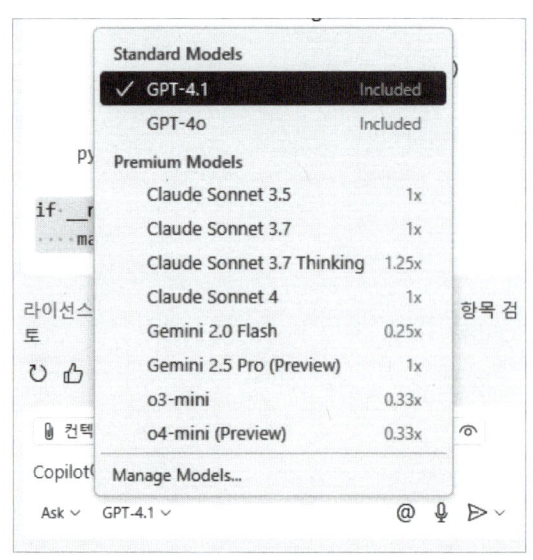

그림 4-21

코파일럿의 채팅 창 하단에는 몇 개의 옵션이 있습니다. 앞에서는 "Ask" 모드를 사용했습니다. 단답형으로 답을 원할 경우에는 "Ask" 모드를 사용할 수 있고, "Agent" 모드를 선택하면 문제를 해결할 때까지 LLM이 계속해서 코드를 만들어 줍니다. 두번째 영역에서는 LLM 모델을 선택할 수 있습니다. Pro 요금제를 사용하면 좀 더 코딩을 잘하는 클로드 모델들을 선택할 수 있습니다. 프리미엄 모델에 있는 Claude Sonnet 4.0이 확실히 좀 더 정교한 코드를 생성해 줍니다. 무료 버전의 경우 사용량에 제한이 많은 편입니다. 아직은 무료로 사용을 해보고 맘에 들면 한달에 10불 정도는 충분히 결제할 수 있다고 생각합니다.

이번에는 앞에서 사용했던 데이터 분석을 자동으로 처리하도록 "Agent" 모드를 사용해 보도록 합니다.

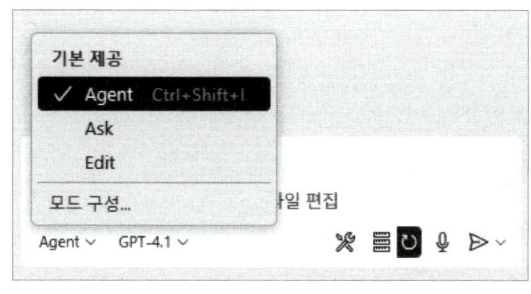

📌 그림 4-22

프롬프트에 아래와 같이 입력합니다.

> 파이썬으로 인터넷상에서 타이타닉호 데이터셋을 받아서 데이터 클랜징을 하고, 남성과 여성의 생존율을 구해서 바형태의 차트를 출력하는 코드를 생성해줘

> 파이썬으로 인터넷상에서 타이타닉호 데이터셋을 받아서 데이터 클랜징을 하고, 남성과 여성의 생존율을 구해서 바형태의 차트를 출력하는 코드를 생성해줘

아래는 파이썬으로 타이타닉 데이터셋을 인터넷에서 받아와 데이터 클렌징을 수행하고, 남성과 여성의 생존율을 계산하여 바 차트로 시각화하는 예시 코드입니다. 주요 라이브러리는 pandas와 matplotlib을 사용합니다.

```python
import pandas as pd
import matplotlib.pyplot as plt

# 1. 타이타닉 데이터셋 다운로드
url = "https://raw.githubusercontent.com/dat
df = pd.read_csv(url)

# 2. 데이터 클렌징 (결측치 처리 등)
# Age 결측치는 평균값으로 대체, Embarked 결측치
df['Age'].fillna(df['Age'].mean(), inplace=Tr
df['Embarked'].fillna(df['Embarked'].mode()[0
df['Sex'] = df['Sex'].map({'male': '남성', 'f

# 3. 남성과 여성의 생존율 계산
survival_rate = df.groupby('Sex')['Survived']

# 4. 바 차트로 시각화
plt.bar(survival_rate.index, survival_rate.va
plt.title('성별 생존율(%)')
plt.ylabel('생존율(%)')
plt.xlabel('성별')
plt.ylim(0, 100)
plt.show()
```

이 코드를 실행하면 남성과 여성의 생존율이 바 차트로 출력됩니다. 추가적인 데이터 클렌징이나 시각화 옵션이 필요하면 말씀해 주세요!

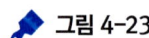 그림 4-23

혹시 "Agent" 모드를 사용하면서 파이썬의 가상 환경을 구축하겠다고 하면 기존의 파이썬 환경을 그대로 사용하면 됩니다. "Agent" 모드의 경우 실행 환경을 셋팅 해 주고, 필요하면 라이브러리까지 자동으로 설치를 해줍니다. 클릭 클릭해서 환경을 셋팅 하면 됩니다.

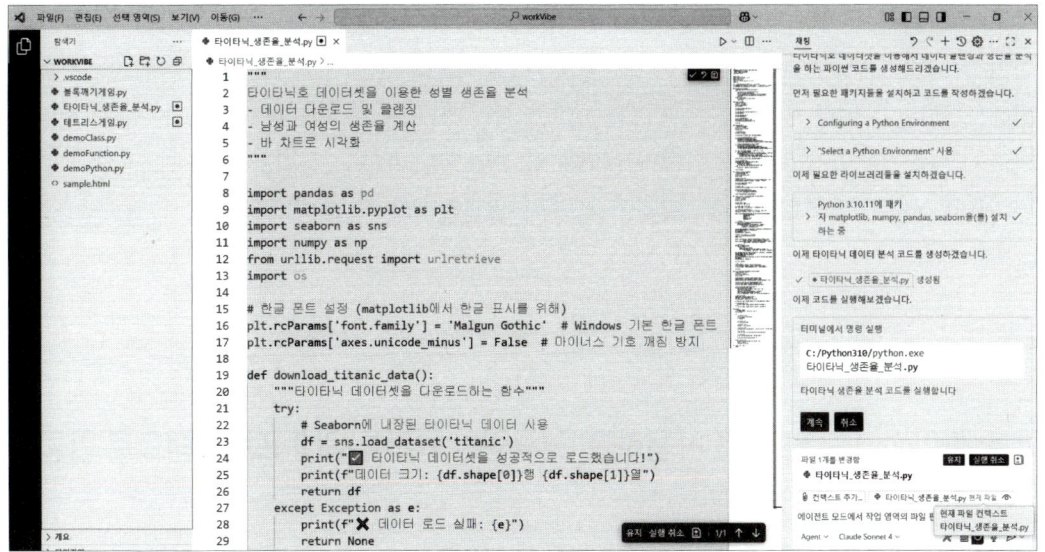

그림 4-24

Agent 모드로 실행하는 경우는 위와 같이 실행에 필요한 환경을 만들어주고, 라이브러리도 자동으로 설치해 줍니다. 매번 조금씩 다르게 진행될 수 있습니다. 내용을 살펴보고 "계속"을 클릭하면 됩니다.

한글이 깨치는 경우 아래와 같이 프롬프트에 입력합니다.

한글이 깨지는 문제를 해결해줘

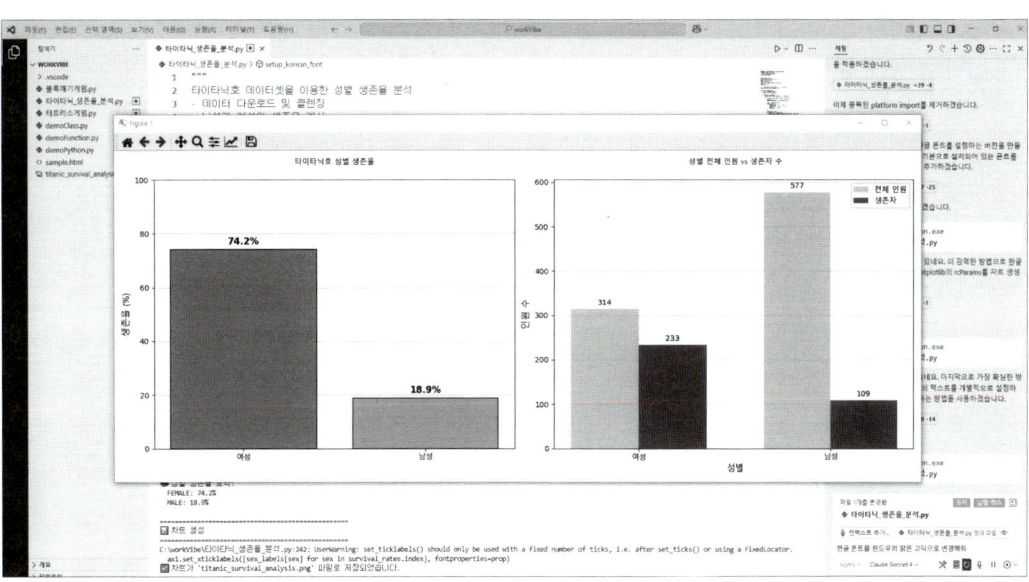

그림 4-25

Chapter 4 비주얼스튜디오 코드에 코파일럿 설치해서 사용하기 바로 해결되어서 차트가 출력되는 것을 확인할 수 있습니다. 혹시 한글 깨지는 문제가 해결이 안되면 "윈도우에서 맑은 고딕 폰트를 사용하도록 수정해줘"와 같이 직접 폰트를 지정해도 됩니다. 여러 번 더 프롬프트를 입력해서 시도하면 결국은 해결됩니다. 매번 결과가 다르게 나올 수 있기 때문에 연습이 좀 더 필요합니다. 아마도 경험을 하다 보면 요령이 생길 겁니다. 저도 반복하다 보니 요령이 조금씩 생겼습니다. ㅎㅎ

4.4 파이썬의 SQLite를 사용하고, 크롤링한 결과를 GUI 프로그램으로 만들기

파이썬에서는 로컬 데이터베이스로 사용할 수 있는 SQLite를 제공합니다. 일종의 데이터를 저장하는 공간이 데이터베이스라고 생각하면 됩니다. 여기에 데이터를 입출력하는 테이블을 생성해서 제품 데이터를 입력, 수정, 삭제, 검색하는 프로그램을 만들어 봅니다. 이 작업이 잘 끝나면 데이터를 크롤링하는 프로그램을 생성해서, GUI(Graphical User Interface - 구이)를 입히는 작업까지 진행합니다.

이번에도 미리 설치할 라이브러리들이 있습니다. 파이썬에서 GUI를 사용할 경우는 PyQt5를 사용합니다. 혹시 몰라서 2개를 같이 설치합니다. 윈도우 탐색기에서 상단에 "cmd"를 입력하고 아래와 같이 하나씩 설치합니다. 파이썬 버전(우리는 Python 3.10을 설치)에 따라서 PyQt의 버전을 선택해야 하기 때문에 파이썬 버전과 PyQt5 버전이 일치해야 합니다.

```
pip install pyqt5
pip install pyside2
```

이번에는 전자제품 데이터를 입출력하는 SQLite와 PyQt를 같이 사용하는 GUI 기반의 프로그램을 생성해 봅니다. 새로운 대화가 시작되므로 코파일럿 창의 상단에 있는 "+" 버튼을 클릭하면 됩니다. 이번에는 하단의 모드를 "Ask" 모드로 변경해서 작업합니다.

> 파이썬에서 SQLite와 PyQt5를 사용해서 전자제품 데이터를 입출력하는 프로그램을 작성해줘. 테이블명은 Products이고, 컬럼은 prodID(int), prodName(text), prodPrice(int)로 구성되어 있어. 입력, 수정, 삭제, 검색을 하는 버튼이 있고, 하단에는 QTableWidget을 사용해서 입력된 리스트를 볼 수 있도록 화면을 구성해줘.

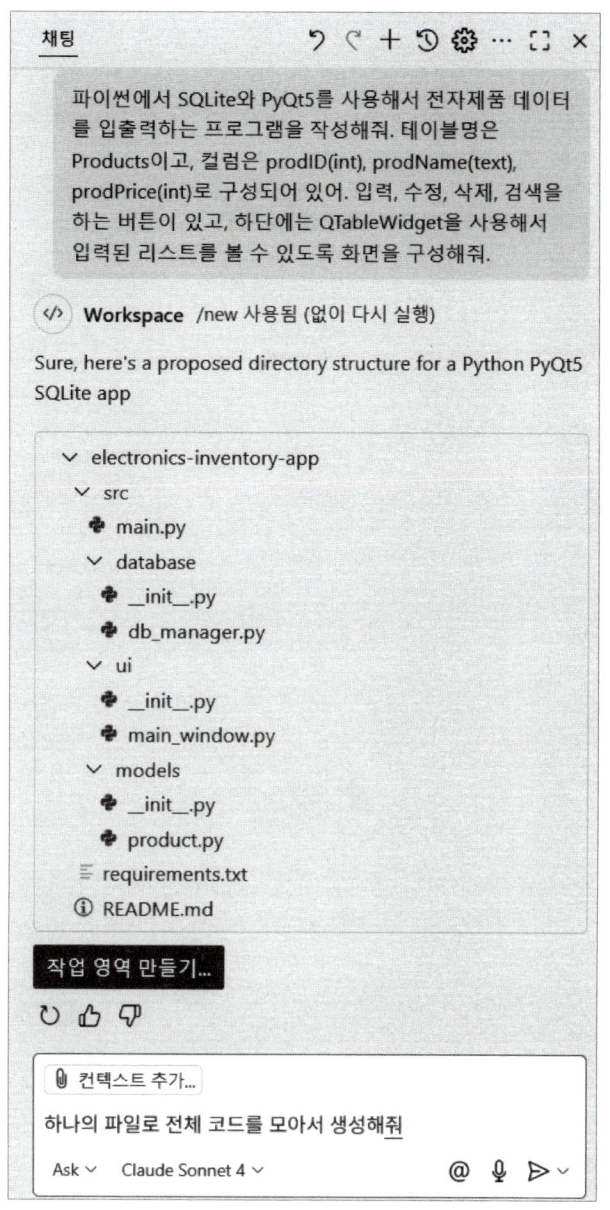

그림 4-26

이렇게 프롬프트를 입력하고 실행하면 폴더에 다양한 파일을 만들려고 시도할 수 있습니다. 이런 경우 하나의 파일에 만들어 달라고 다시 입력하면 됩니다. 너무 복잡하게 생성하려는 경우도 있어서 아직은 하나의 파일로 만들어 보려고 합니다.

하나의 파일로 전체 코드를 모아서 생성해줘

코드가 생성되면 오른쪽의 채팅 창의 첫번째 "적용" 버튼을 클릭합니다. 파일이 오픈 되어 있지 않은 경우는 새 파일을 자동으로 추가해 줍니다. "새 파일 'electoronics_manager.py'" 를 클릭하면 추가됩니다. 제가 보여드리는 파일명과 다를 수 있습니다.

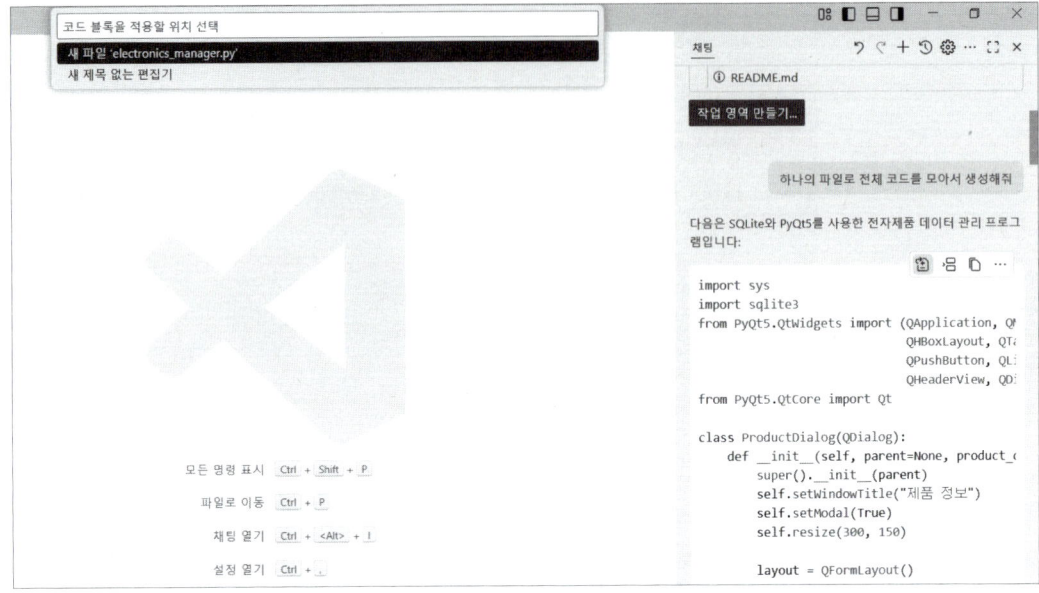

그림 4-27

그대로 중앙에 있는 코딩화면의 하단에 "유지"를 클릭하면 됩니다.

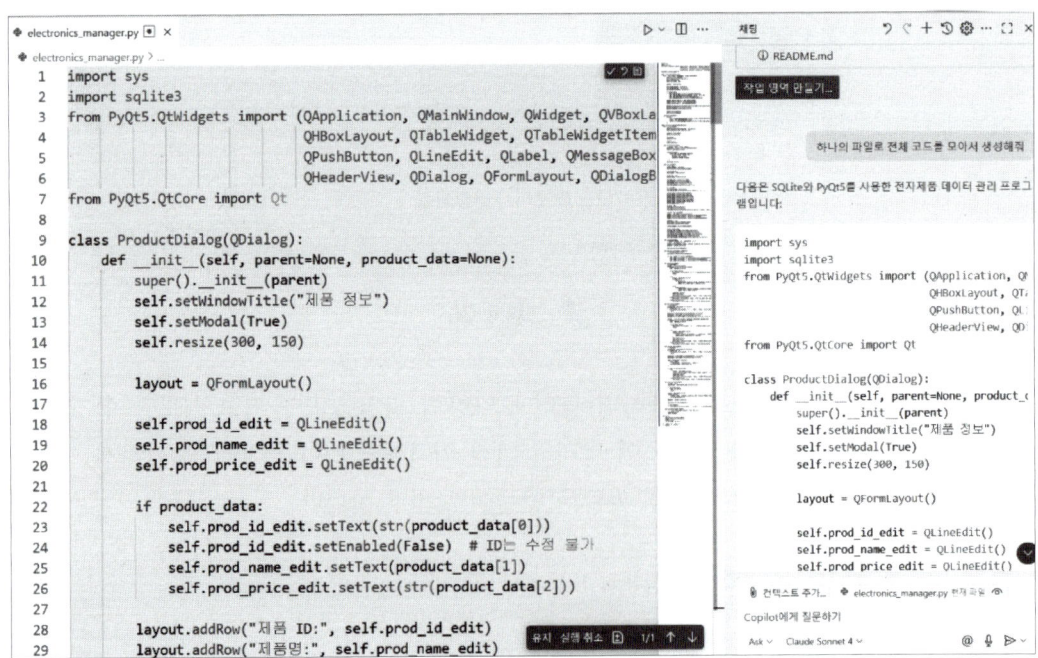

그림 4-28

전체 코드를 디버깅을 하지 않고 시작하는 ctrl + F5키를 클릭합니다. 빠르게 코드를 실행할 경우 사용하는 단축키입니다. 아니면 F5를 클릭하면 디버깅을 하면서 조금 느리게 실행할 수 있습니다. 아래와 같이 GUI(그래픽 기반의 인터페이스)가 실행되는 것을 알 수 있습니다.

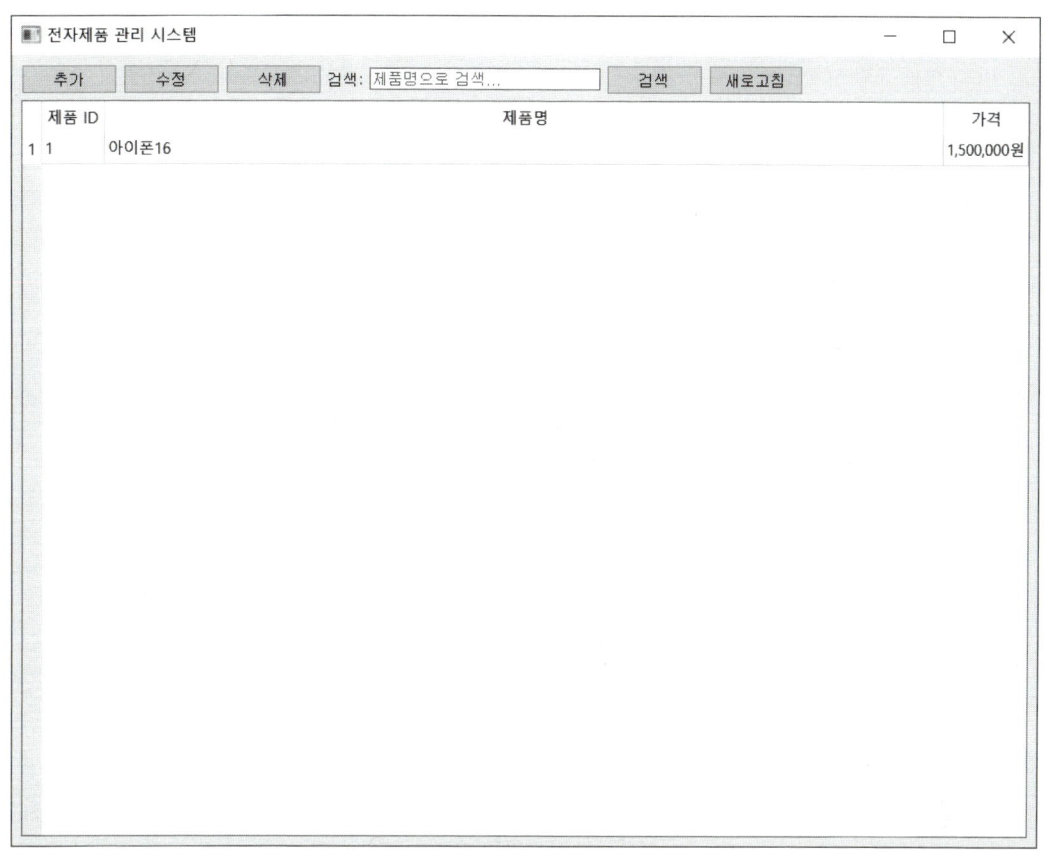

그림 4-29

사실 이런 GUI 기반의 프로그램은 기존에는 C#이나 VB.NET과 같은 언어를 사용해서 몇시간을 작업해서 만들었던 프로그램들입니다. 이제는 10분정도만 시간을 투자하면 바로 만들 수 있습니다.

이 책에 소스가 같이 제공이 됩니다. 해당 소스를 통해서 실행해도 됩니다. 이 책에는 자동 생성된 코드를 추가하지 않고 있습니다. 이미 코드를 보여드리는 것이 의미가 없다는 생각입니다. 여기서 생성된 코드들은 책에 실린 깃허브 주소를 통해서 제공되고 있습니다.

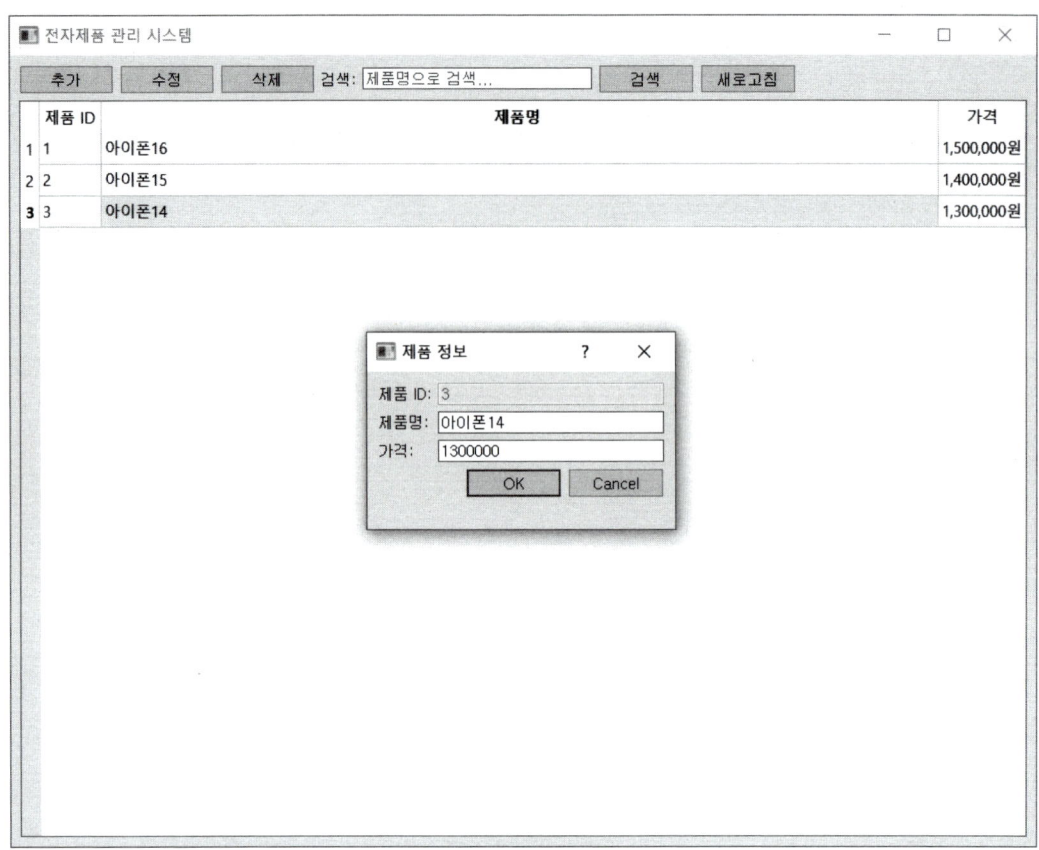

그림 4-30

완성된 소스를 실행해서 상단의 "추가", "수정", "삭제" 버튼을 클릭해서 입력도 해보고 수정이나 삭제 작업을 해 봅니다. 한 번에 잘 완성이 되었는데 혹시 에러가 발생하면 제품id는 자동으로 생성해 달라고 추가로 입력해도 됩니다. 제품id의 경우 유니크한 키로 사용해서 제품을 구분하는 용도이기 때문에 수동으로 입력하는 것보다 자동 생성하는 것이 편할 수 있습니다.

크롤링(데이터 수집)작업을 하려면 아래와 같은 라이브러리들이 필요합니다. 윈도우 탐색기에서 "cmd"를 입력해서 커맨드창을 오픈합니다.

```
pip install BeautifulSoup4
pip install requests
```

이번에는 파이썬에서 네이버 블로그를 크롤링하는 코드를 작성해서 GUI 기반으로 만들어 보려고 합니다. 기존에는 개발자들이 수동으로 작업을 했던 크롤링도 대부분은 자동으로 생성할 수 있습니다.

그림 4-31

아래와 같이 주소가 만들어집니다. 저는 크롬웹브라우저를 사용하고 있고 상단에 URL주소창을 확인할 수 있습니다.

비주얼 스튜디오 코드의 코파일럿 창에서 상단의 "+"를 클릭해서 새로운 채팅을 시작하겠습니다. "네이버블로그기사크롤링코드.py"라는 파일을 새로 추가해서 오픈한 상태에서 작업을 합니다. 주소를 복사하고 하단에 입력할 때 shift + enter키를 입력하면 하단으로 한 줄 내려서 우리가 별도의 내용을 입력할 수 있습니다.

https://search.naver.com/search.naver?where=nexearch&sm=top_hty&fbm=0&ie=utf8&query=ChatGPT%EC%82%AC%EC%9A%A9%EB%B2%95&ackey=7xsmprgv

파이썬에서 위의 주소를 사용해서 네이버 블로그의 글 제목을 크롤링하는 코드를 작성해줘

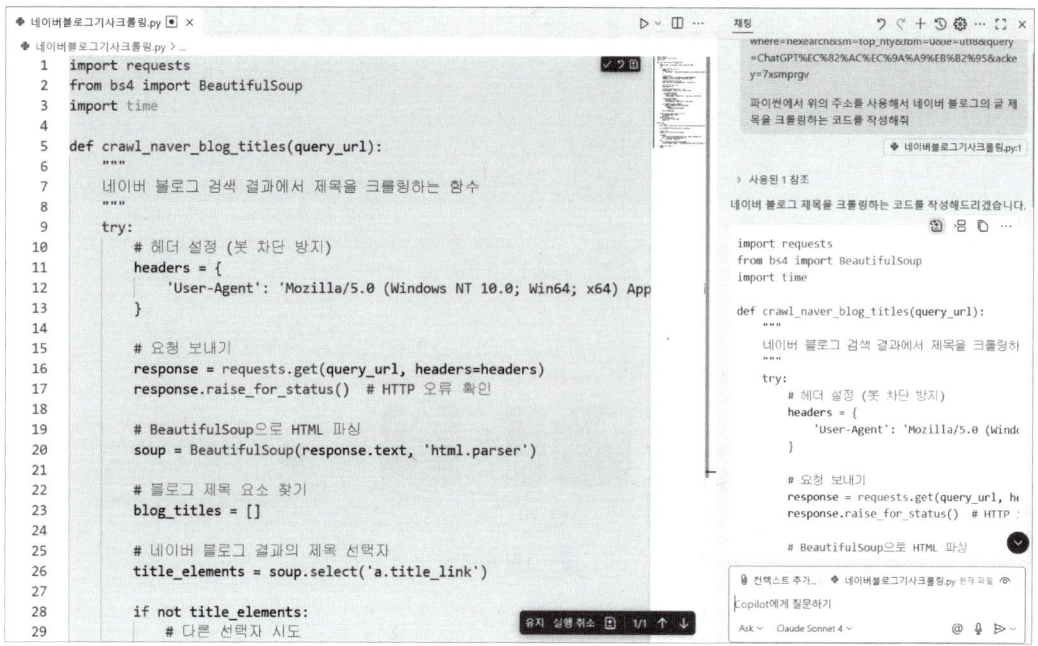

그림 4-32

"유지"를 클릭하고 생성된 코드를 한번 실행해 봅니다. Ctrl + F5 를 클릭해서 빠르게 실행해 봅니다.

실행 결과 입니다.

실행 결과

네이버 블로그 제목 크롤링을 시작합니다...

총 7개의 블로그 제목을 찾았습니다:

1. 챗gpt 무료 vs 유료 차이ChatGPT4.0 합리적인 사용법 찾았다!
2. chatgpt4o사용법챗지피티 무료 유료 차이 챗gpt 가격 chat gpt-4 할인 방법
3. 어르신을 위한 챗지피티(ChatGPT)사용법: 가입하고 기본 사용법

…

이렇게 한 번에 출력이 되면 좋은데 에러가 나는 경우도 많습니다. 그런 경우에는 태그를 분석해서 미리 알려주면 좋습니다. 크롬 웹브라저를 사용하는 경우 F12를 클릭하면 아래의 화면과 같이 오른쪽에 개발자 도구가 오픈 됩니다. 웹페이지의 태그와 스타일시트를 그대로 보여주는 기능입니다. 이 기능을 사용하면 추가 힌트를 줄 수 있습니다.

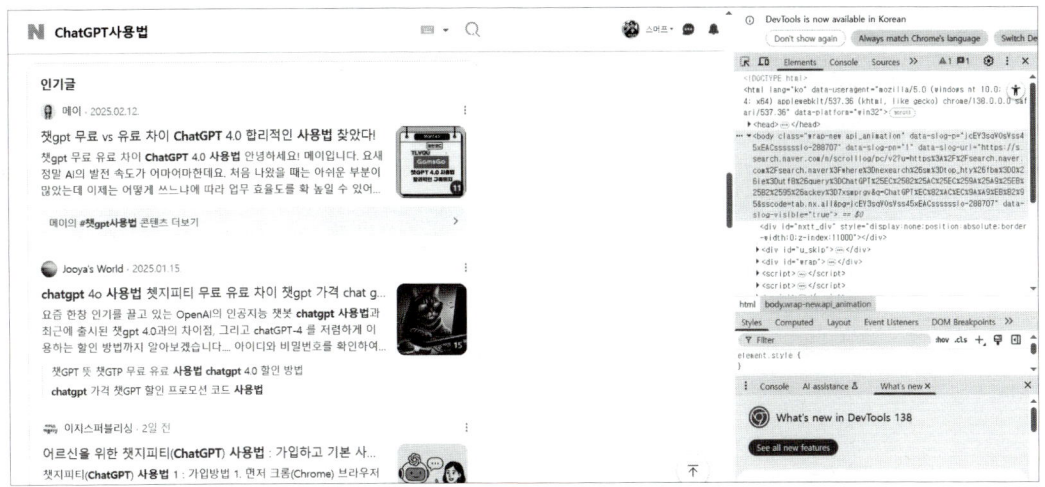

그림 4-33

개발자 도구의 오른쪽 상단에 보면 "Select an element"라는 첫번째 버튼이 있습니다. 이 버튼을 먼저 클릭합니다. 툴바에 있는 이 버튼을 클릭하면 약간의 파란색으로 변경됩니다.

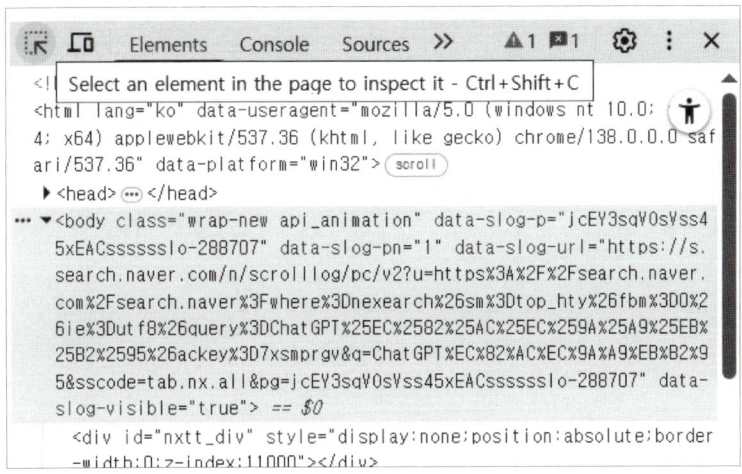

그림 4-34

Chapter 4   비주얼스튜디오 코드에 코파일럿 설치해서 사용하기   79

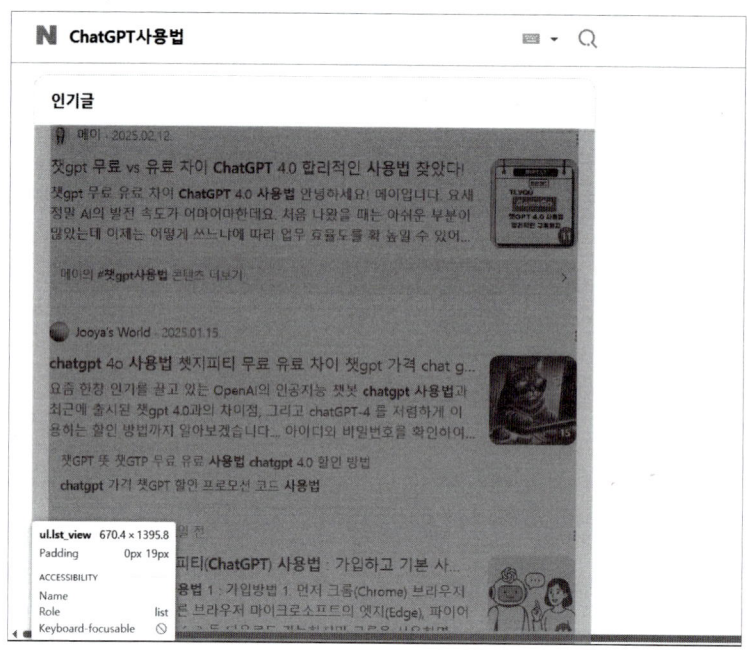

그림 4-35

웹페이지 하단으로 스크롤을 내리면 개인이 올린 블로그 글들이 보입니다. 이 부분을 마우스로 잘 선택해보면 하단의 블로그 내용들을 전부 선택할 수 있습니다. 위의 그림처럼 반전이 되는 순간을 잘 선택해야 합니다.

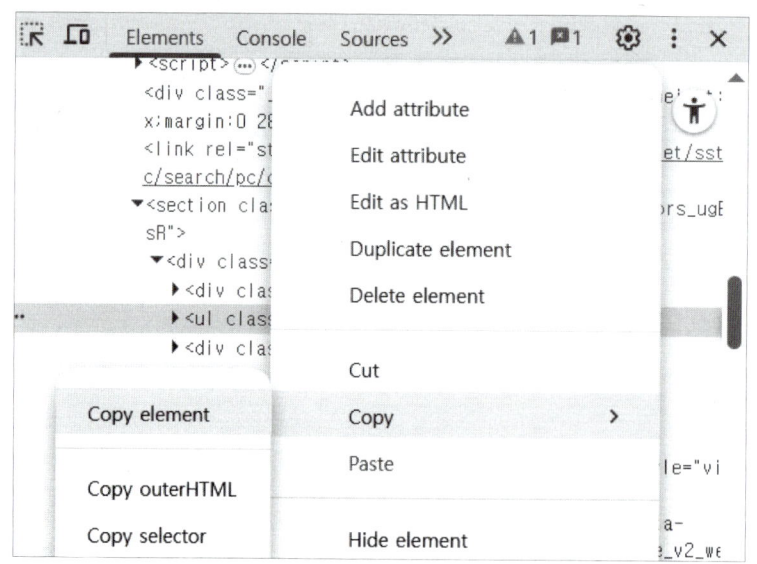

그림 4-36

크롬 브라우저의 오른쪽의 개발자 도구에서 태그가 선택이 되면 마우스 오른쪽 버튼을 클릭해서 "Copy" → "Copy element"를 클릭하면 태그를 전부 복사할 수 있습니다.

그림 4-37

이렇게 태그에 대한 힌트를 주면 잘 해결이 됩니다. 처음에는 어려울 수 있지만 반복해서 연습하면 다양한 웹사이트에 응용할 수 있습니다.

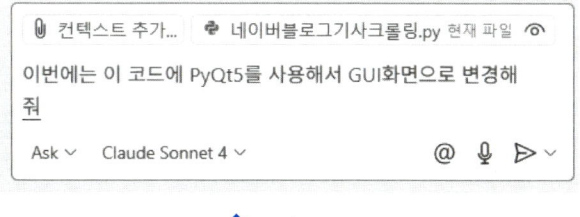

그림 4-38

아래와 같이 입력을 했습니다.

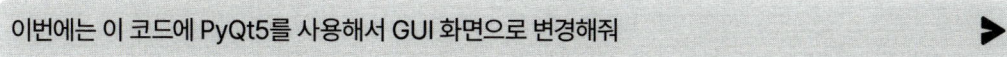

혹시 폴더 형태로 복잡하게 코드를 생성하려고 시도하면 아래와 같이 간단하게 하나의 파일로 만들어 달라고 하면 됩니다.

> 하나의 파일로 생성해줘

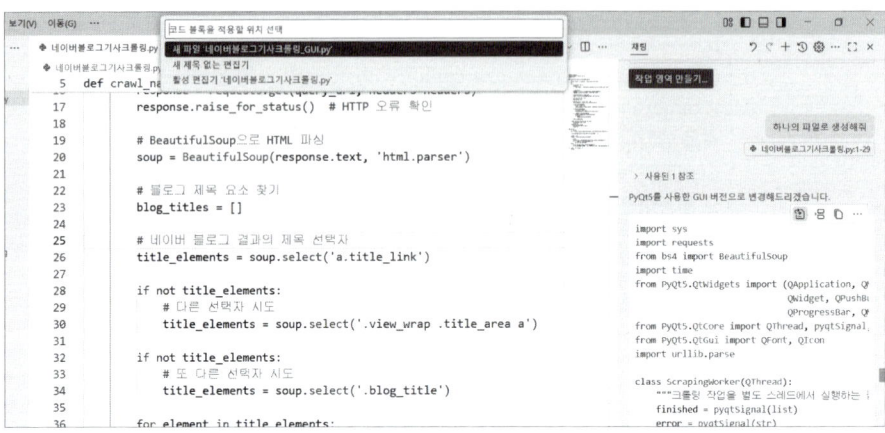

그림 4-39

코드가 생성이 되면 코파일럿 채팅 창의 "적용"을 클릭합니다. 새 파일을 추가하는 것을 볼 수 있습니다. "네이버블로그기사크롤링_GUI.py"로 파일이 추가됩니다. 코드가 추가되면 코드 창 중앙의 하단에 있는 "유지"를 클릭합니다. 실행해서 결과를 확인합니다.

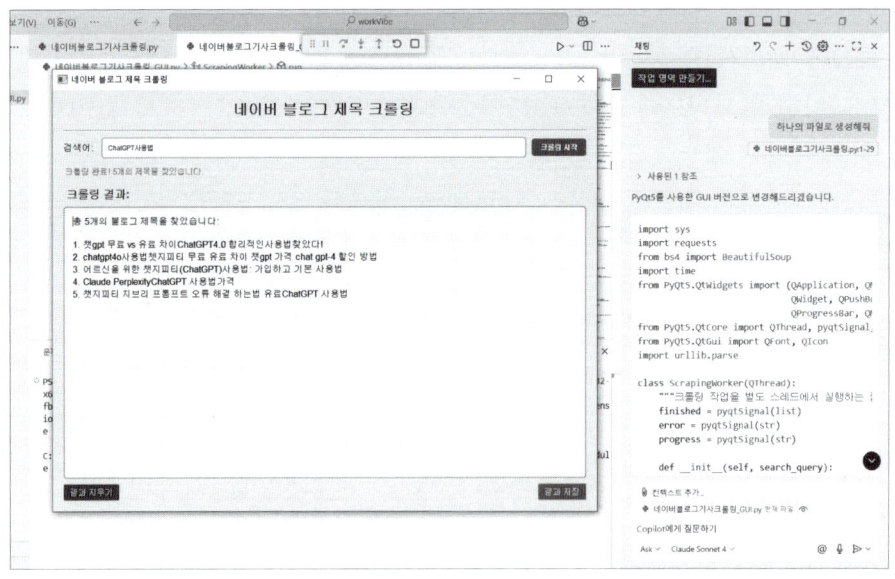

그림 4-40

수시로 웹페이지의 태그 구조는 변경될 수 있기 때문에 변경된 태그 구조를 살펴보면서 코드를 다시 생성해야 합니다.

저는 프로그래밍 책을 여러 번 출판한 적이 있는데 이렇게 전체 코드가 포함되지 않은 책은 처음입니다. ㅎㅎ LLM이 코드를 만들고 있기 때문입니다.

제가 파이썬 수업을 진행하는 경우에 언어를 전혀 모르는 분들도 데이터 분석을 하고 앱을 만드는 일들이 늘어나고 있습니다. 제가 놀라고 있는 부분입니다. 전혀 불편을 느끼지 않고 작업을 하는 비전문가, 시민개발자들이 늘어나고 있습니다. 개발자의 진입장벽이 조금은 낮아진 느낌입니다. 그럼에도 개발 언어와 라이브러리는 조금 알아야 합니다. 공부해야 할 분량은 좀 더 많아진 느낌입니다. 언어와 라이브러리를 공부하면서 바이브 코드를 사용하면 더 재미있습니다. 물론 몰라도 생성해서 대응할 수 있습니다.

4.5 GUI 프로그램을 실행 파일로 만들어서 배포하기

이번에는 고객에서 배포할 수 있는 실행 파일을 만들어 보려고 합니다. 우리는 개발 환경을 셋팅했지만 일반 고객들은 *.exe와 같은 실행 파일을 만들어주면 편하게 실행할 수 있습니다. 경우에 따라서는 보안이 강화된 회사들은 소스코드를 배포하지 못하고 결과물만 전달하는 경우도 많습니다. 이런 경우는 실행 파일을 만들어서 전달하면 됩니다.

윈도우 탐색기에서 상단의 주소창에서 "cmd"를 입력해서 커맨드(DOS)창을 오픈합니다. 터미널이라고 부르기도 합니다. 아래의 명령을 입력해서 우리에게는 아직 없는 pyinstaller를 설치합니다.

```
pip install pyinstaller
```

pip 명령은 사실은 c:\python310\scripts 폴더에 있는 실행 파일입니다. 파이썬 개발 환경에 새로운 라이브러리(부품)을 설치할 경우에 사용합니다. 아래 화면처럼 직접 확인해 볼 수 있습니다. 윈도우 환경변수인 PATH에 파이썬 폴더와 스크립트 폴더가 모두 포함되어 있기 때문에 우리는 c:\workVibe 폴더에서 pip를 실행하면 됩니다. 혹시 에러가 발생하는 분들은 PATH에 해당 폴더가 추가되어 있지 않은 상태라서 에러가 발생할 수 있습니다. 이런 경우는 윈도우 환경변수(PATH)에 "c:\python310\scripts" 폴더를 추가하면 해결됩니다. 아래의 폴더가 바로 pip.exe가 있는 폴더입니다.

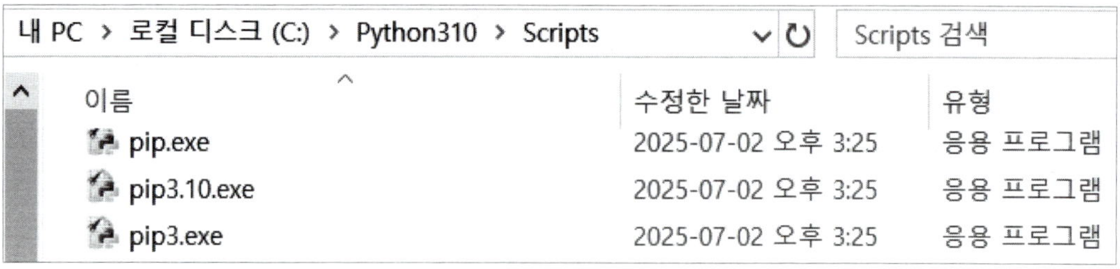

그림 4-41

cmd를 실행한 상태로 커맨드창에서 아래와 같이 입력해 봅니다. c:₩workVibe 폴더에서 실행하면 됩니다. pyinstaller라는 유틸리티를 사용해서 실행 파일을 만드는 명령입니다.

--noconsole은 콘솔을 출력하지 말고 실행하라는 옵션입니다. --onefile은 하나의 파일로 만들어 달라는 옵션입니다. -글자가 1번이 아닌 2번 반복되는 것을 조심해서 입력합니다. 제가 수업을 진행하다 보면 여기서 에러가 나는 경우가 많습니다. ㅎㅎ

```
pyinstaller --noconsole --onefile 네이버블로그기사크롤링_GUI.py
```

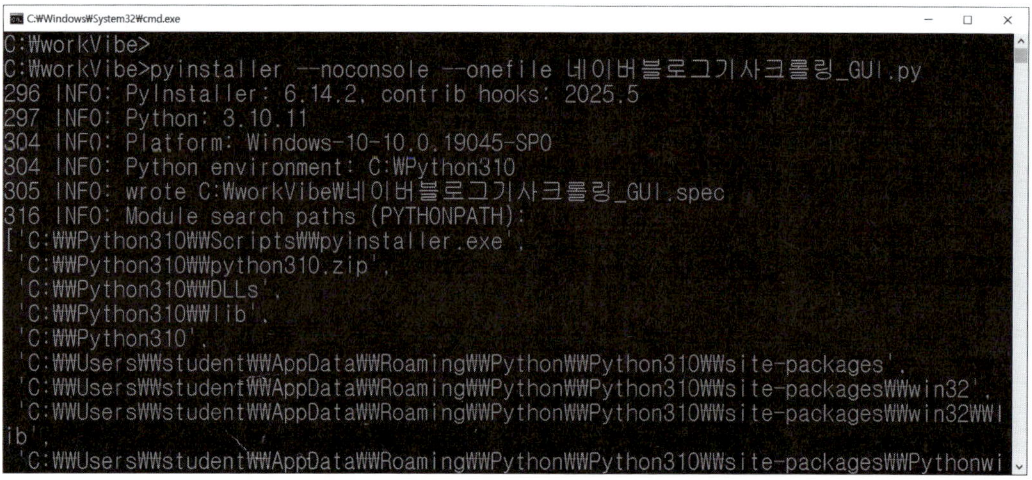

그림 4-42

실제로 pyinstaller는 컴파일을 해서 기계어 코드인 실행 파일을 만드는 것은 아니고 윈도우에 설치되어 있는 VC++ 컴파일러를 불러서 내부적으로 작업해서 실행 파일을 생성합니다. 파이썬처럼 라인 단위로 실행되는 인터프리터나 스크립트 언어도 이렇게 실행 파일을 만들 수 있습니다. 원래는 컴파일 되는 언어들(VC++, C#, VB.NET…)에서만 가능한 작업들인데 요즘은 파이썬도 이런 작업들이 가능합니다.

윈도우 탐색기에서 보면 c:\workVibe 폴더에 build 폴더와 dist 폴더가 추가된 것을 알 수 있습니다. dist 폴더가 바로 배포할 실행 파일이 있는 폴더입니다.

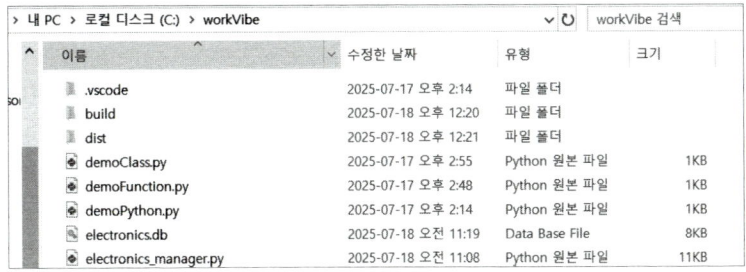

📌 그림 4-43

윈도우 탐색기에서 dist 폴더에 있는 "네이버블로그기사크롤링_GUI.exe를 더블 클릭해서 실행하면 아래와 같이 실행됩니다.

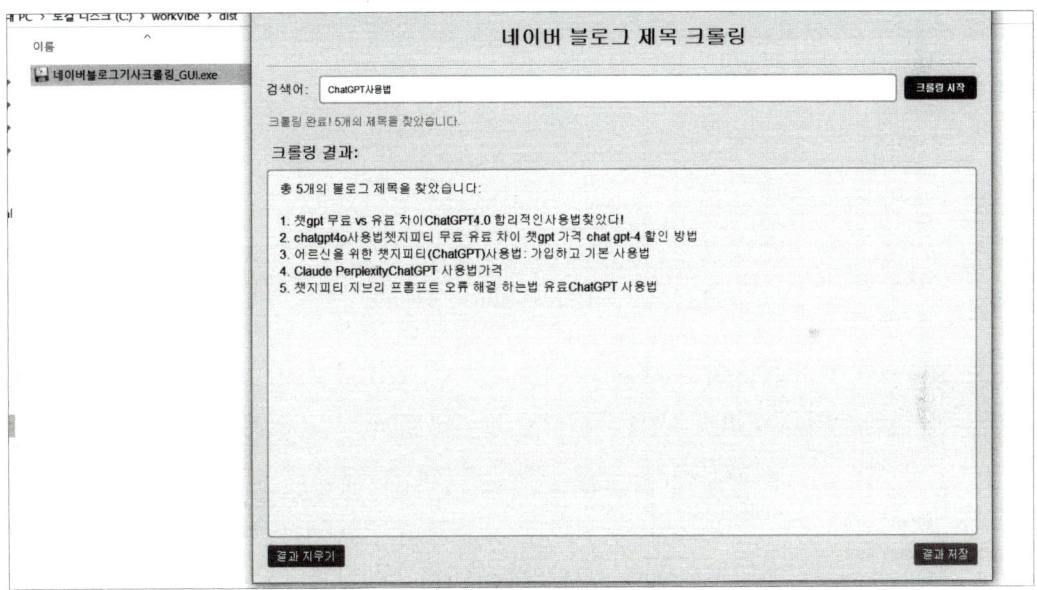

📌 그림 4-44

4.6 크롤링한 결과를 엑셀 파일에 저장하는 프로그램 만들기

이번에는 크롤링한 결과를 엑셀 파일에 저장하는 프로그램을 생성해 봅니다. "클리앙중고장터크롤링.py"라는 파일을 새로 추가합니다. 국내에는 다양한 게시판 기반의 커뮤니티들이 있습니다. 인기 있는 커뮤니티 중의 하나인 클리앙의 중고장터를 아래의 주소로 접속하면 됩니다. 주로 전자기기가 매물로 올라오는 중고장터입니다.

https://www.clien.net/service/board/sold

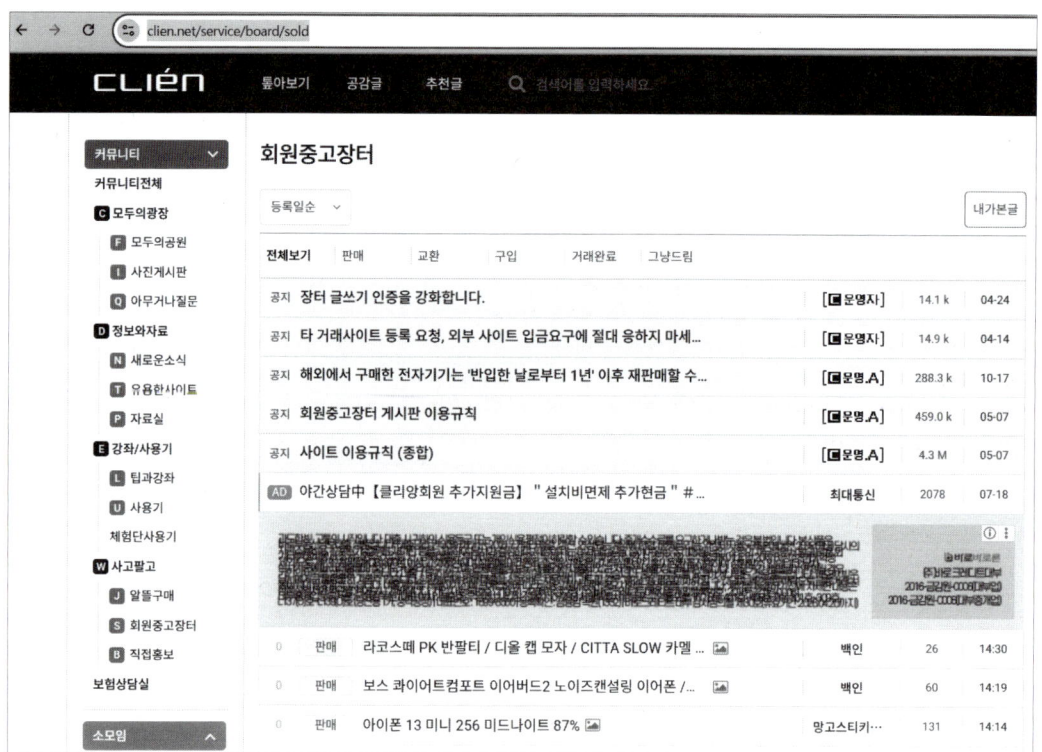

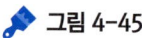
그림 4-45

https://www.clien.net/service/board/sold
파이썬으로 위의 주소에 있는 클리앙 중고장터의 매물 제목을 크롤링하는 코드를 작성해줘

"적용"을 클릭하고 "유지를 클릭합니다. 아래와 같은 코드가 생성되었습니다.

```python
import requests
from bs4 import BeautifulSoup
import time

def crawl_clien_market():
    """클리앙 중고장터의 매물 제목을 크롤링하는 함수"""

    url = "https://www.clien.net/service/board/sold"

    # 헤더 설정 (웹사이트에서 차단을 방지하기 위해)
    headers = {
            'User-Agent': 'Mozilla/5.0 (Windows NT 10.0; Win64; x64) AppleWebKit/537.36 (KHTML, like Gecko) Chrome/91.0.4472.124 Safari/537.36'
    }

    try:
        # 웹페이지 요청
        response = requests.get(url, headers=headers)
        response.raise_for_status()  # 에러 발생시 예외 처리

        # HTML 파싱
        soup = BeautifulSoup(response.text, 'html.parser')

        # 매물 제목 요소 찾기 (클리앙의 게시글 제목 클래스)
        titles = soup.find_all('span', class_='subject_fixed')

        if not titles:
            # 다른 클래스명으로 시도
            titles = soup.find_all('a', class_='list_subject')

        # 제목 출력
        print(f"클리앙 중고장터 매물 목록 (총 {len(titles)}개)")
        print("-" * 50)

        for i, title in enumerate(titles, 1):
            title_text = title.get_text(strip=True)
            if title_text:  # 빈 제목 제외
                print(f"{i:2d}. {title_text}")
```

```python
        return [title.get_text(strip=True) for title in titles if title.get_text(strip=True)]

    except requests.RequestException as e:
        print(f"웹페이지 요청 중 오류 발생: {e}")
        return []
    except Exception as e:
        print(f"크롤링 중 오류 발생: {e}")
        return []

def save_to_file(titles, filename="clien_market_titles.txt"):
    """크롤링한 제목을 텍스트 파일로 저장"""
    try:
        with open(filename, 'w', encoding='utf-8') as f:
            f.write("클리앙 중고장터 매물 제목 목록\n")
            f.write("=" * 40 + "\n\n")
            for i, title in enumerate(titles, 1):
                f.write(f"{i:2d}. {title}\n")
        print(f"\n결과가 '{filename}' 파일로 저장되었습니다.")
    except Exception as e:
        print(f"파일 저장 중 오류 발생: {e}")

if __name__ == "__main__":
    print("클리앙 중고장터 크롤링을 시작합니다...")

    # 크롤링 실행
    titles = crawl_clien_market()

    if titles:
        # 파일로 저장할지 선택

        save_choice = input("\n결과를 파일로 저장하시겠습니까? (y/n): ")
        if save_choice.lower() in ['y', 'yes', '예']:
            save_to_file(titles)
    else:
        print("크롤링된 제목이 없습니다.")

    print("\n크롤링 완료!")
```

실행하면 아래와 같이 결과가 출력됩니다.

> 클리앙 중고장터 매물 목록 (총 30개)
> 1. 라코스떼 PK 반팔티 / 디올 캡 모자 / CITTA SLOW 카멜 겨울더블코트 판매
> 2. 보스 콰이어트컴포트 이어버드2 노이즈캔설링 이어폰 /오큘러스 퀘스트2, 메타퀘스트2
> 3. 아이폰 13 미니 256 미드나이트 87%
> 4. 맥북에어 13' M3 8코어 16GB 512GB 애케플 27년4월까지 잔존
> 5. 드래곤패스 라운지 이용권 판매합니다.
> 6. CGV 롯데시네마 메가박스 대리예매 , 아이맥스, 4DX, 스크린엑스, 스윗박스, 슈퍼플렉
> 7. 시게이트 바라쿠다 3.5인치 500기가 하드디스크 판매
> 8. SKT 데이터 2G 판매
> ...
> 결과를 파일로 저장하시겠습니까? (y/n):

이번에는 GUI를 추가하고 페이징 처리를 해서 한페이지의 30개가 아닌 10개의 페이지를 가져오도록 코드를 수정합니다. 총 300개의 매물을 수집할 수 있습니다. 코파일럿 채팅 창과 다음과 같이 입력합니다.

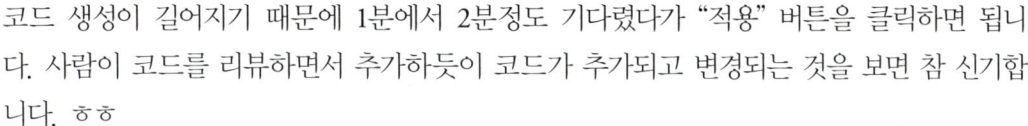

이번에는 상단에 검색할 수 있는 창을 추가하고, 검색 버튼을 클릭하면 매물을 검색할 수 있도록 코드를 작성해줘. 페이지 처리도 해서 1페이지가 아닌 10개의 페이지 매물을 크롤링하도록 수정해줘

코드 생성이 길어지기 때문에 1분에서 2분정도 기다렸다가 "적용" 버튼을 클릭하면 됩니다. 사람이 코드를 리뷰하면서 추가하듯이 코드가 추가되고 변경되는 것을 보면 참 신기합니다. ㅎㅎ

ctrl + F5를 클릭해서 파이썬 코드를 실행해 봅니다.

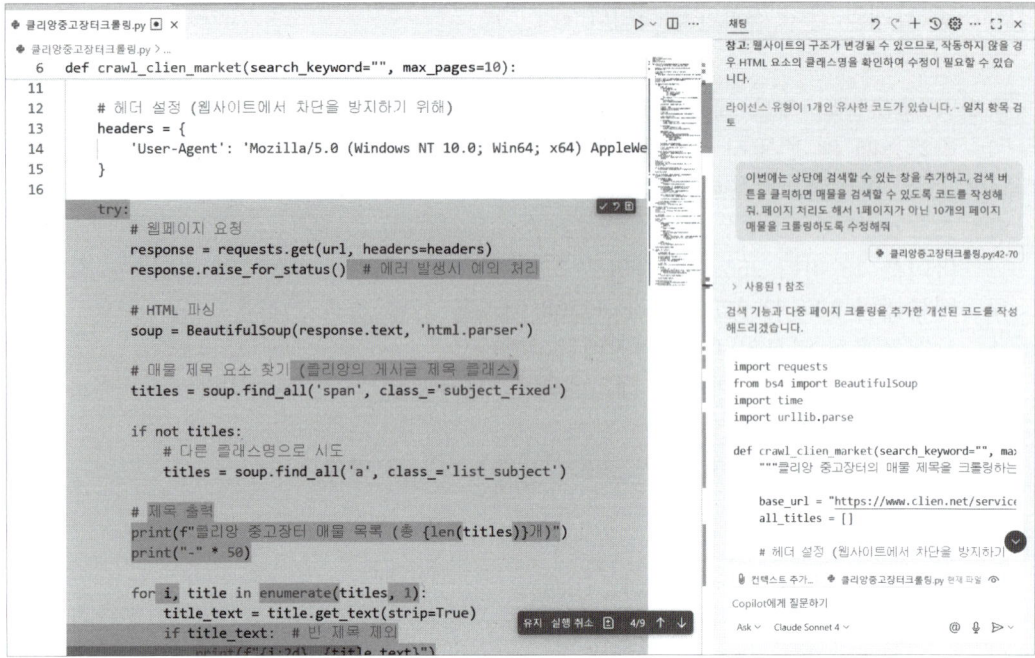

그림 4-46

그런데 GUI 화면이 출력되지 않고 콘솔에서 입력을 받아서 처리하고 있습니다. ㅎㅎ 이런 경우가 간혹 발생합니다. 정확하게 프롬프트에 다시 입력하겠습니다.

> 파이썬의 PyQt5를 사용해서 상단에 QLineEdit을 추가하고 사용자가 매물명을 입력하면, 옆에 검색 버튼을 클릭해서 하단에 리스트가 출력될 수 있도록 GUI 기반의 프로그램으로 변경해줘

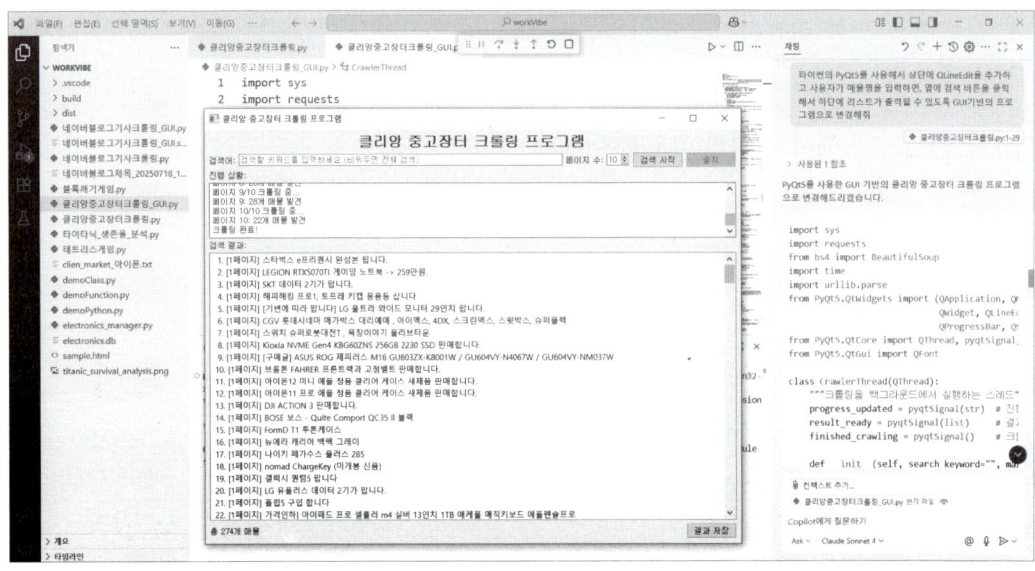

그림 4-47

상상을 했던 프로그램이 실행됩니다. 바이브 코딩을 활용하면 앞으로는 앱의 개발속도가 상상을 초월할 정도로 빨라질 것 같습니다. 개발자인 제가 봐도 놀라운데 바이브 코딩 관련 수업을 진행하다 보면, 개발이 처음인 분들도 원하는 코드를 빠르게 만드는 것을 보고 매우 즐거워하는 모습들을 보면 저도 참 좋습니다. 코딩은 매우 즐겁고 재미있는 취미생활입니다.

이번에는 크롤링 결과를 엑셀 파일에 저장해 달라고 프롬프트에 입력합니다.

> 크롤링 결과를 clien.xlsx 파일에 저장할 수 있도록 버튼을 추가하고 코드를 변경해줘

실행해 보면 아래와 같이 크롤링한 결과를 엑셀로도 저장할 수 있도록 수정되었습니다. 30분 정도만 프롬프트를 입력하면 이런 프로그램을 생성할 수 있습니다. 사람 + LLM의 협업이 대단합니다. ㅎㅎ

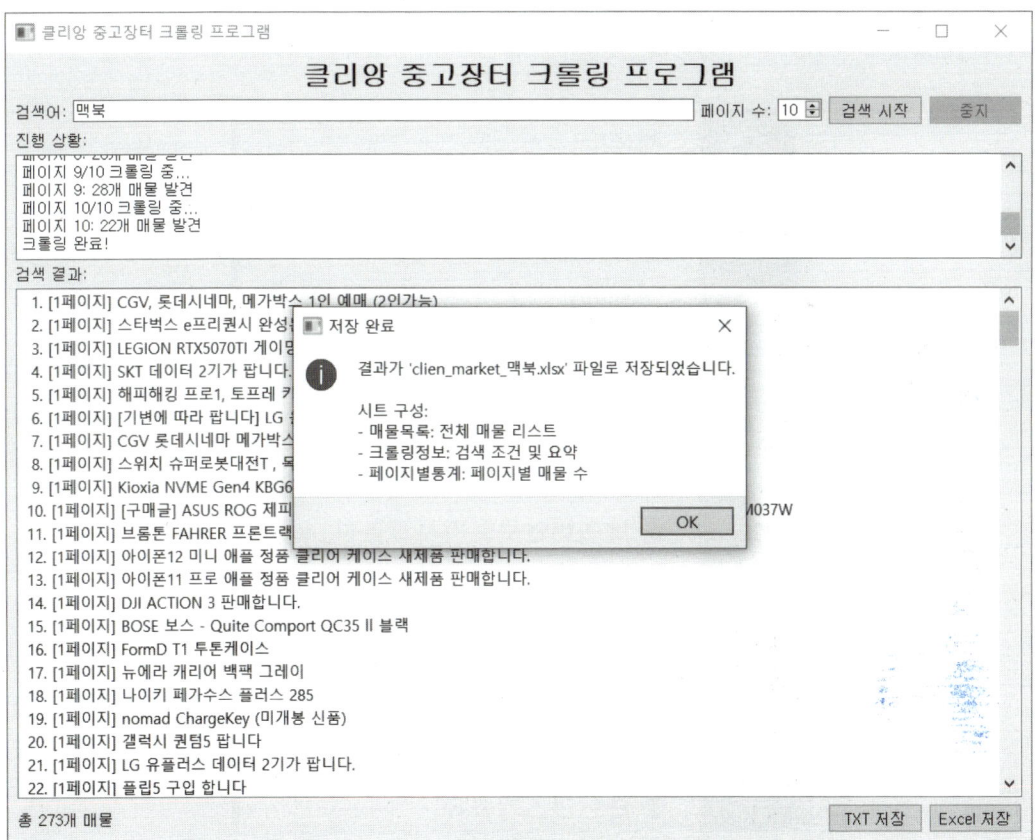

그림 4-48

4.7 랜딩 웹페이지 만들기

이번에는 간단한 랜딩 웹페이지를 하나 생성해봅니다. 랜딩 페이지(Landing Page)는 사용자가 광고, 검색 결과, 링크 등을 클릭한 후 가장 처음 도착하게 되는 웹페이지를 말합니다. 주로 마케팅 목적으로 활용되며, 방문자의 행동을 유도하는 데 초점을 둡니다.

제가 운영하고 있는 유튜브 채널입니다. ㅎㅎ 다른 주소를 사용하셔도 됩니다. 이 채널을 예를 들어봅니다.

 https://www.youtube.com/@papasmf1

비주얼 스튜디오 코드에서 다음과 같이 작업 폴더에서 "자기소개페이지.html"을 새롭게 추가합니다. 웹페이지는 보통 *.html, *.htm과 같은 확장자를 사용합니다.

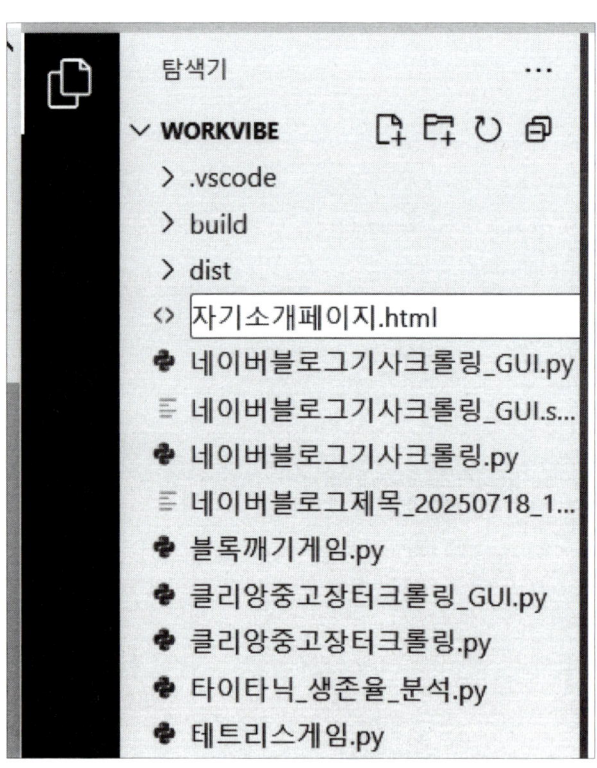

그림 4-49

https://www.youtube.com/@papasmf1

위의 주소를 소개하는 간단한 랜딩페이지를 생성해줘.

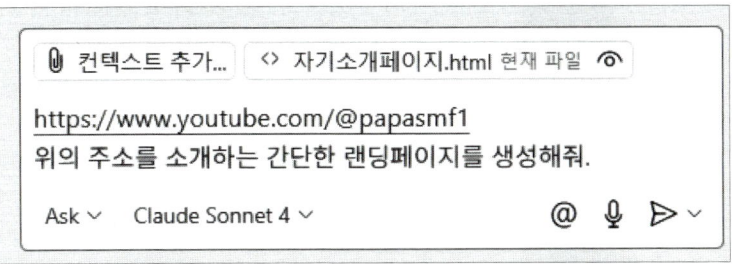

그림 4-50

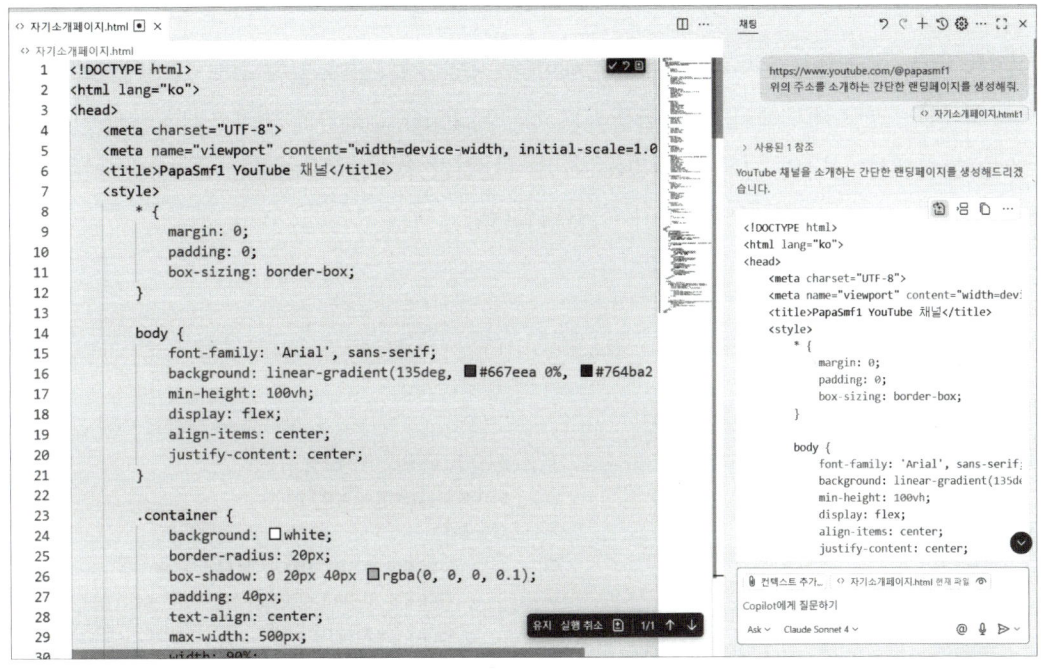

그림 4-51

코드가 생성되면 상단의 "적용" 버튼을 클릭하고, 하단의 "유지"를 클릭하면 됩니다.

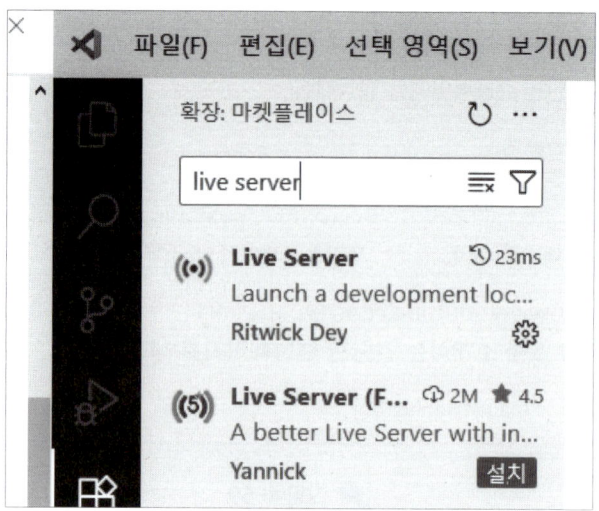

그림 4-52

우리는 아직 웹페이지를 툴 내부에서 실행할 수 있는 웹서버가 없습니다. 웹페이지를 비주얼 스튜디오 코드 내부에서 직접 실행하는 경우는 Extension(왼쪽 툴바에서 5번에 있는 버튼)을 클릭해서 상단의 검색창에 "live server"를 입력합니다. 그리고 Live Server또는 Live Server(Five Server)가 검색되면 "설치"를 클릭합니다.

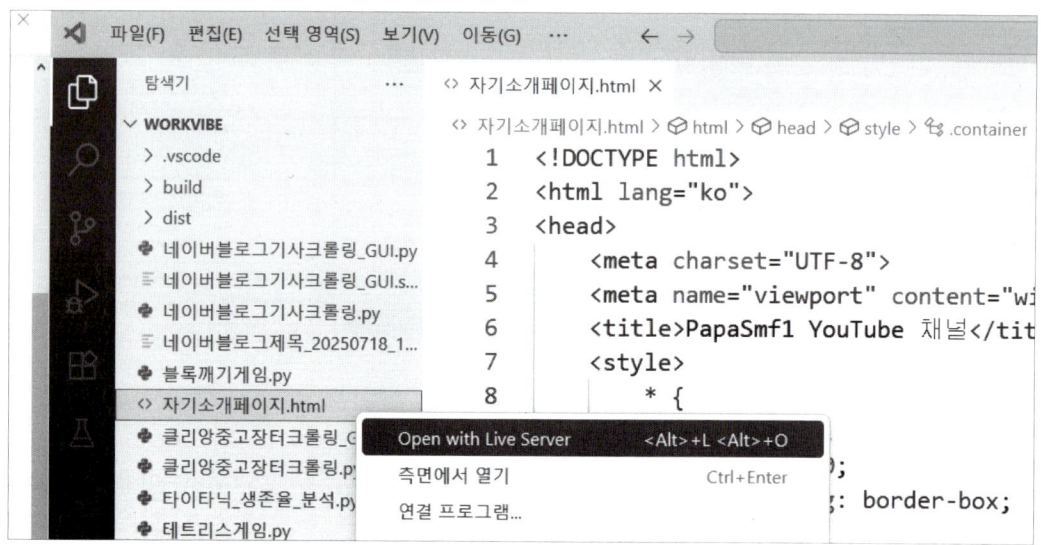

그림 4-53

웹페이지를 실행하는 경우 왼쪽 툴바에서 작업 폴더인 첫번째 버튼을 클릭하고, "자기소개페이지.html"을 선택하고 마우스 오른쪽 버튼을 클릭하면 "Open with Live Server"를 클릭하면 됩니다. 바로 웹페이지가 실행됩니다. 작은 웹서버가 제공된다고 보면 됩니다. 원래 웹페이지를 실행하려면 웹서버가 필요합니다.

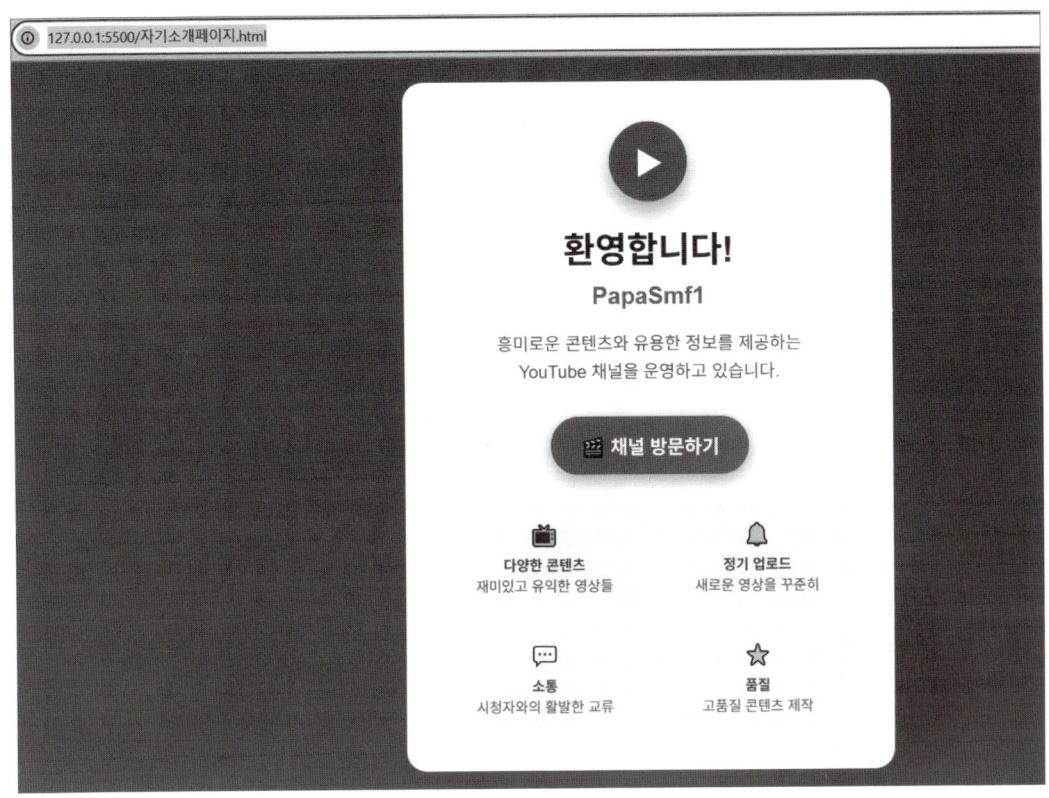

그림 4-54

간단한 랜딩페이지가 생성되었고 실행된 페이지를 클릭하면 바로 유튜브 채널로 이동하는 것을 볼 수 있습니다.

그런데 좀 썰렁한 것 같아서 tailwind.css를 사용해서 파스텔톤으로 꾸며달라고 했습니다. Tailwind CSS는 유틸리티 퍼스트(Utility-First) 방식의 CSS 프레임워크입니다. 즉, 미리 정의된 클래스를 조합하여 빠르게 사용자 인터페이스(UI)를 구성할 수 있도록 설계되어 있습니다. 바로 적용할 수 있습니다.

> tailwind.css를 사용해서 파스텔톤으로 변경해줘

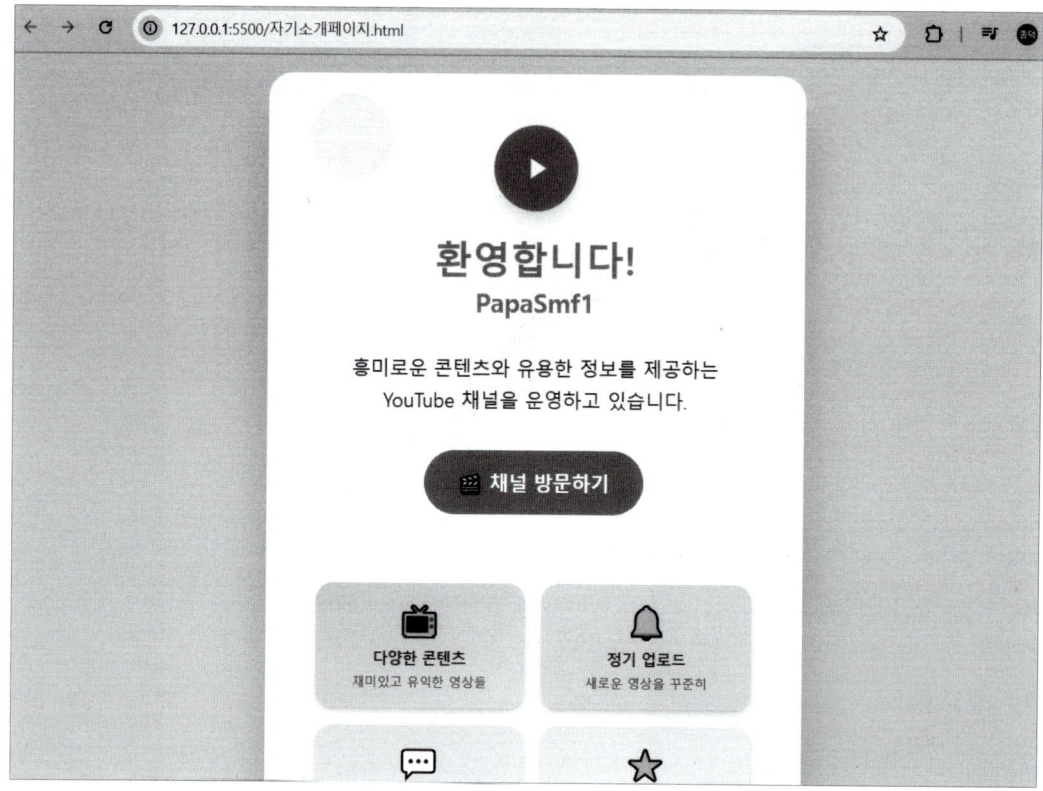

그림 4-55

조금 더 이쁘게 파스텔 톤으로 수정된 웹페이지를 볼 수 있습니다. 다양한 가능성을 보여주는 코파일럿 환경입니다.

5장
커서 IDE를 사용해서 코드 생성하기

5.1　Cursor IDE 설치하기

5.2　Cursor IDE로 개발하기

5.3　Cursor IDE로 데이터분석과 시각화 자동화하기

5.4　Cursor IDE로 제비우스게임과 같은 슈팅게임 만들기

5.5　Cursor IDE로 K-drama를 홍보하는 웹사이트를 만들기

5.6　Cursor IDE에 rule을 셋팅하기

5.1 Cursor IDE 설치하기

최근에 개발자들에게 가장 있기 있는 코드 어시스턴트 도구는 Cursor IDE입니다. 초보자가 사용하기에 편리한 통합 환경으로 제공되고 있고, 무료로 2주간 사용해 볼 수 있는 요금제도 제공되고 있습니다. 비주얼 스튜디오 코드를 포크해서 만든 프로젝트이기 때문에 사용법도 우리가 기존에 사용하던 방법과 거의 비슷합니다.

아래의 사이트에서 윈도우나 macOS용을 받을 수 있습니다. 사용을 많이 하게 되면 월에 20불 정도의 요금제에 가입해야 합니다. 2주 정도 150번의 요청을 충분히 테스트해 볼 수 있기 때문에 일단은 무료로 사용해 봅니다. 무료 사용에 대한 부분은 앞으로도 계속 변경될 수 있습니다.

https://cursor.com/

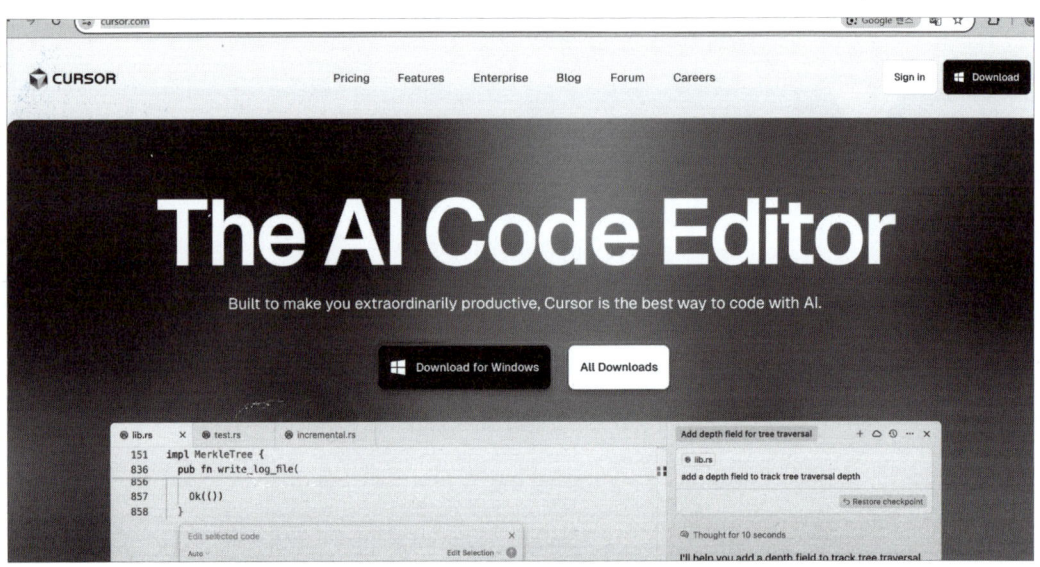

그림 5-1

윈도우에서는 항상 설치할 때 마우스 오른쪽 버튼을 클릭해서 "관리자 권한으로 실행"을 클릭하는 것이 유리합니다. 관리자 권한으로 설치하지 않으면 권한문제가 발생할 수 있습니다.

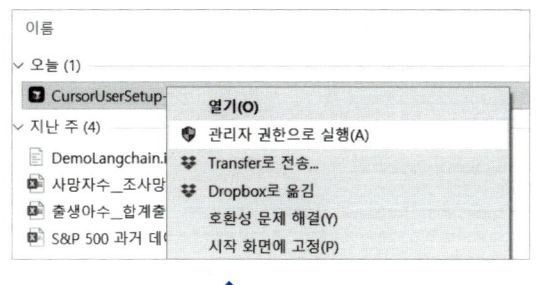

그림 5-2

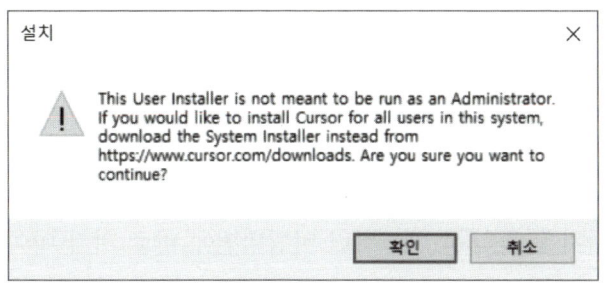

그림 5-3

비주얼 스튜디오 코드를 설치했을 때와 비슷하게 경고가 출력됩니다. 우리는 관리자 권한으로 셋팅을 하고 있습니다.

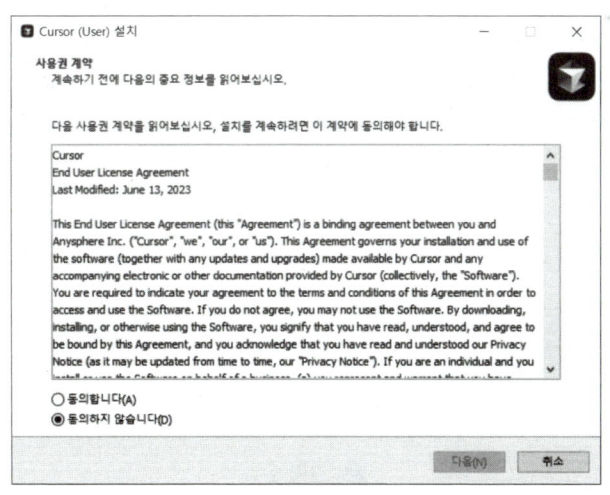

그림 5-4

위의 대화상자에서 "동의합니다"를 클릭하면 됩니다. 대부분 기본 옵션으로 설치를 진행합니다.

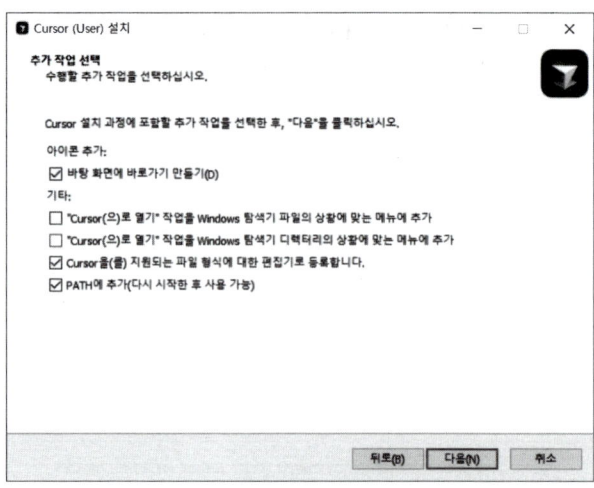

그림 5-5

"바탕 화면에 바로가기 만들기"를 체크하면 바탕화면에 바로 가기 아이콘을 사용할 수 있습니다. 여기를 체크해 줍니다. 설치는 금방 진행이 됩니다.

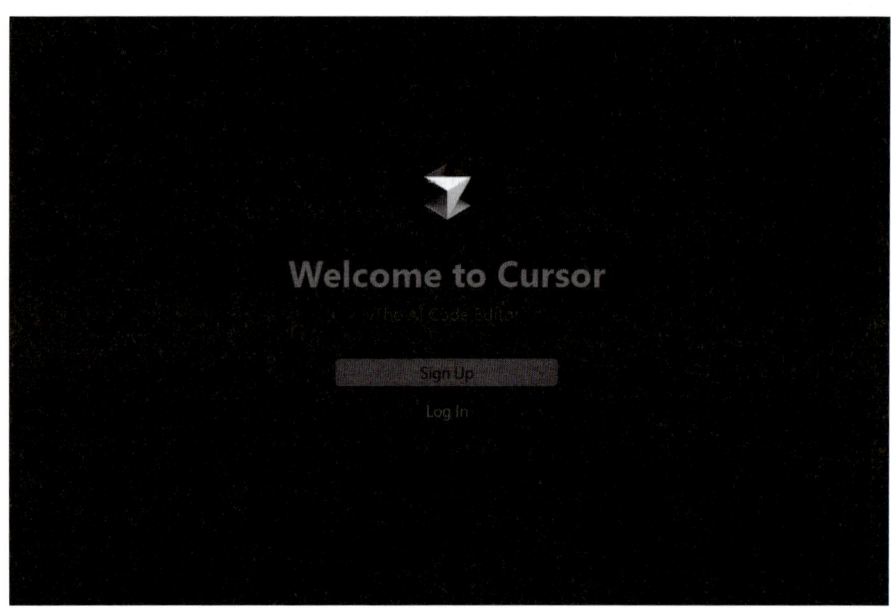

그림 5-6

설치가 끝나면 이제는 기존에 사용하던 구글 계정과 연동해서 "Sign Up"을 하면 됩니다. 구글 계정이 없다면 신규로 만들면 됩니다. 기존 구글의 Gmail 계정이 있다면 바로 연동이 됩니다.

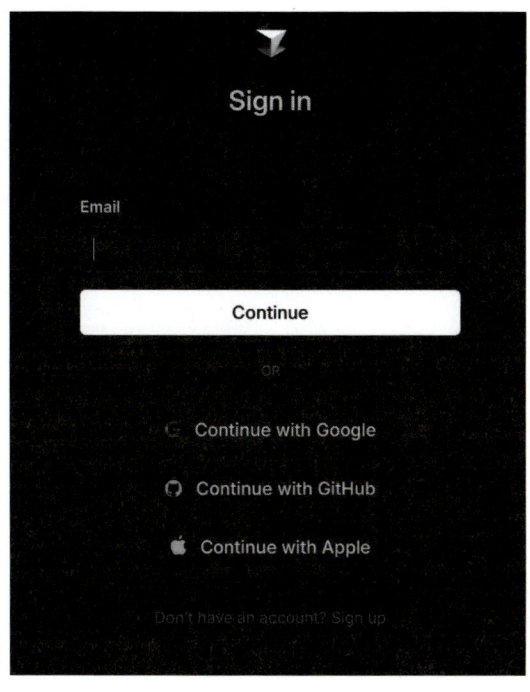

그림 5-7

화면 하단에 있는 "Continue with Google"을 클릭합니다. 미리 준비한 Gmail 계정으로 로그인을 하면 됩니다.

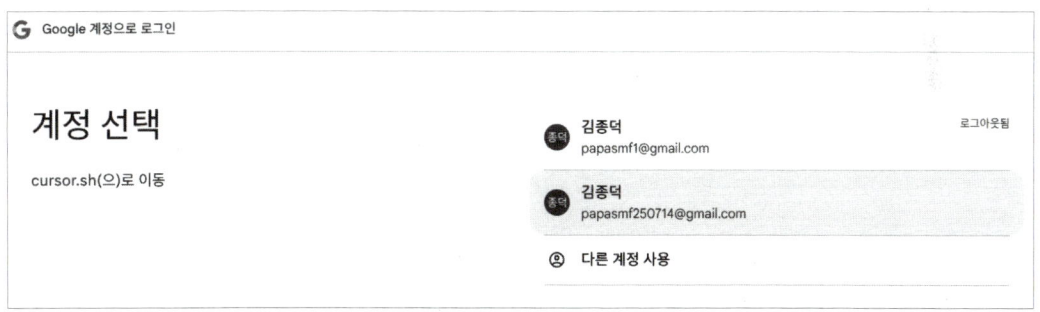

그림 5-8

아래와 같이 화면이 출력되면 "계속"을 클릭하면 됩니다. 대부분의 생성형 AI 서비스들은 구글 계정과 잘 연동이 됩니다. 구글 계정만 준비가 되도 사용할 수 있는 서비스들이 상당히 많습니다.

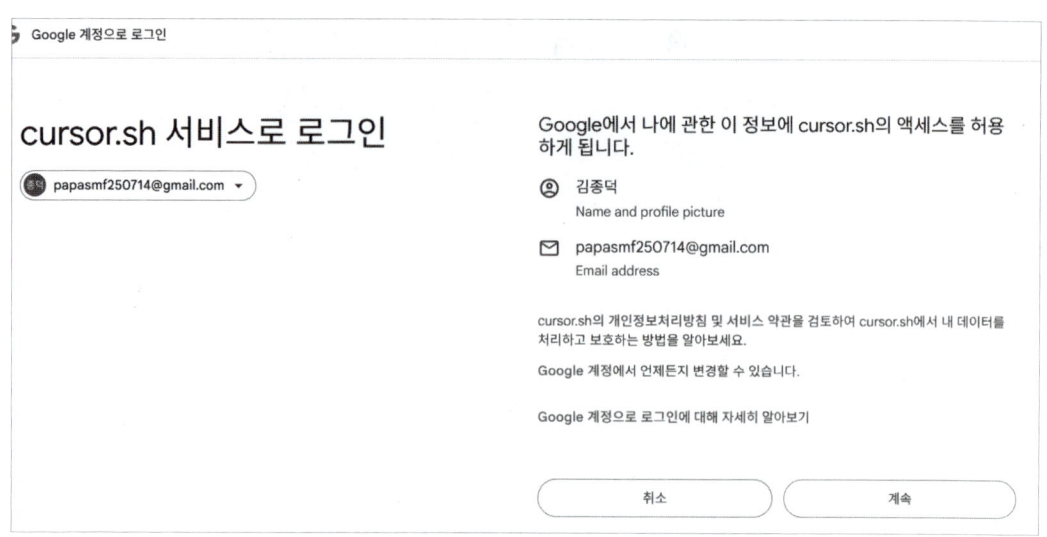

그림 5-9

전부 준비가 되었습니다. "Yes, Log In"을 클릭하면 됩니다.

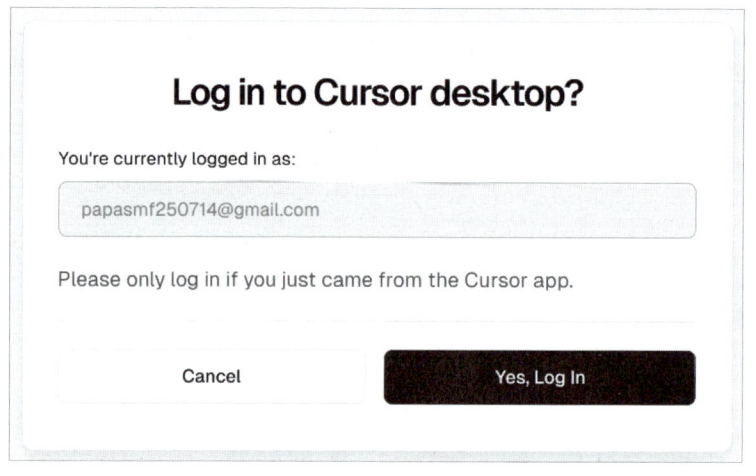

그림 5-10

이제 비주얼 스튜디오 코드에 있던 환경을 그대로 가져오면 됩니다. 처음부터 설치하지 말고 이미 설치된 익스텐션을 그대로 가져올 수 있습니다. 비주얼 스튜디오 코드와 Cursor IDE는 별도의 폴더로 복사가 되어서 설치가 되기 때문에 서로 영향을 끼치지 않습니다.

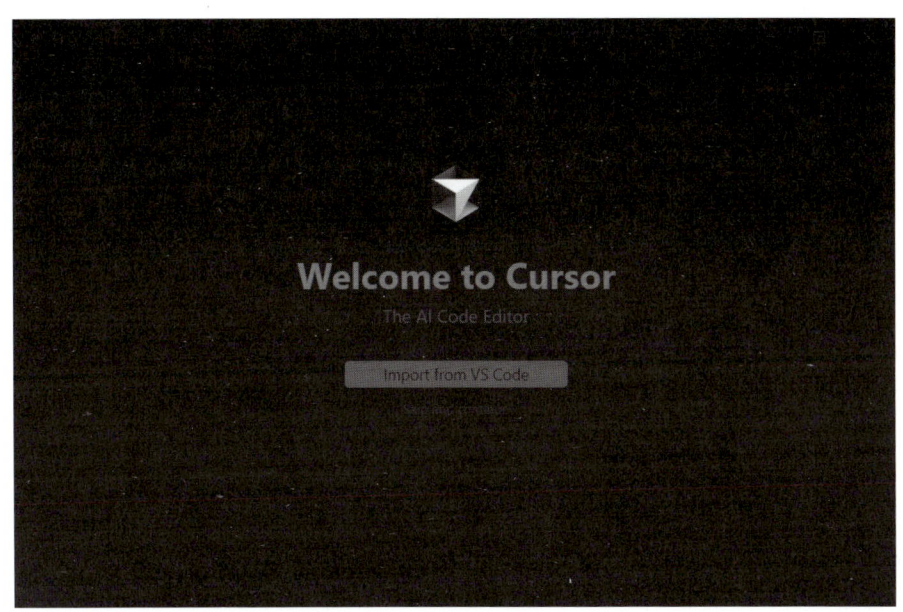

📌 그림 5-11

Import settings from VS Code 화면은 기존 비주얼 스튜디오 코드에 있던 익스텐션들을 그대로 가져와서 설치하는 것을 선택하는 화면입니다. 처음부터 다시 설치하는 것은 번거롭기 때문에 이렇게 선택을 하면 편합니다.

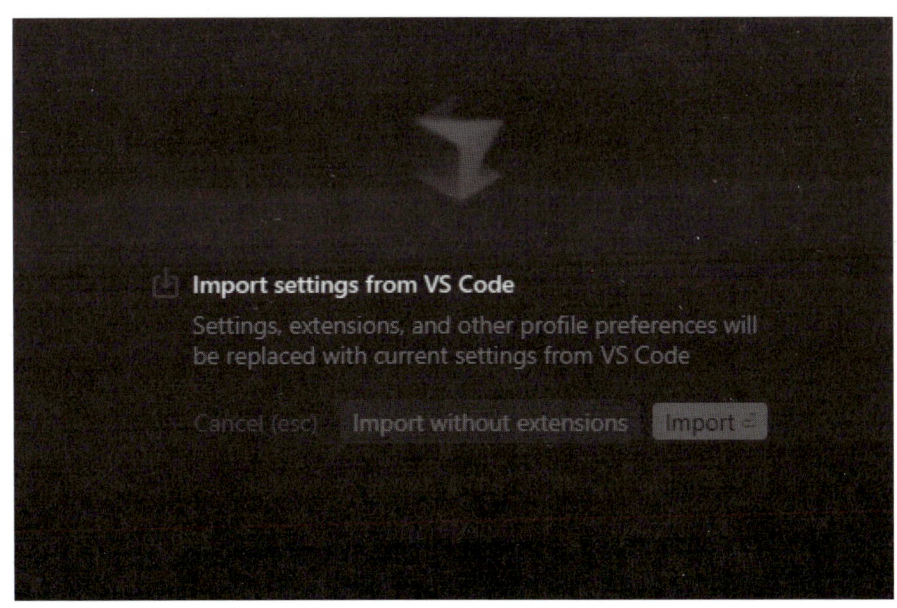

📌 그림 5-12

위의 화면에서 "Import"를 클릭하면 기존 설치된 익스텐션들을 그대로 가져옵니다.

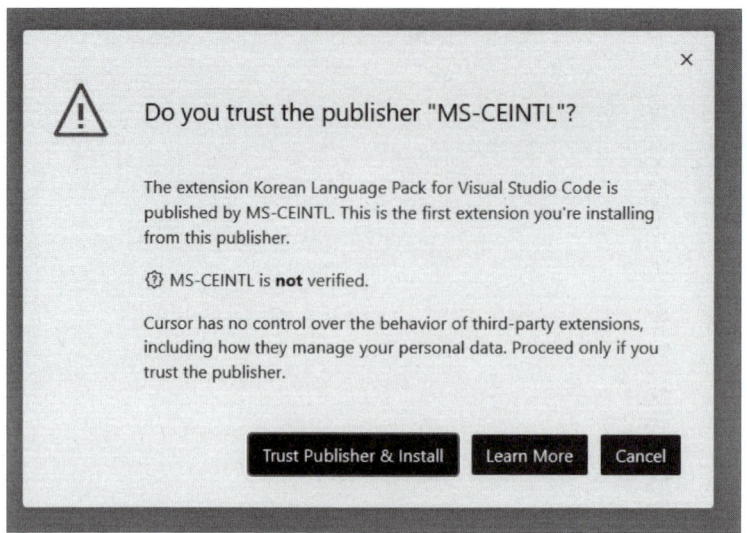

🖌 그림 5-13

혹시 위와 같은 경고가 출력되면 해당 익스텐션을 신뢰할 수 있느냐? 이런 질문인데 "Trust Publisher & Install"을 클릭하면 됩니다. 우리가 앞에서 설치한 익스텐션들은 대부분 문제없이 사용하는 확장팩들입니다. 전부 "Trust Publisher & Install"을 클릭해 줍니다.

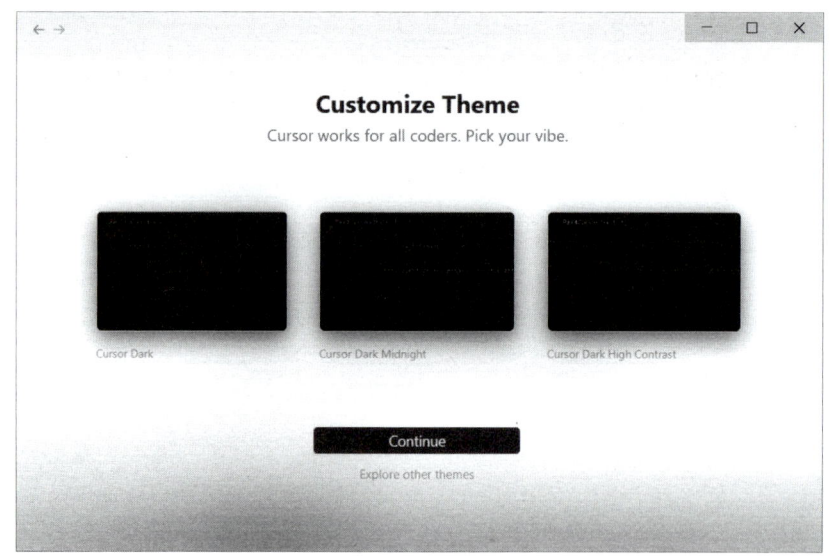

🖌 그림 5-14

테마의 경우 "Cursor Dark"를 선택해 줍니다. 마음에 드는 테마를 선택해도 됩니다.

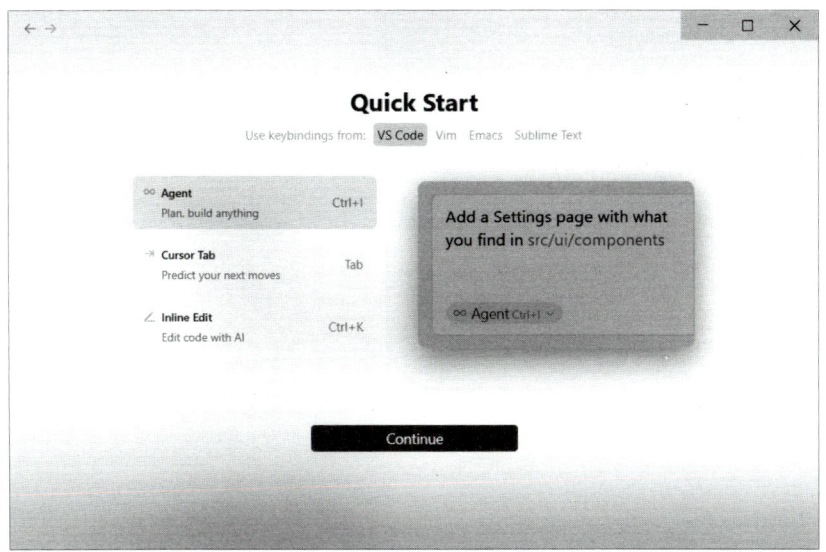

💎 그림 5-15

Quick Start는 약간의 가이드와 사용법을 보여주는 화면입니다. "Continue"를 클릭하면 됩니다.

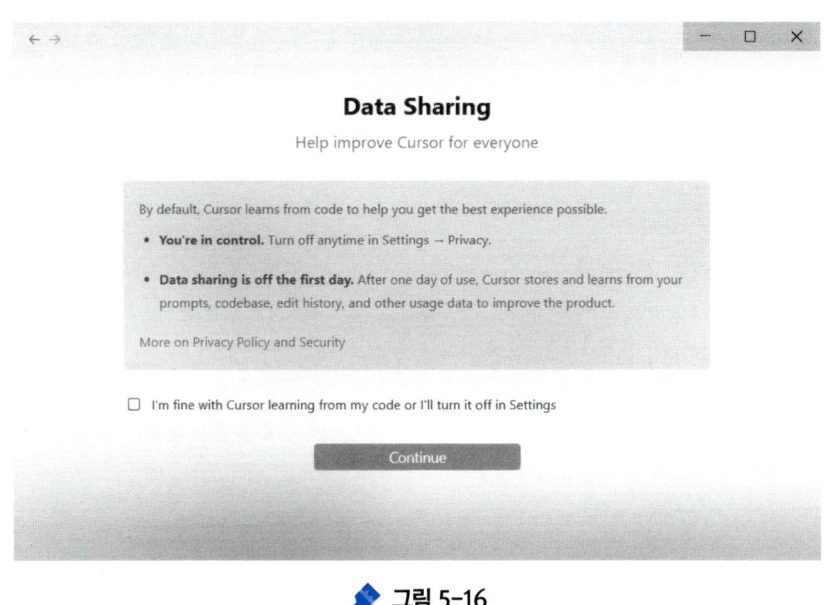

💎 그림 5-16

Data Sharing의 경우 내가 사용하는 코드를 커서의 학습에 사용하겠다는 내용입니다. 필요하다면 보안상 꺼둘 수 있습니다. 일단은 체크박스를 체크하고 Settings에서 변경할 수 있습니다. 프라이빗한 모드로 사용하는 것이 보안상 좋습니다. 일단은 체크하고 "Continue"를 클릭합니다.

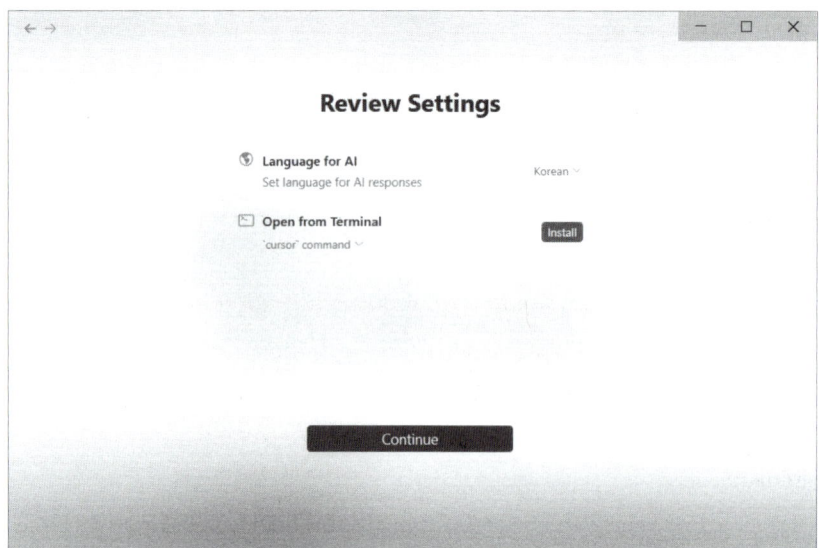

그림 5-17

Review Settings화면에서는 Language for AI에서 "Korean"을 선택합니다. 나머지는 그대로 두고 "Continue"를 클릭합니다.

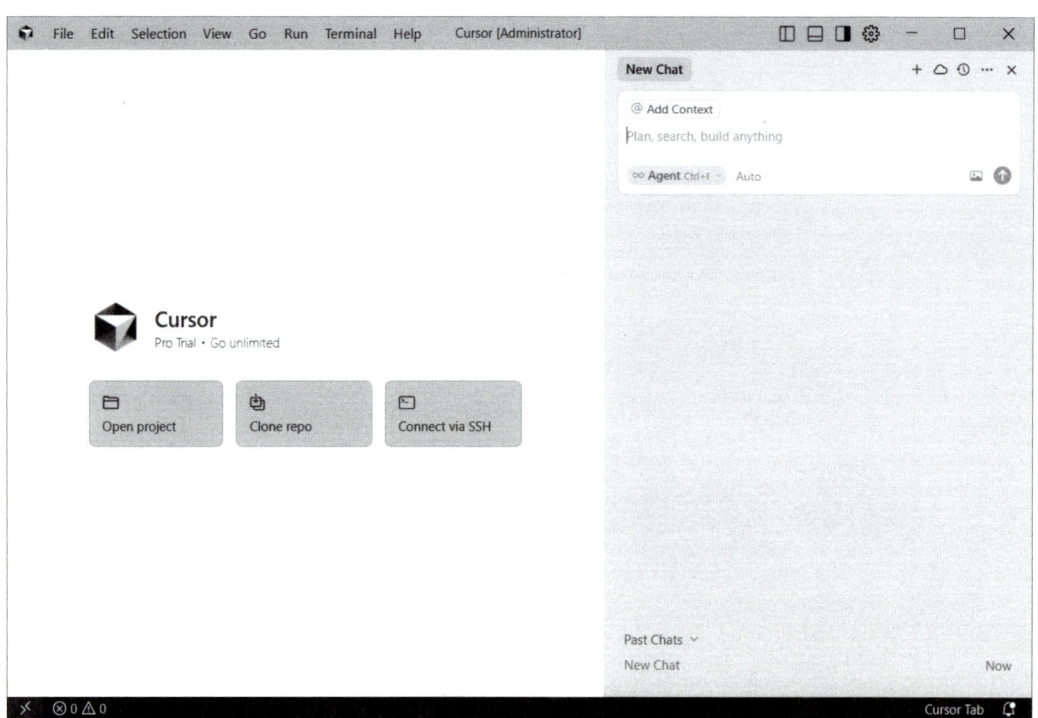

그림 5-18

셋팅이 완료되면 비주얼 스튜디오 코드에서 본 것처럼 오른쪽에 채팅 창이 출력됩니다. 화면이 약간 다른 부분이 있지만 거의 비슷한 느낌으로 사용할 수 있습니다.

5.2 Cursor IDE로 개발하기

셋팅이 잘 마무리되었으니 작업 하나 생성해서 코드를 만들어 보면 됩니다. c: 드라이브에 "workCursor"라는 이름의 폴더를 새로 생성해서 "폴더선택"을 하면 됩니다. 여기에 생성된 파일들을 모아두려고 합니다.

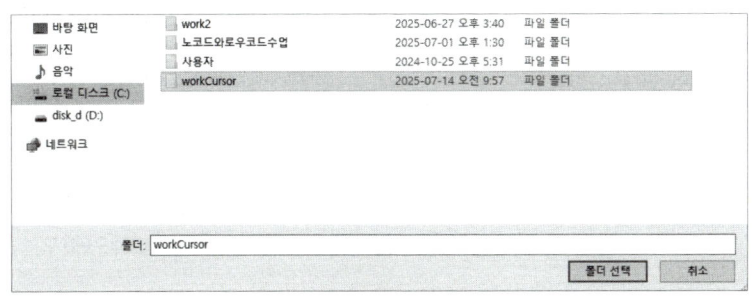

그림 5-19

Cursor IDE의 왼쪽을 보면 상단에 툴바가 있습니다. 비주얼 스튜디오 코드의 경우 왼쪽에 수직으로 배치된 툴바가 이번에는 상단에 작업 폴더, 검색, 익스텐션 등으로 배치되어 있습니다. 아이콘이 비슷해서 금방 알아볼 수 있습니다.

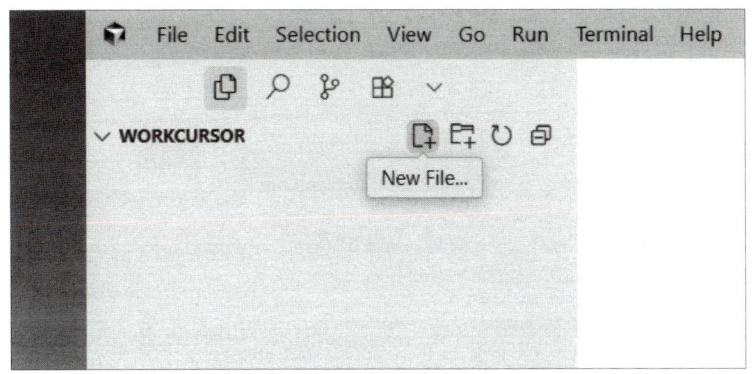

그림 5-20

파일 메뉴 바로 밑에 작업 폴더를 선택한 상태에서, 상단 두번째 라인의 오른쪽 상단의 첫 번째 툴바가 "New File"입니다. 여기를 클릭해서 "테트리스게임.py" 파일을 추가합니다.

그림 5-21

파이썬으로 테트리스 게임 코드를 작성해줘

왼쪽에는 작업 폴더가 있고, 오른쪽에는 비주얼 스튜디오 코드의 코파일럿과 비슷한 채팅 창이 있습니다. 프롬프트에 아래와 같이 입력합니다. 오른쪽에 프롬프트 창이 없는 경우는 단축키로 "ctrl + L"을 클릭하면 됩니다.

경우에 따라서 무료 계정을 사용할 수 있는 환경임에도 이미 무료 계정이 소진되었다고 나올 수 있습니다. 아래의 웹사이트에서 무료 요금제와 Pro 요금제를 확인할 수 있습니다.

🌐 https://cursor.com/pricing

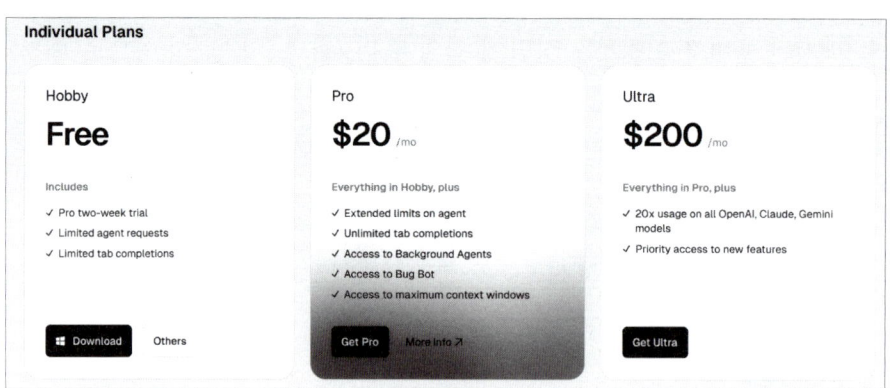

그림 5-22

혹시 Cursor IDE를 여러 번 설치해서 사용한 경우라면 "Pro" 플랜으로 업그레이드 하라고 출력될 수 있습니다. Free 요금제의 경우 2주간 사용할 수 있습니다.

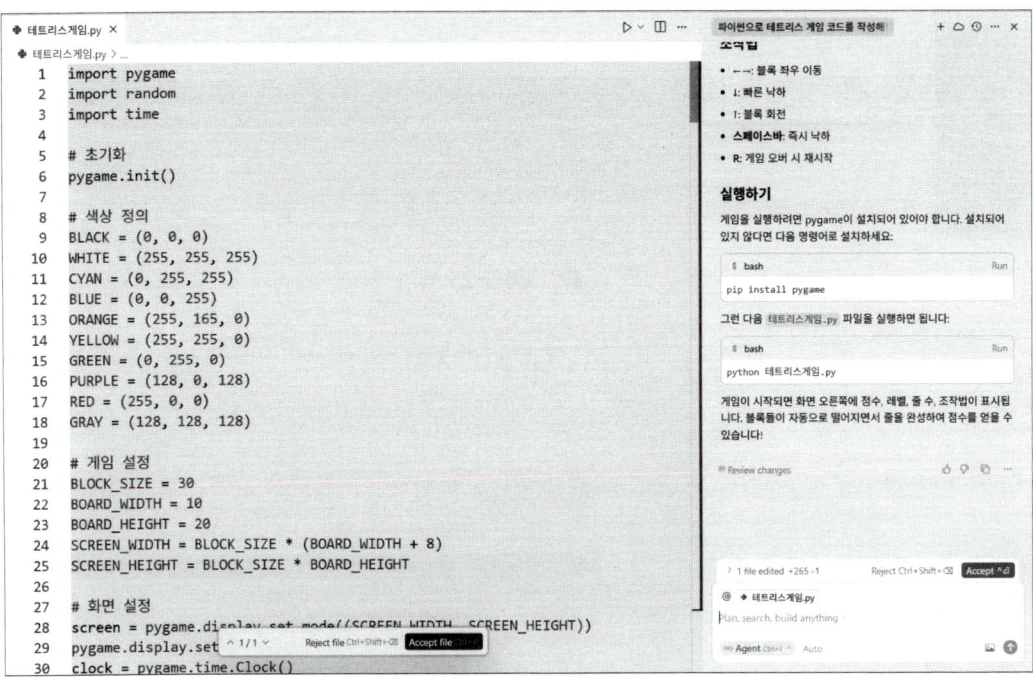

그림 5-23

코드가 생성되면 중앙 하단의 "Accept file"을 클릭하면 됩니다.

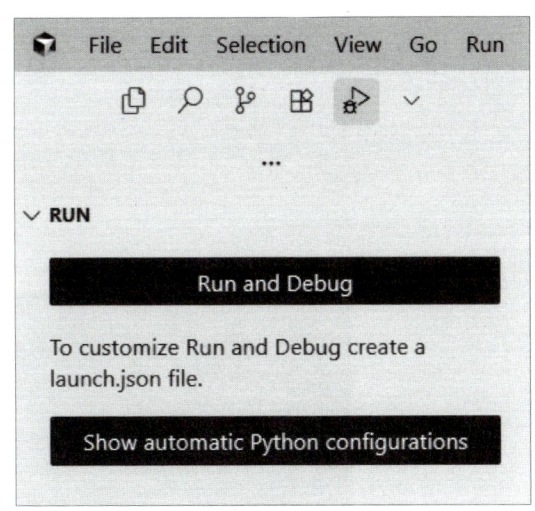

그림 5-24

Cursor IDE의 디버깅 셋팅은 비주얼 스튜디오 코드와 동일합니다. 왼쪽 상단의 "디버 깅"(삼각형으로 된 아이콘) 버튼을 클릭하고 "create a launch.json file"을 클릭하면 됩니다.

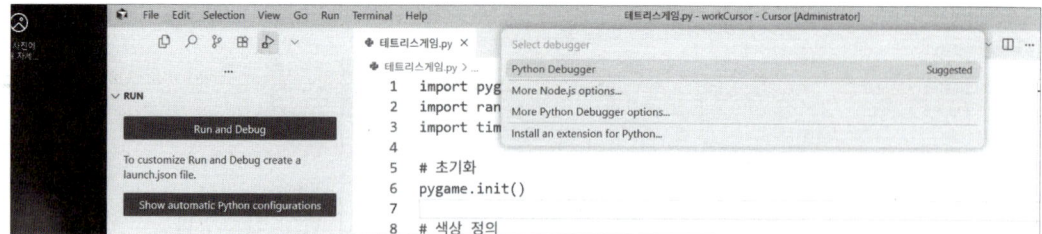

그림 5-25

상단에서 "Python Debugger"를 클릭하면 됩니다.

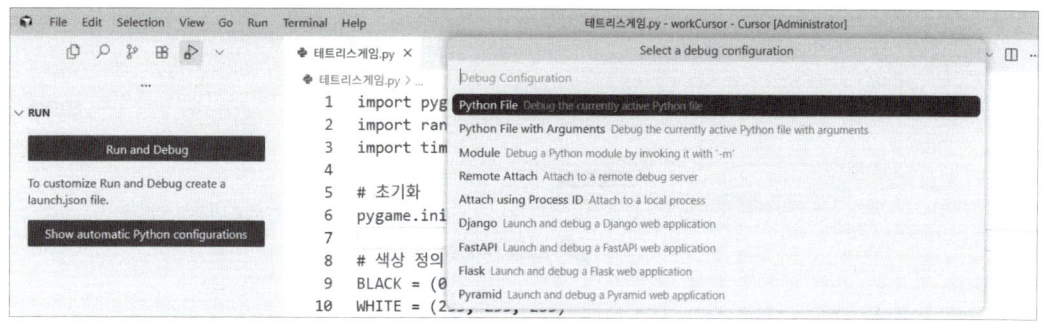

그림 5-26

상단에서 "Python file"을 클릭하면 됩니다. 디버깅 셋팅이 끝났다면 다시 소스 코드로 돌아가서 ctrl + F5를 클릭해서 생성된 코드가 실행되는 것을 확인하면 됩니다. 아래와 같이 잘 실행됩니다.

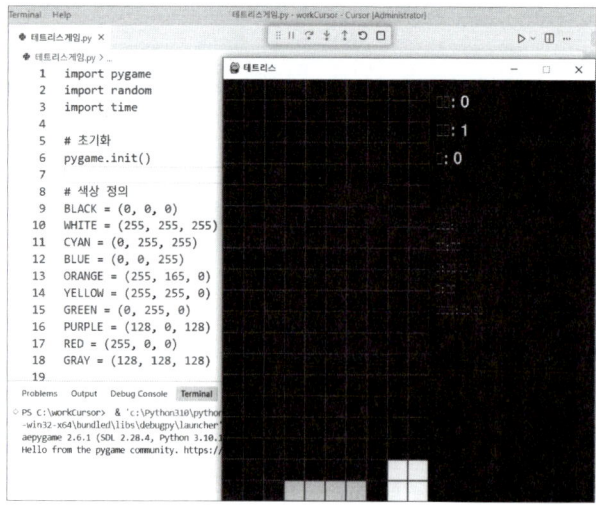

그림 5-27

다만 한글이 깨진 모습이 보여서 한글 문제를 해결해 보겠습니다. 프롬프트 창에 아래와 같이 입력합니다.

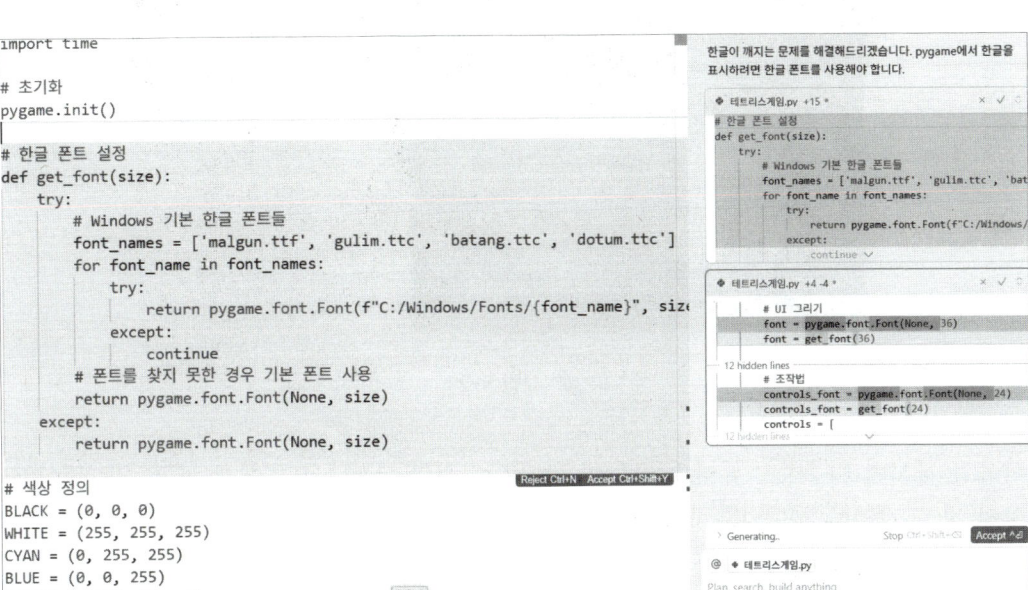

그림 5-28

한글 폰트 문제를 바로 해결해 줍니다. 우리는 코드가 수정된 것을 확인하고 중앙 하단의 "Accept file"을 클릭하면 됩니다.

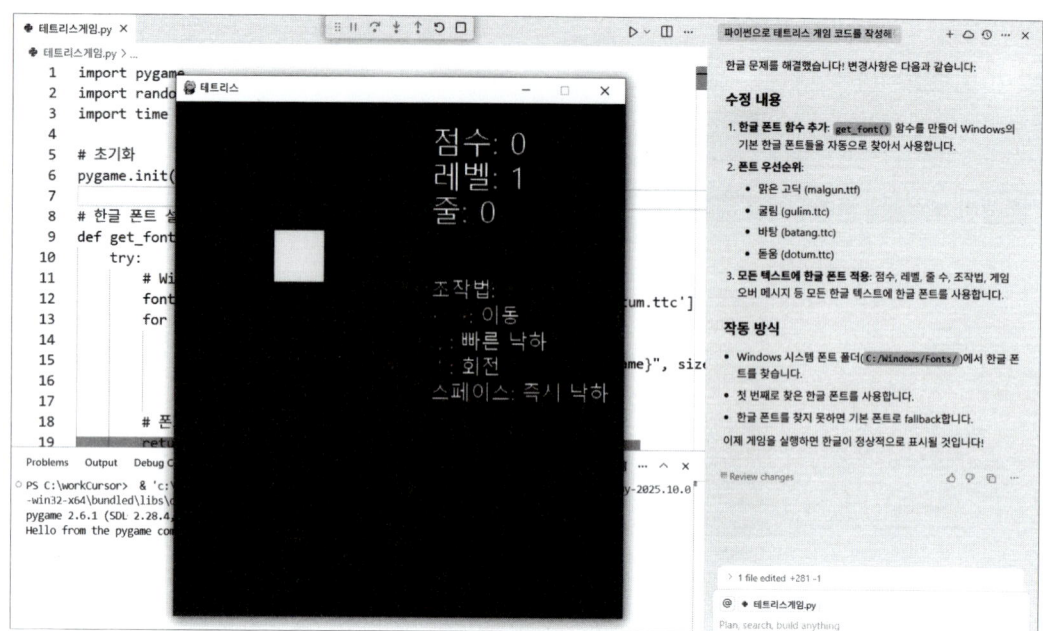

그림 5-29

사용을 해보면 비주얼 스튜디오 코드의 코파일럿 보다 Cursor IDE에서 만든 코드들이 상당히 잘 동작하는 편입니다. 비주얼 스튜디오 코드의 코파일럿은 코드 자동 완성 기능과 파일 하나 하나에 집중하는 느낌이라면, Cursor IDE는 전체 프로젝트를 고려해서 코드를 생성해주는 기능이 마음에 듭니다.

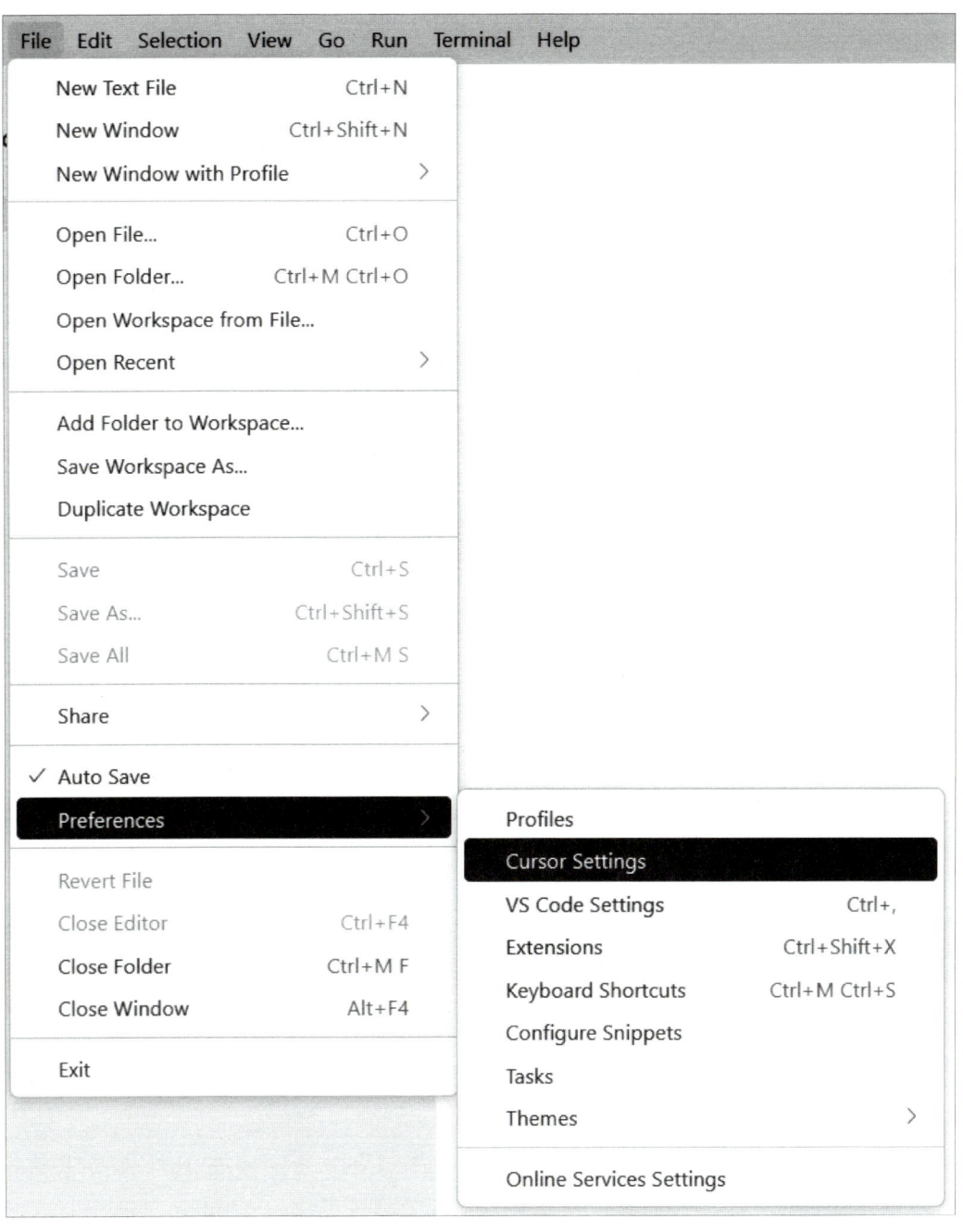

그림 5-30

"File" → "Preferences" → "Cursor Settings"를 클릭하면 지원하는 LLM 모델과 자세한 셋팅을 살펴볼 수 있습니다.

Chapter 5 커서 IDE를 사용해서 코드 생성하기 | 113

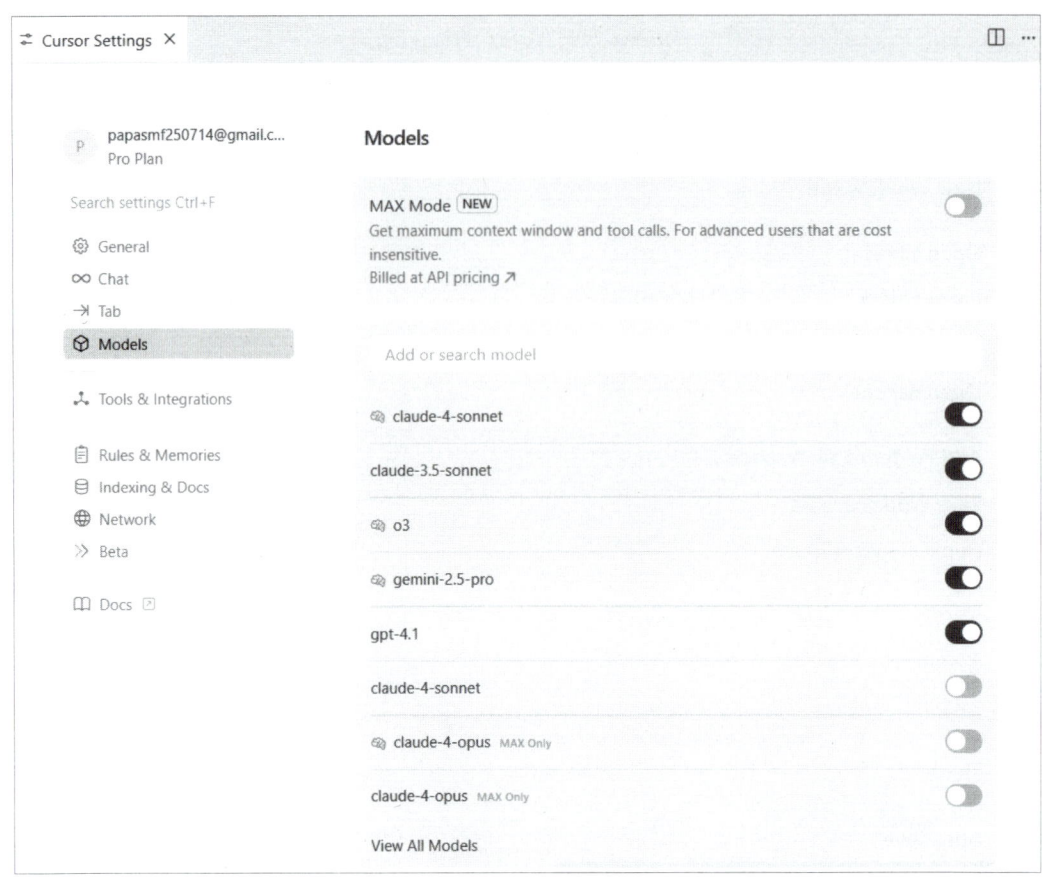

그림 5-31

"Models"를 클릭하면 다양한 LLM 모델들을 사용하는 것을 알 수 있습니다. gpt-4.1 보다는 claude-4-sonnet 모델이 코드를 상당히 잘 생성하는 편입니다. 저는 20불 요금제를 사용하고 있습니다. 외주를 준다고 생각하면 한달에 10불에서 20불 정도는 크게 비싼 요금제는 아니라고 생각합니다. 최근에는 200불 요금제를 사용하는 분들도 늘어나고 있습니다.

내가 개발하는 업무를 한달에 200만원을 지불하고 외주를 주는 것과, 내가 AI를 통해서 20불을 지불하고 직접 개발한다고 생각해 보면 상당히 저렴한 금액이라고 생각합니다. 저는 가능하면 레버리지를 해야 한다고 생각합니다. 내가 잘하는 것은 내가 직접 하고, 내가 잘 모르는 분야는 돈을 주고 일을 시키면 맘이 편합니다. Cursor IDE가 코딩을 하는 동안 기다리면서 커피 한잔을 마시고 있으면 됩니다.

이번에는 크롤링하는 코드를 생성해 보려고 합니다. 채팅 창의 상단에 있는 "+" 버튼을 클릭하면 새로운 대화를 시작할 수 있습니다.

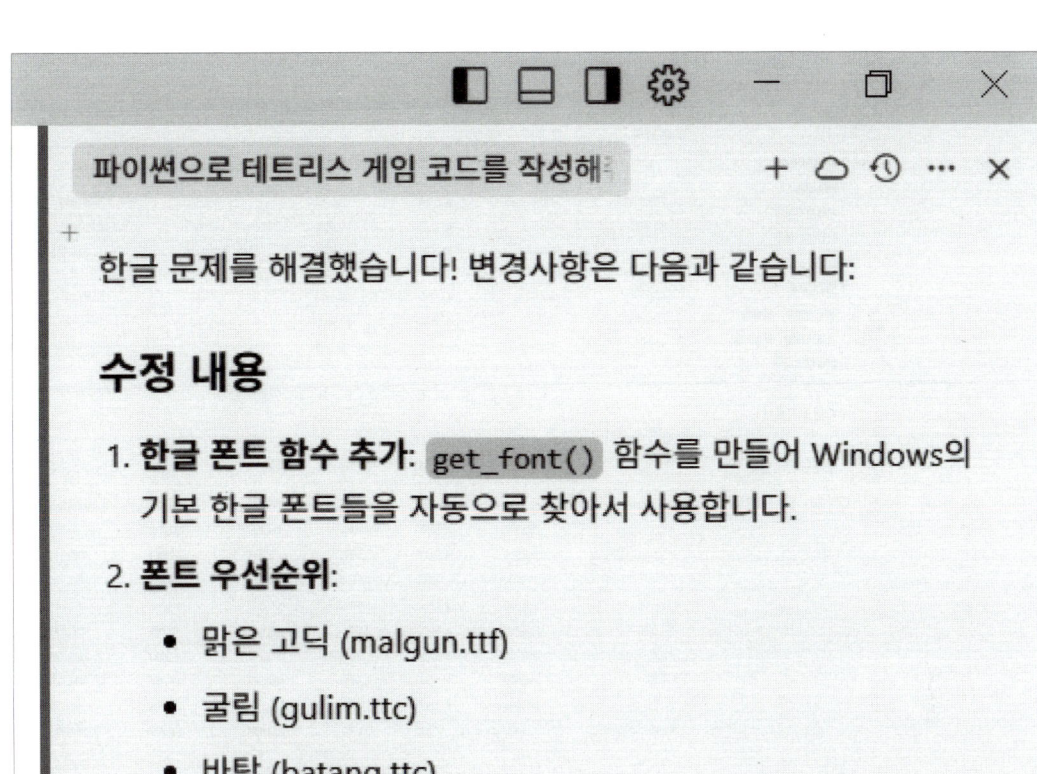

그림 5-32

혹시 한글 폰트가 깨지는 문제가 발생하면 아래와 같이 입력해서 해결합니다.

> 윈도우의 맑은 고딕 폰트를 사용하도록 코드를 수정해줘

코딩하는 주제가 변경될 때는 새로운 대화를 시작해야 합니다. 아래의 주소는 네이버에 있는 국내증시의 KOSPI 200 주소입니다. 페이지의 하단으로 스크롤을 하면 "편입종목상위"가 보입니다. 200개의 코스피 상위 종목들에 대한 정보입니다.

 https://finance.naver.com/sise/sise_index.naver?code=KPI200

📎 그림 5-33

우리는 앞에서 BeautifulSoup을 사용해서 몇 개의 웹사이트에 있는 정보를 크롤링해 보았습니다. 이번에는 Cursor IDE를 사용해서 크롤링하는 코드를 자동 생성해 보겠습니다. 채팅 창에 아래와 같이 입력해 봅니다.

> https://finance.naver.com/sise/sise_index.naver?code=KPI200
> 파이썬에서 위의 주소를 사용해서 네이버에서 보여주는 코스피 200의 "편입종목상위"정보를 크롤링하는 코드를 작성해줘

대부분의 라이브러리는 앞의 학습을 통해 설치가 되었기 때문에 추가 설치 없이 바로 코드를 실행해 볼 수 있습니다. 혹시 누락된 라이브러리가 있으면 "Run" 버튼을 클릭하면 자동으로 설치가 됩니다. Agent 모드를 사용하는 것이 확실히 편합니다.

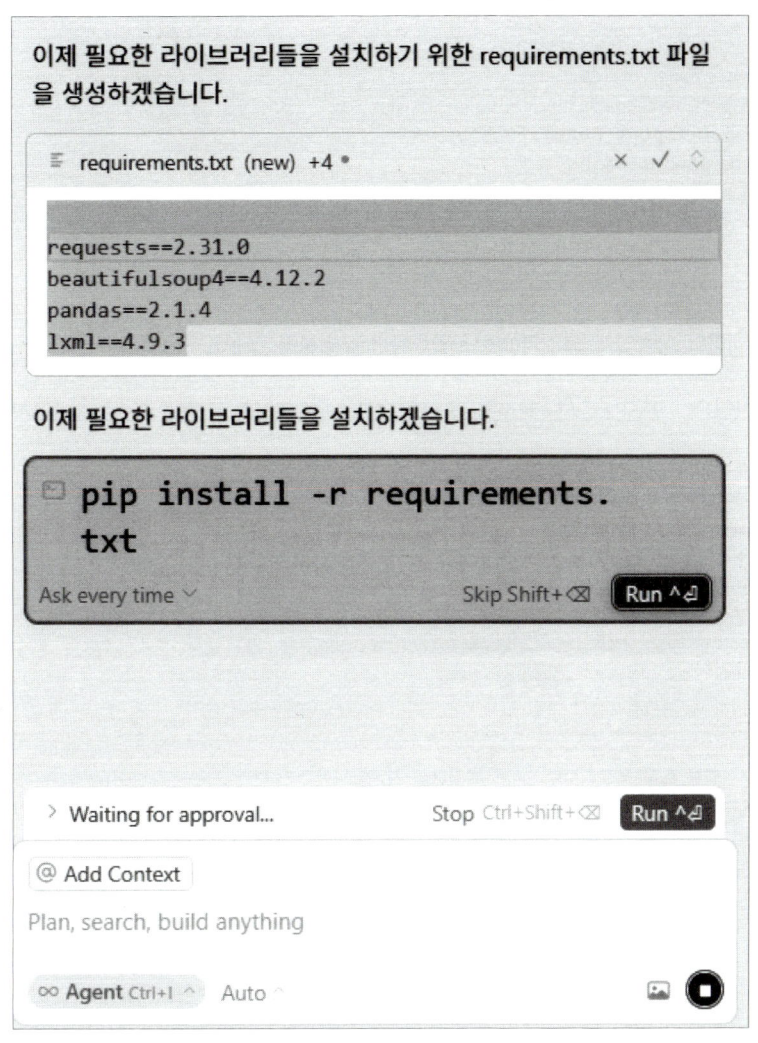

그림 5-34

기본적으로 "Agent" 모드에서 실행을 하고 있어서 위와 같이 pip install -r requirements.txt를 생성해서 코드 실행에 필요한 모든 라이브러리들을 설치하고 있습니다. 필요하면 "Run" 버튼을 클릭하면 됩니다.

```
kospi200_crawler.py 2 ×
kospi200_crawler.py > ...
  1  import requests
  2  from bs4 import BeautifulSoup
  3  import pandas as pd
  4  import time
  5  from datetime import datetime
  6     Ctrl+L to chat, Ctrl+K to generate
  7  def crawl_kospi200_top_stocks():
  8      """
  9      네이버 금융에서 코스피200 편입종목상위 정보를 크롤링하는 함수
 10      """
 11      url = "https://finance.naver.com/sise/sise_index.naver?code=KPI200"
 12
 13      # User-Agent 설정 (웹 브라우저로 인식되도록)
 14      headers = {
 15          'User-Agent': 'Mozilla/5.0 (Windows NT 10.0; Win64; x64) AppleWebKit,
 16      }
 17
 18      try:
 19          print("네이버 금융에서 코스피200 정보를 가져오는 중...")
```

```
네이버 금융 코스피200 편입종목상위 크롤러
==================================================
네이버 금융에서 코스피200 정보를 가져오는 중...
편입종목상위 테이블을 찾지 못했습니다. 다른 방법으로 시도합니다...
편입종목상위 정보를 찾을 수 없습니다.
페이지 구조를 확인해보겠습니다...

=== 페이지 구조 분석 ===

크롤링에 실패했습니다. 네트워크 연결이나 웹사이트 구조를 확인해주세요.
PS C:\workcursor>
```

🖌 그림 5-35

그런데 기본적으로 생성된 코드들은 대부분 크롤링이 안되는 것을 알 수 있습니다. 웹사이트의 태그가 주기적으로 변경되거나 복잡한 경우는 문제가 생길 수 있습니다. 이런 경우 태그 구조를 추가로 알려주면 대부분의 경우에 해결됩니다.

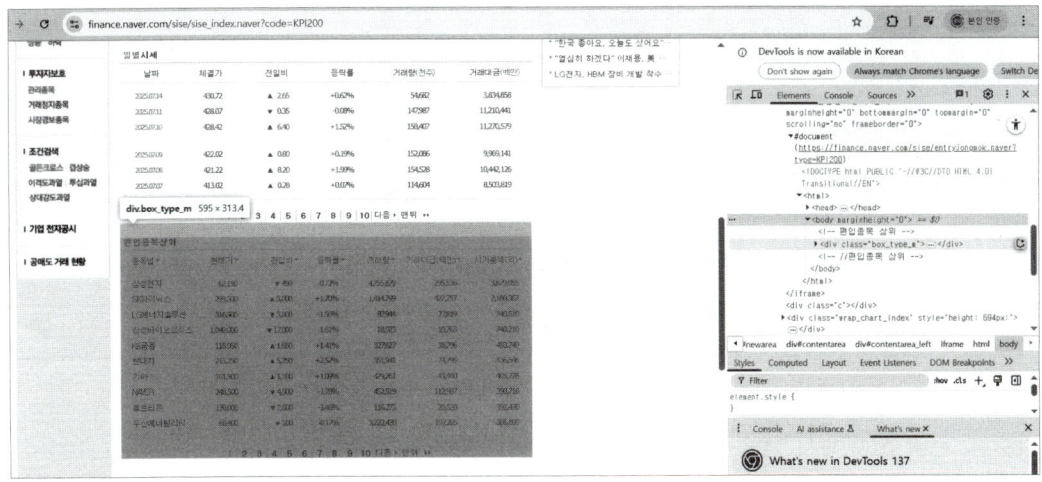

그림 5-36

크롬 웹브라우저에서 F12를 클릭해서 오른쪽에 개발자 도구를 오픈합니다. 왼쪽 상단에 있는 툴바의 "Select an element" 버튼을 클릭한 상태에서 웹 페이지 하단의 "편입종목상위" 부분 전체를 선택할 수 있도록 마우스 커서를 이동해서 클릭합니다. 찾은 태그를 보면 〈body〉태그 안쪽에 〈div〉태그 안쪽이 이 영역에 해당하는 것을 알 수 있습니다. 이 책을 보시는 분들이 보는 시점에 태그의 형태는 지금 제가 보여드리는 것과 다르게 변경될 수 있습니다. 다만 이런 방법으로 태그를 찾을 수 있습니다.

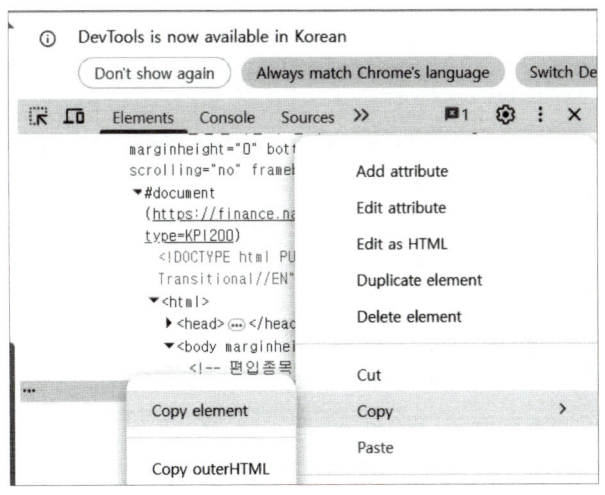

그림 5-37

마우스 오른쪽 버튼을 클릭해서 "Copy" → "Copy element"를 클릭합니다. 이 태그를 채팅 창에 붙여 넣고 아래와 같이 입력합니다.

```
...
</tr>
</tbody></table>
<!--- 페이지 네비게이션 끝——>
</div>
```

위의 태그를 참조해서 다시 크롤링하는 코드를 생성해줘

다시 수정된 코드에서 "Accept file"을 클릭해서 실행해서 결과를 확인해 봅니다. 코드가 좀 더 정교하게 생성이 됩니다. 비주얼 스튜디오 코드의 코파일럿을 사용할 경우보다 좀 더 성공할 확률이 높은 것을 알 수 있습니다. 혹시 에러가 발생하거나 데이터가 출력되지 않는 경우는 다시 코드를 수정해 달라고 하면 됩니다. 또는 에러 메시지를 복사해서 해당 에러를 수정해 달라고 하면 됩니다. 매번 약간 다르게 코드가 생성될 수 있습니다.

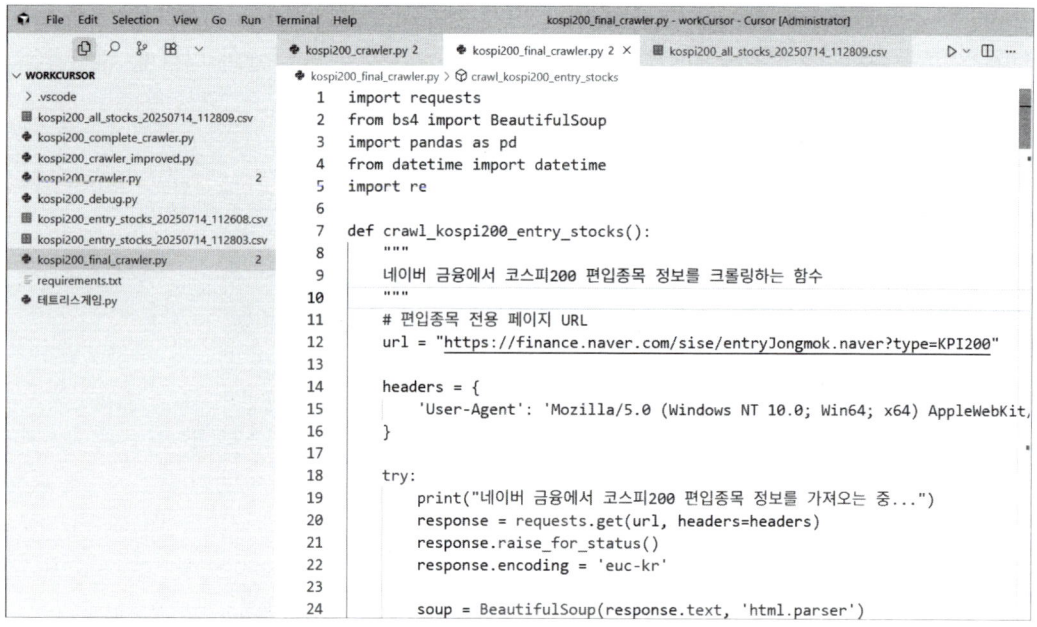

그림 5-38

KOSPI 200개의 기업에 대한 정보들을 크롤링한 것을 볼 수 있습니다. 이렇게 몇 번 시도를 하다 보면 잘 동작하는 파이썬 코드를 얻을 수 있습니다. 이번에는 PyQt를 사용해서 GUI를 추가해 달라고 부탁하겠습니다.

기존 생성된 파일명을 "kospi200_final_crawler_GUI.py"로 수정합니다. File → Save as를 클릭해서 실행합니다.

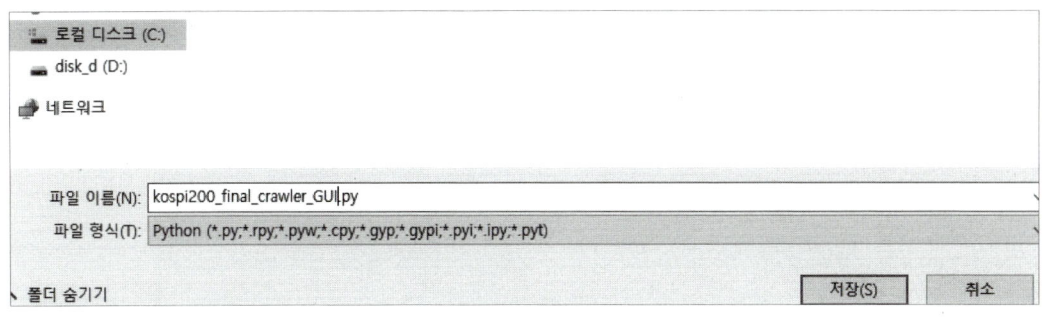

그림 5-39

채팅 창에 아래와 같이 입력합니다.

> 기존 코드에 PyQt5를 사용해서 GUI 형태로 코드를 수정해줘. QMainWindow 클래스를 상속받아서 만들고, 상단에 종목을 검색할 수 있는 입력창과 검색 버튼도 추가해줘

우리는 이미 비주얼 스튜디오 코드의 코파일럿에서 PyQt5를 사용해서 GUI 프로그램들을 생성한 경험이 있습니다. 이렇게 언어를 알고 라이브러리를 사용해 본 경험이 있으면 Cursor IDE를 사용한 자동 생성도 내용을 쉽게 파악하고 대응할 수 있습니다. 아직은 LLM의 도움을 받아서 자동으로 코드를 생성하고 있지만, 개발 언어를 알고 있는 것이 분명히 도움이 됩니다. 혹시 필요한 라이브러리가 설치가 안되어 있다면 자동으로 설치하도록 유도합니다. ㅎㅎ 똘똘한 엔진입니다.

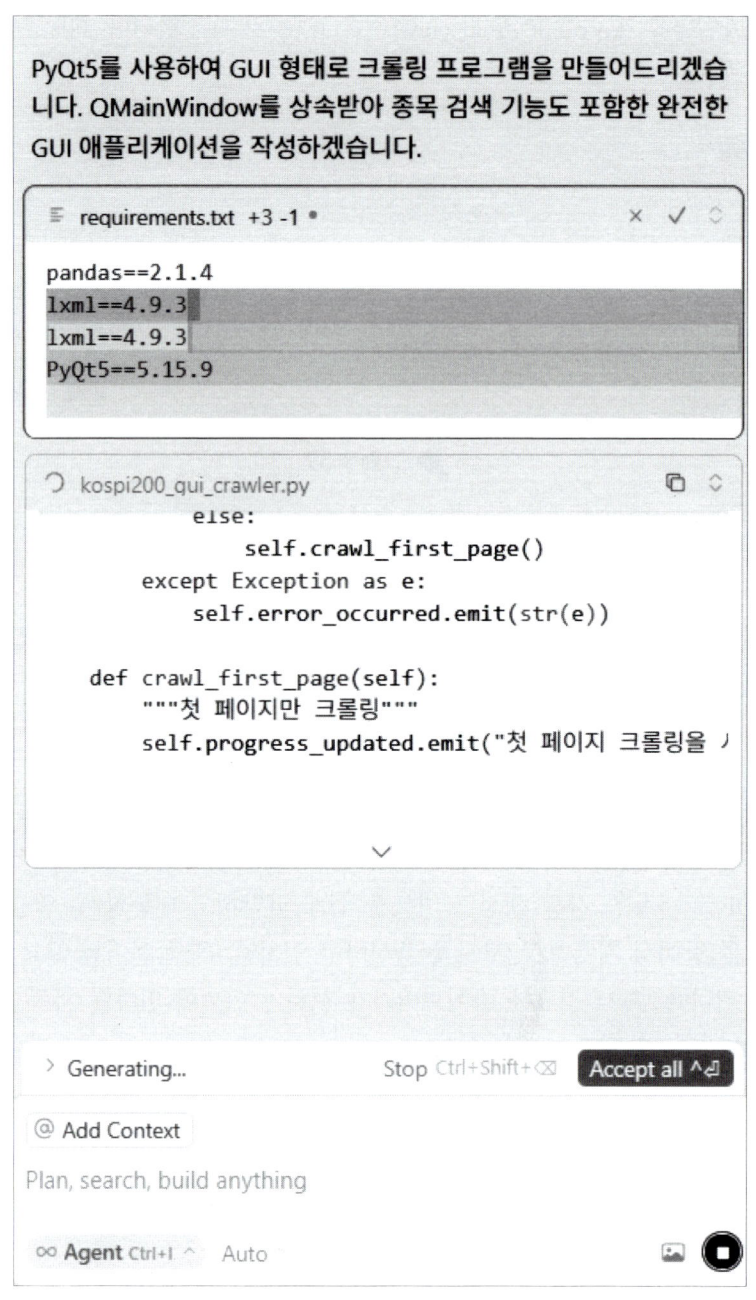

그림 5-40

Agent가 필요한 라이브러리들을 설치하도록 돕고 있습니다. 그래서 "Accept all"을 클릭하면 됩니다. 우리는 대부분 이미 설치되어 있는 외부 라이브러리들입니다. 이렇게 30분정도를 프롬프트를 입력하다 보면 멋진 크롤링 앱이 만들어졌습니다. Cursor IDE의 AI 기능은 정말 탁월합니다. ㅎㅎ 전체 생성된 코드는 책에 담아두었습니다. 깃허브에도 코드가 업로드 되어 있습니다.

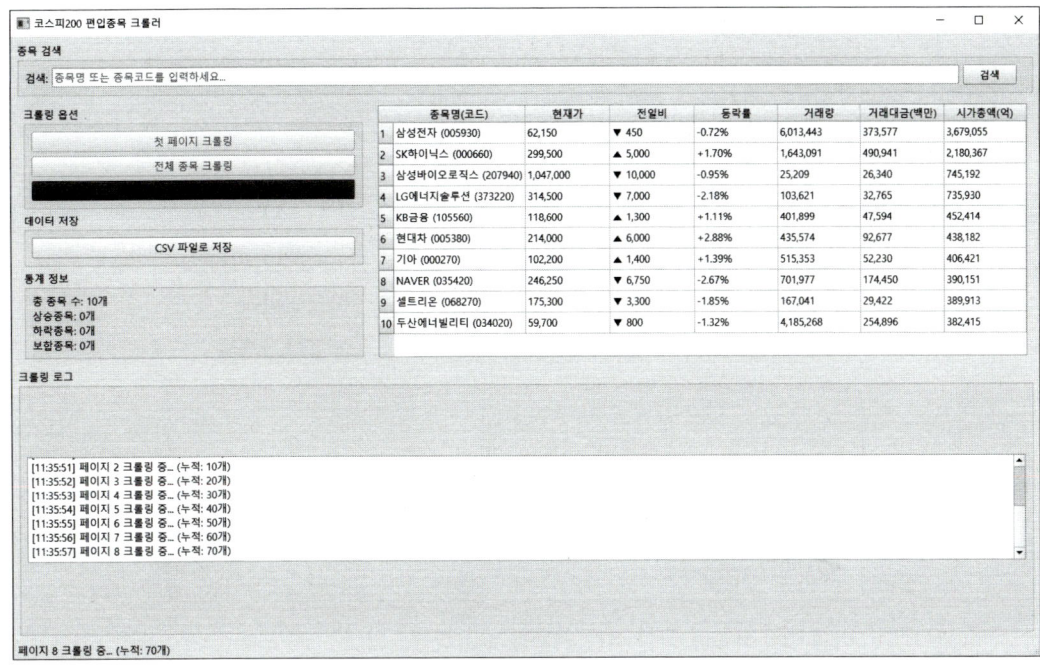

그림 5-41

"첫 페이지 크롤링", "전체 종목 크롤링" 등이 전부 됩니다. CSV 파일로 저장도 되고 필요하면 엑셀 파일로도 저장할 수 있습니다. 매번 생성되는 코드가 달라서 혹시 페이징 처리가 안되어 있으면 전체를 검색할 수 있도록 페이징 처리를 해달라고 부탁하면 됩니다.

종목 검색에 "삼성전자"를 입력하면 바로 검색이 됩니다.

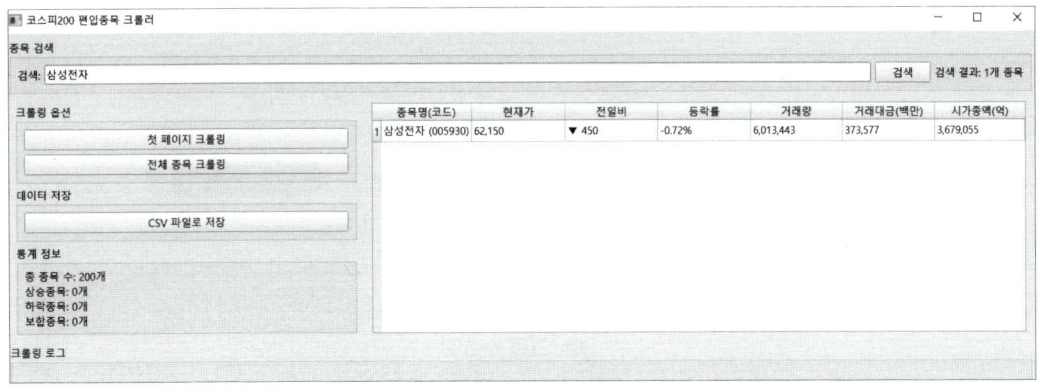

그림 5-42

채팅 창에 아래와 같이 입력합니다.

> 크롤링 결과를 엑셀 파일에 저장할 수 있도록 "엑셀에 저장"이라는 버튼도 추가해서 구현해줘

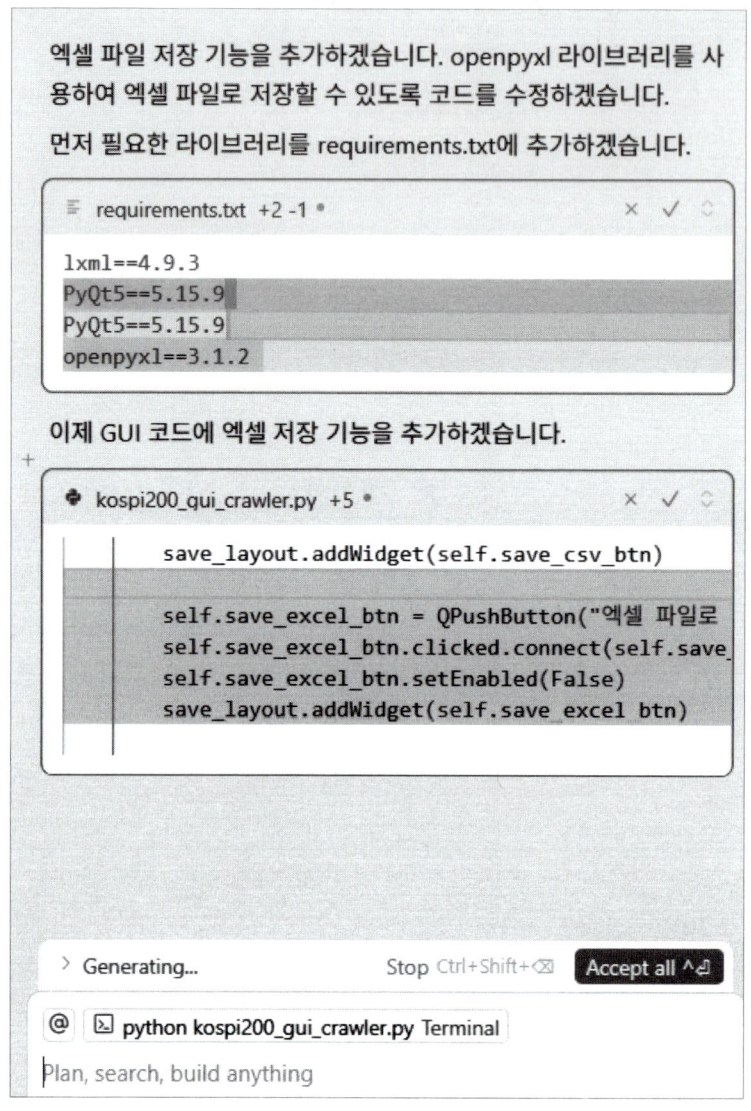

그림 5-43

우리가 앞에서 설치했던 "openpyxl"이 설치되는 것을 알 수 있습니다. 전부 "Accept all"을 클릭하고 실행되도록 합니다. 혹시 앞에서 설치를 하지 않은 독자분들은 여기서 설치하면 됩니다.

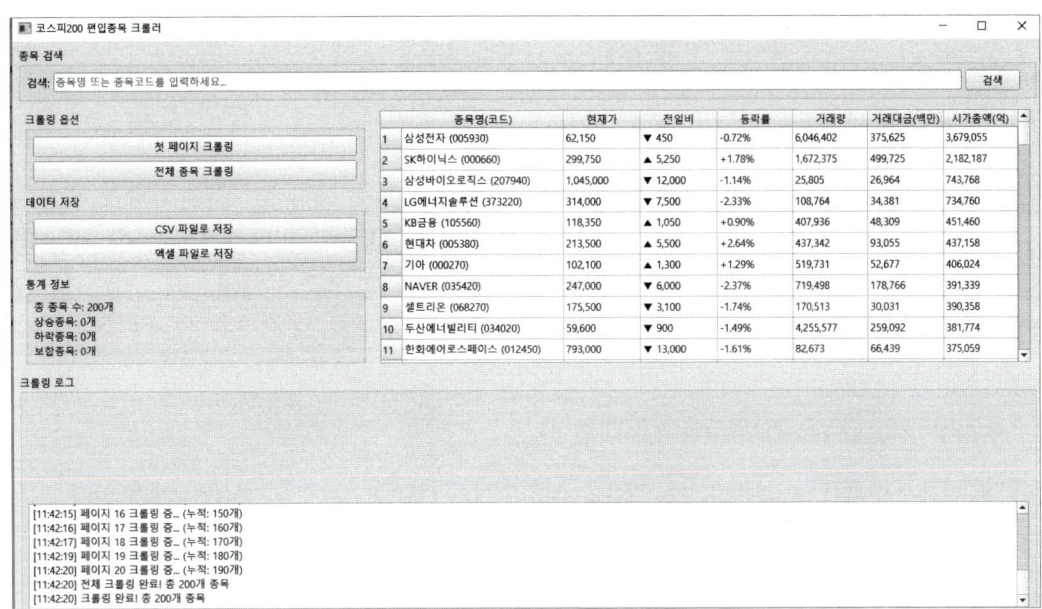

그림 5-44

"전체 종목 크롤링"을 클릭하고, 작업이 끝나면 "엑셀 파일로 저장"을 클릭해서 크롤링한 결과를 확인해 보면 됩니다.

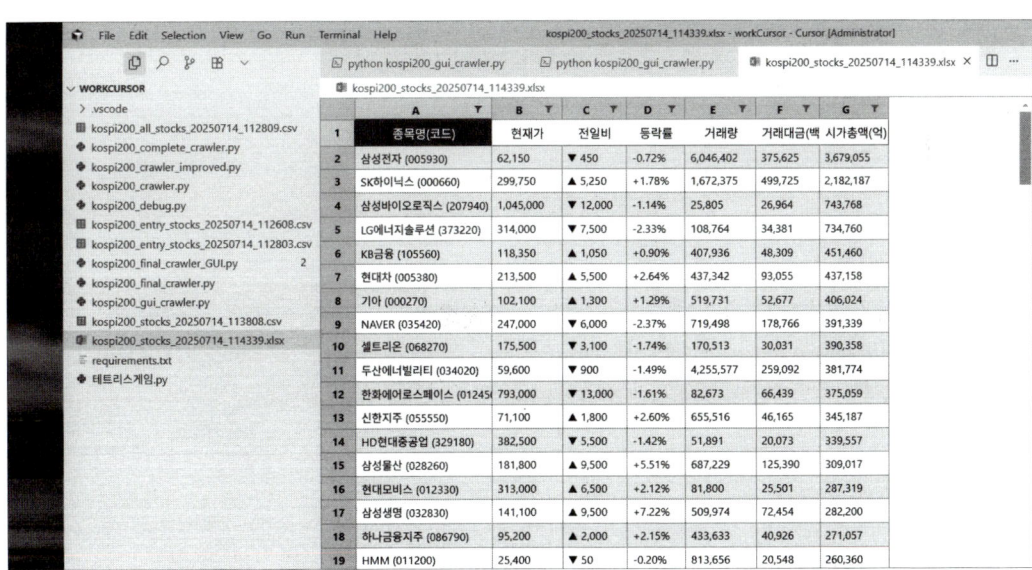

그림 5-45

작업 폴더에서 보면 크롤링한 엑셀 파일이 생성된 것을 볼 수 있습니다. Extension에 "Excel viewer"가 설치되어 있기 때문에 엑셀 파일을 오픈해서 바로 확인해 볼 수 있습니다.

작업 폴더에 보면 README.md 파일이 생성되었습니다. 프롬프트로 입력된 내용들이 꼼꼼하게 순서대로 잘 정리가 되었습니다. 혹시 README.md 파일이 없으면 작업한 결과를 정리한 파일을 생성해 달라고 하면 됩니다.

최근에는 상세한 스펙을 먼저 제시하고 바이브 코딩을 하는 것이 더 좋은 결과를 가져오고 있습니다. 사실은 기본적인 파이썬 개발 언어와 관련된 라이브러리들을 알아야 이런 명령을 내릴 수 있습니다. 우리는 최소한의 문법과 라이브러리 이름과 사용법을 공부하면 됩니다. 꾸준한 공부는 늘 필요합니다. ~~

코스피 200 편입종목상위 크롤러 (GUI 버전)

PyQt5를 사용하여 만든 그래픽 사용자 인터페이스(GUI) 버전의 코스피 200 편입종목상위 크롤러입니다.

주요 기능

🖥 GUI 인터페이스
- **직관적인 사용자 인터페이스**: 마우스 클릭으로 쉽게 조작 가능
- **실시간 진행 상황 표시**: 크롤링 진행 상황을 실시간으로 확인
- **데이터 테이블 표시**: 수집된 데이터를 보기 좋은 테이블 형태로 표시
- **로그 창**: 크롤링 과정의 상세한 로그 확인

🔍 종목 검색 기능
- **실시간 검색**: 수집된 데이터에서 특정 종목을 빠르게 검색
- **부분 검색**: 종목명의 일부만 입력해도 검색 가능
- **검색 결과 표시**: 검색된 종목 수와 결과를 즉시 확인

📊 데이터 관리
  - **CSV 파일 저장**: 수집된 데이터를 CSV 형식으로 저장
  - **테이블 새로 고침**: 데이터를 다시 표시
  - **다중 페이지 크롤링**: 최대 20페이지까지 순차적으로 크롤링

설치 방법

1. 필요한 라이브러리 설치:
```bash
pip install -r requirements.txt
```

2. GUI 크롤러 실행:
'''bash
python kospi200_gui_crawler.py

사용 방법

1. 크롤링 시작
1. **크롤링할 페이지 수** 설정 (1-20페이지)
2. **"크롤링 시작"** 버튼 클릭
3. 진행 상황을 실시간으로 확인

2. 종목 검색
1. **종목명 입력창**에 검색할 종목명 입력 (예: "삼성전자")
2. **"검색"** 버튼 클릭 또는 Enter 키 입력
3. 검색 결과가 테이블에 표시됨

3. 데이터 저장
1. 크롤링 완료 후 **"CSV 저장"** 버튼 클릭
2. 저장할 위치와 파일명 선택
3. UTF-8 인코딩으로 한글이 깨지지 않게 저장

4. 기타 기능
- **"중지"** 버튼: 크롤링 중간에 중단
- **"테이블 새로 고침"** 버튼: 테이블 데이터 다시 표시
- **"종료"** 버튼: 프로그램 종료

화면 구성

상단 영역
- **종목 검색**: 종목명 입력창과 검색 버튼
- **크롤링 설정**: 페이지 수 설정과 크롤링 시작/중지 버튼

중앙 영역
- **진행 상황**: 크롤링 진행 상황과 로그 표시
- **데이터 테이블**: 수집된 종목 데이터를 표 형태로 표시
- **크롤링 로그**: 상세한 크롤링 과정 로그

하단 영역
- **데이터 관리 버튼**: CSV 저장, 테이블 새로 고침, 종료

수집되는 정보

- **종목명**: 주식 종목의 이름
- **현재가**: 현재 주가
- **전일비**: 전일 대비 등락폭 (상승/하락/보합)
- **등락률**: 전일 대비 등락률 (%)
- **거래량**: 일일 거래량
- **거래대금**: 일일 거래대금 (백만원 단위)
- **시가총액**: 시가총액 (억원 단위)

주의사항

- **서버 부하 방지**: 페이지 간 1초 딜레이 자동 적용
- **네트워크 연결**: 인터넷 연결이 필요합니다
- **한글 인코딩**: UTF-8로 저장되어 한글이 깨지지 않습니다
- **데이터 참고용**: 수집된 데이터는 참고용으로만 사용하세요

기술적 특징

- **멀티스레딩**: 크롤링 작업을 별도 스레드에서 실행하여 UI 응답성 보장
- **실시간 업데이트**: 진행 상황을 실시간으로 표시
- **오류 처리**: 네트워크 오류나 기타 예외 상황에 대한 적절한 처리
- **메모리 효율성**: 대용량 데이터 처리 시 메모리 사용량 최적화

문제 해결

GUI가 실행되지 않는 경우
1. PyQt5 설치 확인: `pip install PyQt5`
2. Python 버전 확인: Python 3.6 이상 필요

크롤링이 실패하는 경우
1. 인터넷 연결 확인
2. 네이버 금융 서버 상태 확인
3. 방화벽 설정 확인

데이터가 표시되지 않는 경우
1. 크롤링 완료 여부 확인
2. "테이블 새로 고침" 버튼 클릭
3. 로그 창에서 오류 메시지 확인

다양한 아이디어를 말을 해서, 채팅을 통해서 코딩을 하는 바이브 코딩의 시대입니다. ~~ 개발자가 봐도 놀라운 결과물들인데 일반인분들이 경험해 보시면 푹 빠질 수 있는 멋진 환경입니다. 약간의 비용이 들기는 하지만 20불 정도의 비용을 들여서 이런 프로젝트들을 빠른 시간 안에 마무리할 수 있습니다. 이런 세상이 올 것을 정말 상상도 못했습니다. ㅎㅎ

5.3 Cursor IDE로 데이터분석과 시각화 자동화하기

Cursor IDE를 사용하면 데이터 분석과 시각화 분야에서도 쉽게 응용해서 사용할 수 있습니다. 오른쪽의 채팅 창 상단의 "+" 버튼을 클릭해서 새로운 채팅을 시작합니다.

> 파이썬을 사용해서 작업하는데, 인터넷에서 타이타닉호 생존 데이터셋을 구해서 남성과 여성의 생존율을 구해서 바차트 형태로 그리는 코드를 생성해줘

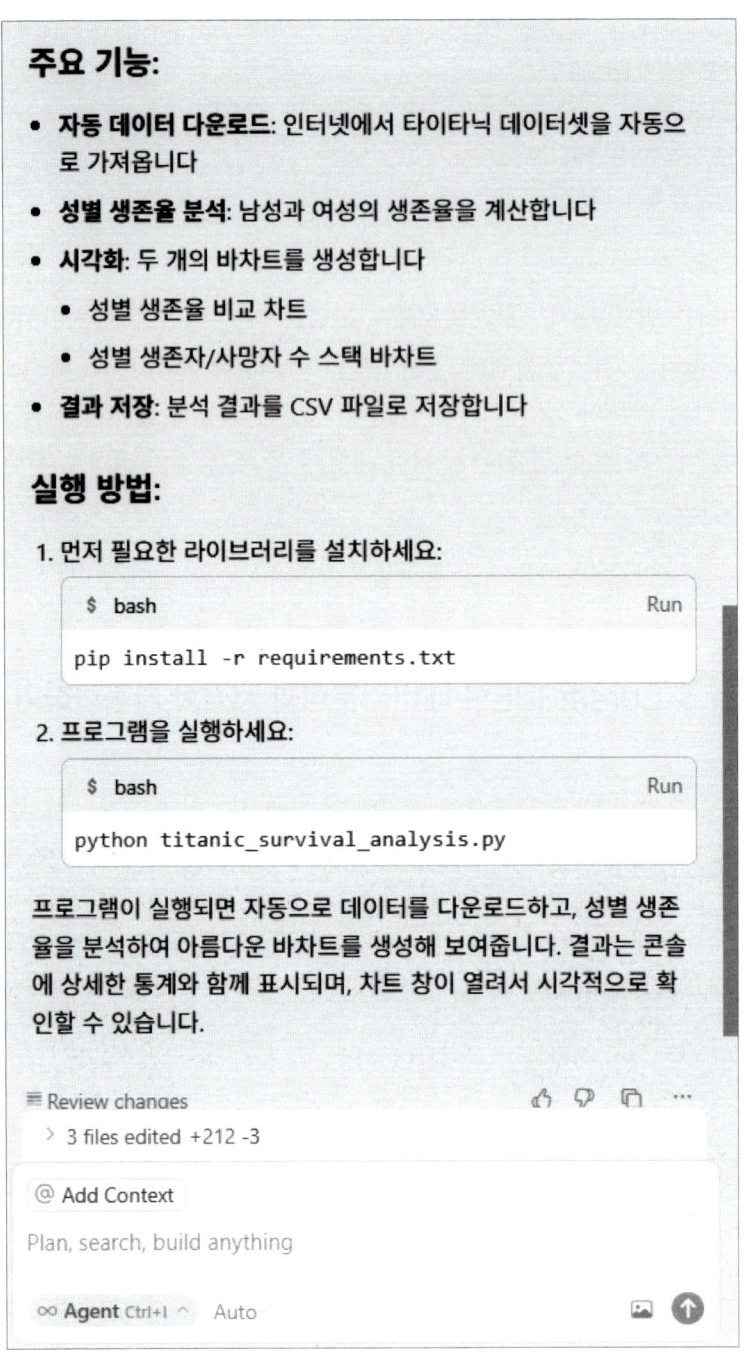

그림 5-46

필요한 라이브러리들을 설치해주고 코드가 생성됩니다. "Accept" 또는 "Accept all"을 클릭하면 됩니다. 그런데 잘 분석은 되어 있는데 한글이 깨져 있는 것을 알 수 있습니다.

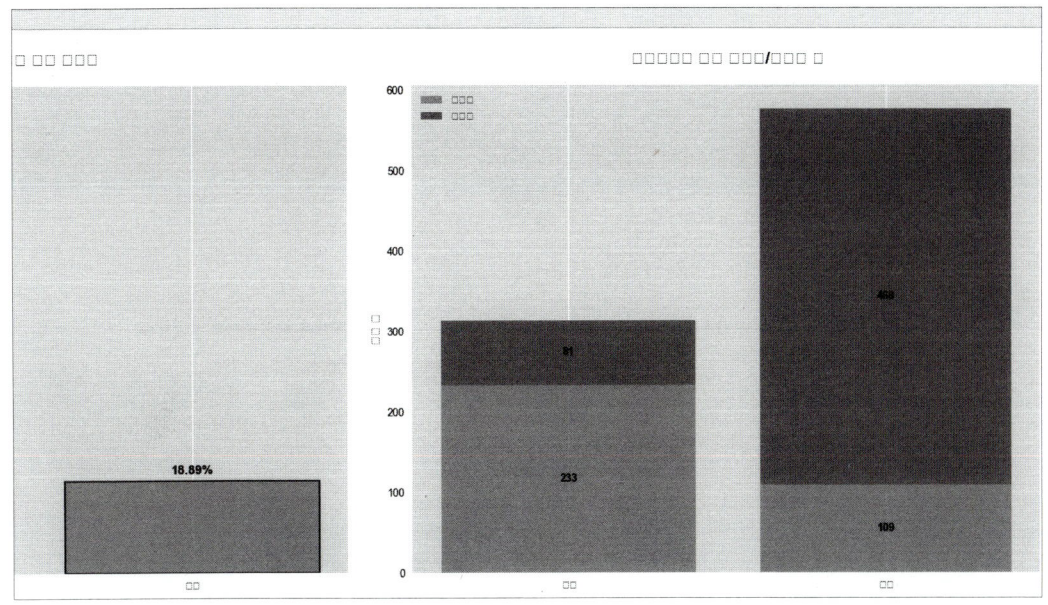

그림 5-47

아래와 같이 입력합니다.

한글이 깨지는 문제를 수정해줘

다시 한번 "Accept" 버튼을 클릭하고 실행해 봅니다. 여러 번 "Accpet"를 클릭해야 하는 경우도 있습니다. 차근 차근 클릭을 하다 보면 아래와 같이 수정된 코드를 실행해서 결과를 확인할 수 있습니다.

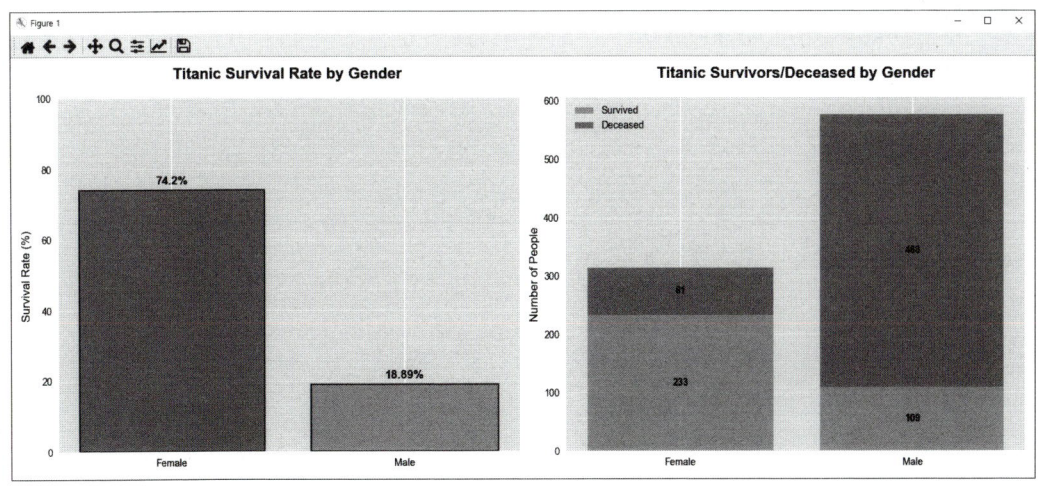

그림 5-48

한글 출력 문제를 해결하라고 했더니 전부 영어로 변경을 했습니다. ㅎㅎ LLM이 사용을 하다 보면 좀 고집이 있습니다. ㅋㅋ 아래와 같이 다시 프롬프트에 입력해 봅니다.

> 차트에 출력되는 내용들을 한글로 다시 변경해서 출력해줘

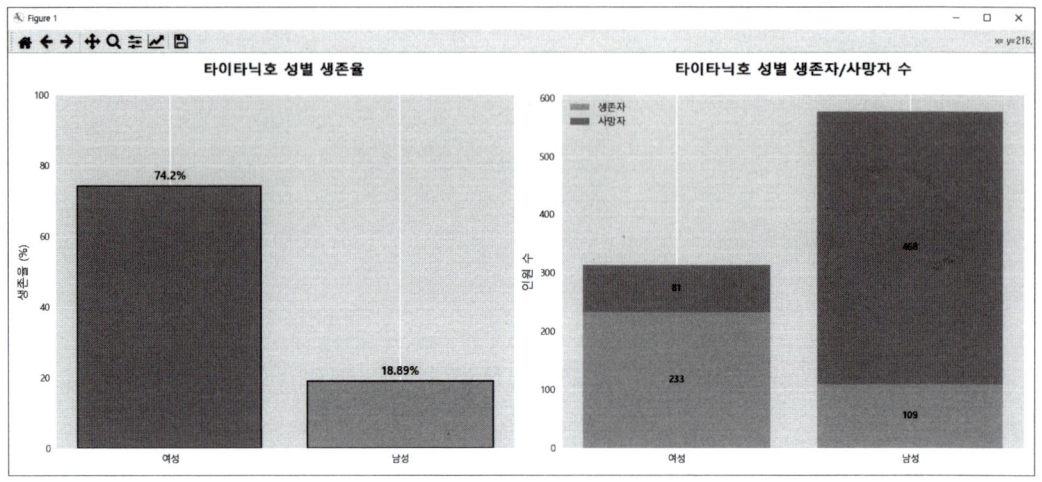

그림 5-49

한두 번 정도 계속 코드를 수정해 달라고 하면 결국 위와 같이 깔끔하게 결과가 나오는 것을 확인할 수 있습니다. 정말 LLM의 시대입니다. 바이브 코딩의 시대가 성큼 다가오고 있습니다.

이번에는 아래와 같이 KOSIS 사이트에 접속해서 실제 한국의 데이터를 받아 보겠습니다.

 https://kosis.kr/index/index.do

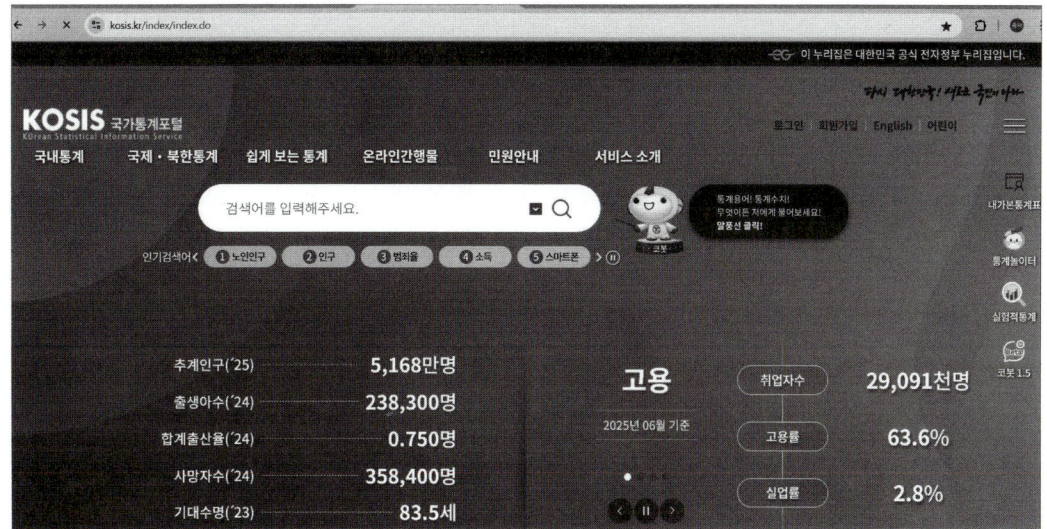

그림 5-50

검색창에 "출생아 수"를 검색하면 1970년부터 2024년까지의 출생아 수를 저장한 파일을 다운로드 받을 수 있습니다. "출생아 수, 합계출산율, 자연증가 등"라는 항목입니다.

그림 5-51

Chapter 5 커서 IDE를 사용해서 코드 생성하기 | 133

새로 오픈된 창의 상단에 있는 "시점"을 클릭해서 "전체 선택"를 클릭하면 1970년에서 2024년까지의 데이터를 선택해서 "적용"을 클릭합니다.

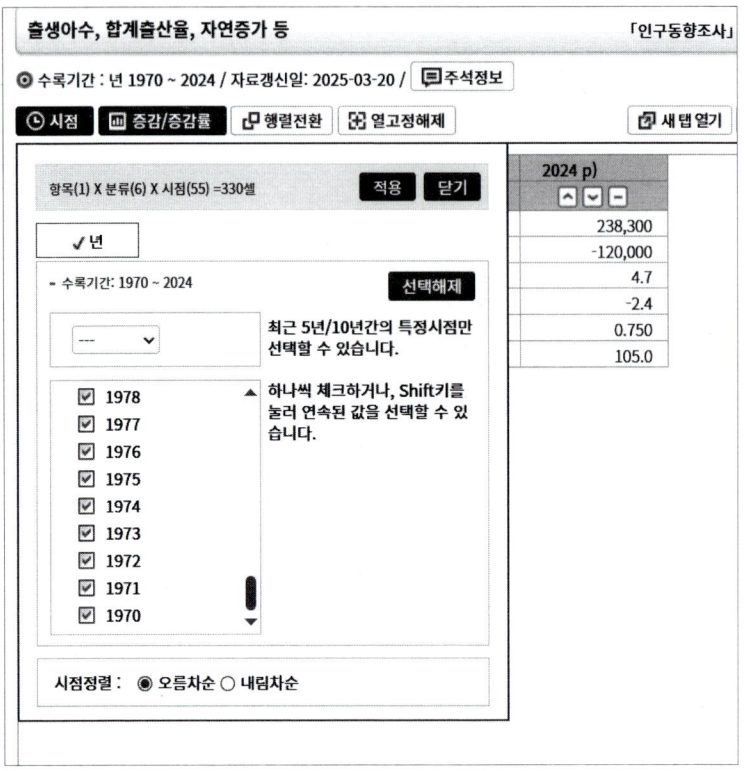

그림 5-52

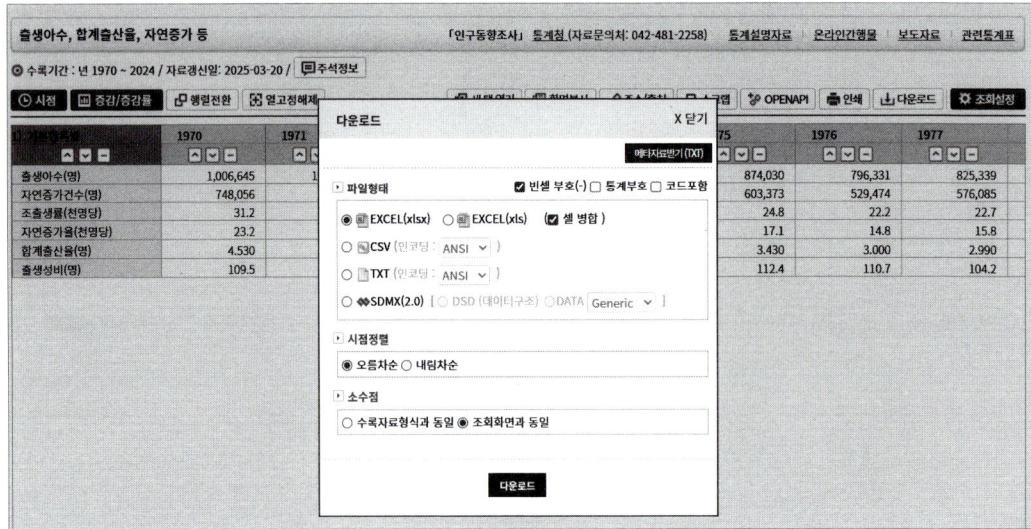

그림 5-53

기본적으로 엑셀 파일로 받을 수 있습니다. "오름차순"으로 되어 있고 "다운로드" 버튼을 클릭하면 됩니다. 혹시 파일을 받지 못했다면 책에서 제공하는 파일을 사용해도 됩니다.

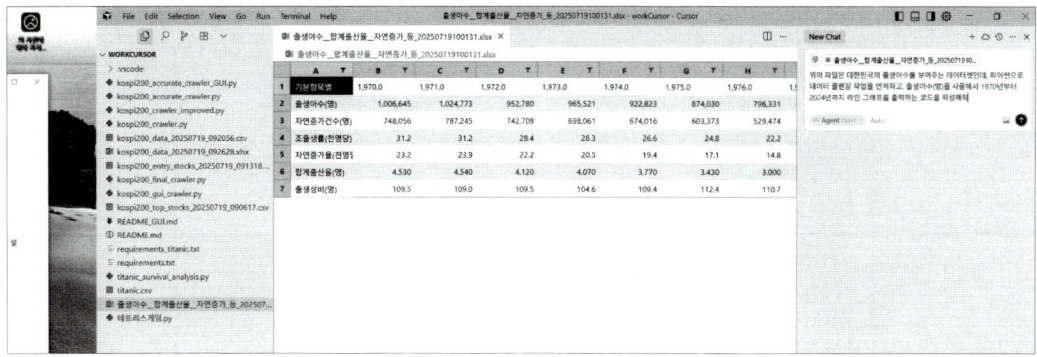

그림 5-54

Cursor IDE의 작업 폴더로 이 파일을 드래그 & 드롭합니다. 이렇게 복사된 파일을 사용해서 분석 작업을 합니다. 오른쪽의 채팅 창으로 파일을 드래그 & 드롭하면 @파일명과 같이 참조가 됩니다. 아래와 같이 입력합니다.

> 위의 파일은 대한민국의 출생아 수를 보여주는 데이터셋인데, 파이썬으로 데이터 클랜징 작업을 먼저하고, 출생아 수(명)을 사용해서 1970년부터 2024년까지 라인 그래프를 출력하는 코드를 작성해 줘

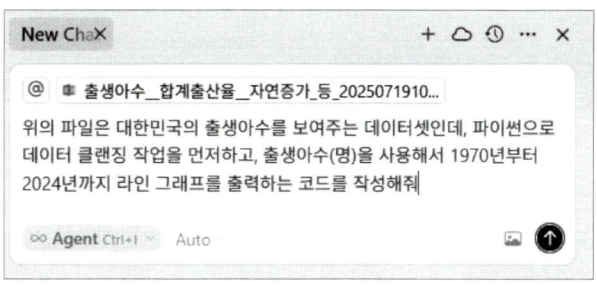

그림 5-55

계속해서 채팅 창에 출력되는 "Run" 버튼을 클릭해 보면 Pandas를 사용해서 데이터를 분석하고 시각화 하는 작업이 진행됩니다. 필요하면 "Accept" 버튼을 클릭하고 계속 "Run" 버튼을 클릭하면 Agent가 알아서 코딩 작업을 진행합니다. ㅎㅎ

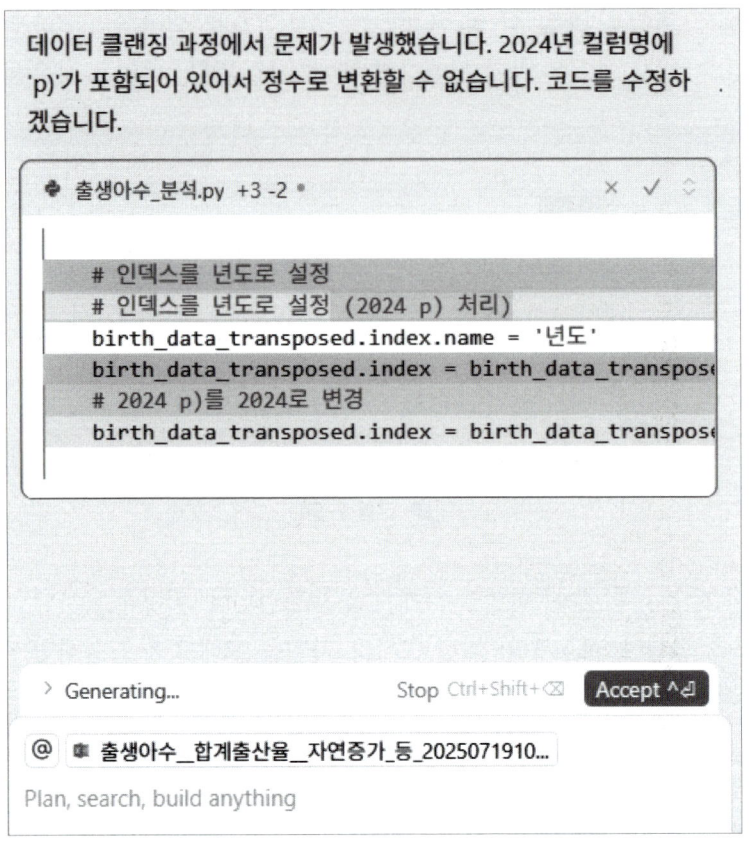

그림 5-56

컬럼명 관련 에러가 발생하면 아래와 같이 입력합니다.

경우에 따라서 약간씩 에러가 발생하면 다시 Agent가 코드를 수정하고 시도를 합니다.

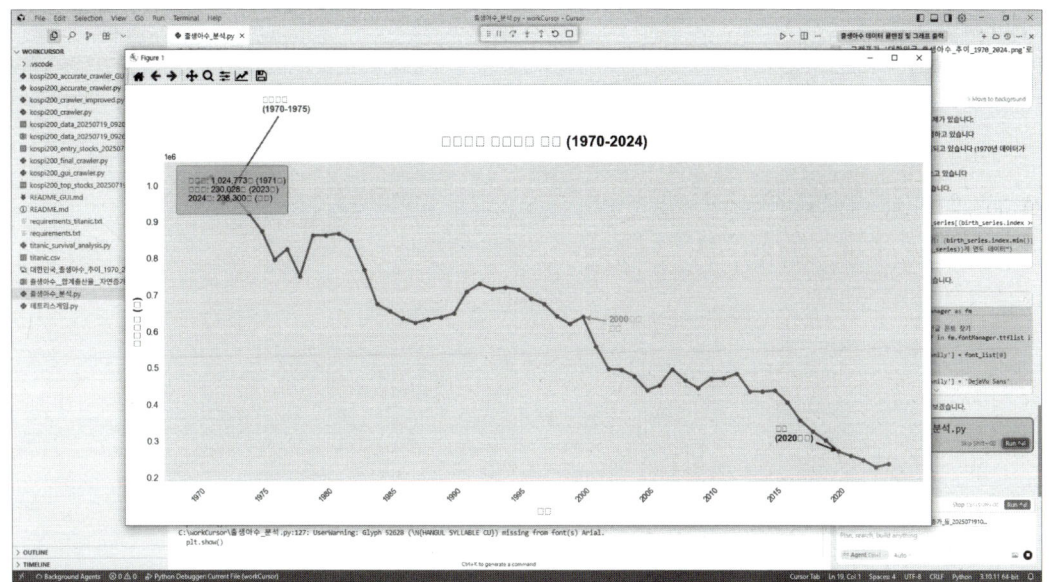

그림 5-57

분석이 완료되었는데 한글이 아직 깨져서 나옵니다. 마지막으로 한글 깨지는 문제를 해결해 달라고 합니다. 우리도 여러 번 경험을 하면서 요령이 생기고 있습니다. ㅎㅎ

> 한글이 깨지는데 윈도우에서 맑은 고딕을 사용해서 출력하는 형태로 코드를 변경해줘

"Accept file"을 클릭하고 여러 차례 시도를 하면 결국 한글문제까지 해결이 됩니다. 저는 수험생이 100만명인 시대를 살았는데, 최근에는 45만명까지 하락을 했고, 이제는 24만명이 한 해에 태어나고 있습니다. 인구 감소가 현실화되고 있습니다.

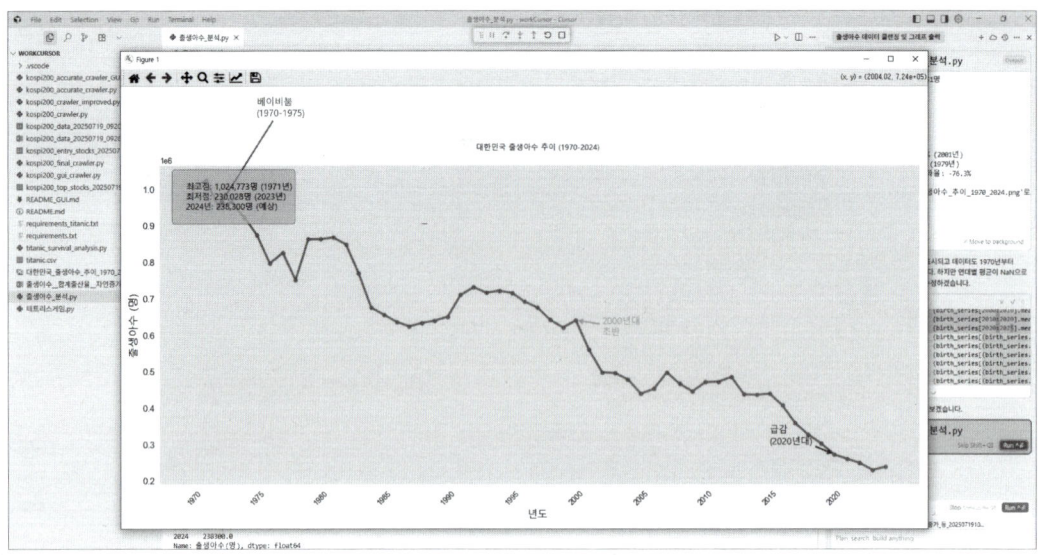

그림 5-58

전체 생성된 코드입니다.

 전체 코드

```python
import pandas as pd
import matplotlib.pyplot as plt
import numpy as np
import seaborn as sns
from matplotlib import font_manager, rc

# 한글 폰트 설정
import matplotlib.font_manager as fm
from matplotlib import rc

# 맑은고딕 폰트 설정
font_path = 'C:/Windows/Fonts/malgun.ttf'  # 맑은고딕 폰트 경로
font_prop = fm.FontProperties(fname=font_path)

# 전역 폰트 설정
rc('font', family=font_prop.get_name())
rc('axes', unicode_minus=False)
```

```python
def load_and_clean_birth_data():
    """
    출생아 수 데이터를 로드하고 클랜징하는 함수
    """
    # 데이터 로드
    df = pd.read_excel('출생아 수__합계출산율__자연증가_등_20250719100131.xlsx')

    print("원본 데이터 형태:", df.shape)
    print("원본 데이터 미리보기:")
    print(df.head())

    # 출생아 수(명) 행만 추출
    birth_data = df[df['기본항목별'] == '출생아 수(명)'].copy()

    if birth_data.empty:
        print("출생아 수 데이터를 찾을 수 없습니다.")
        return None

    # 데이터 전치 (년도가 컬럼이 되도록)
    birth_data_transposed = birth_data.T

    # 첫 번째 행을 컬럼명으로 설정
    birth_data_transposed.columns = birth_data_transposed.iloc[0]
    birth_data_transposed = birth_data_transposed.iloc[1:]

    # 인덱스를 년도로 설정 (2024 p) 처리)
    birth_data_transposed.index.name = '년도'
    # 2024 p)를 2024로 변경
    birth_data_transposed.index = birth_data_transposed.index.str.replace(' p)', '').astype(int)

    # 출생아 수(명) 컬럼만 선택
    birth_series = birth_data_transposed['출생아 수(명)'].astype(float)

    # 1970년부터 2024년까지 필터링
    birth_series = birth_series[(birth_series.index >= 1970) & (birth_series.index <= 2024)]
```

```python
        print(f"전체 데이터 범위: {birth_series.index.min()}년 ~ {birth_series.index.max()}년")
        print(f"총 {len(birth_series)}개 연도 데이터")

        print("\n클랜징된 데이터:")
        print(birth_series.head())
        print(birth_series.tail())

        return birth_series

def create_birth_rate_line_plot(birth_series):
    """
    출생아 수 라인 그래프를 생성하는 함수
    """
    plt.figure(figsize=(15, 8))

    # 그래프 스타일 설정
    plt.style.use('seaborn-v0_8')

    # 맑은고딕 폰트 설정
    font_path = 'C:/Windows/Fonts/malgun.ttf'
    font_prop = fm.FontProperties(fname=font_path)

    # 라인 그래프 그리기
    plt.plot(birth_series.index, birth_series.values,
             marker='o', linewidth=3, markersize=6,
             color='#2E86AB', alpha=0.8)

    # 그래프 꾸미기
    plt.title('대한민국 출생아 수 추이 (1970-2024)',
              fontsize=20, fontweight='bold', pad=20, fontproperties=font_prop)
    plt.xlabel('년도', fontsize=14, fontweight='bold', fontproperties=font_prop)
    plt.ylabel('출생아 수 (명)', fontsize=14, fontweight='bold', fontproperties=font_prop)

    # 격자 설정
    plt.grid(True, alpha=0.3, linestyle='--')
```

```python
# x축 눈금 설정 (5년마다)
plt.xticks(range(1970, 2025, 5), rotation=45)

# y축 눈금 설정
plt.yticks(fontsize=12)

# 주요 시점 표시
# 1970년대 베이비붐
plt.annotate('베이비붐\n(1970-1975)',
            xy=(1972, birth_series[1972]),
            xytext=(1975, 1200000),
            arrowprops=dict(arrowstyle='->', color='red', lw=2),
                fontsize=12, fontweight='bold', color='red',
fontproperties=font_prop)

# 2000년대 초반
plt.annotate('2000년대\n초반',
            xy=(2000, birth_series[2000]),
            xytext=(2002, 600000),
            arrowprops=dict(arrowstyle='->', color='orange', lw=2),
                fontsize=12, fontweight='bold', color='orange',
fontproperties=font_prop)

# 2020년대 급감
plt.annotate('급감\n(2020년대)',
            xy=(2020, birth_series[2020]),
            xytext=(2015, 300000),
            arrowprops=dict(arrowstyle='->', color='darkred', lw=2),
                fontsize=12, fontweight='bold', color='darkred',
fontproperties=font_prop)

# 통계 정보 추가
stats_text = f"""
최고점: {birth_series.max():,.0f}명 ({birth_series.idxmax()}년)
최저점: {birth_series.min():,.0f}명 ({birth_series.idxmin()}년)
2024년: {birth_series[2024]:,.0f}명 (예상)
"""
plt.text(0.02, 0.98, stats_text, transform=plt.gca().transAxes,
            fontsize=11, verticalalignment='top', fontproperties=font_prop,
            bbox=dict(boxstyle='round', facecolor='lightblue', alpha=0.8))
```

```python
    plt.tight_layout()
    plt.show()
    
    return plt

def create_detailed_analysis(birth_series):
    """
    상세 분석 및 추가 시각화
    """
    print("\n=== 출생아 수 상세 분석 ===")
    print(f"전체 기간 평균: {birth_series.mean():,.0f}명")
    print(f"1970년대 평균: {birth_series[(birth_series.index >= 1970) & (birth_series.index < 1980)].mean():,.0f}명")
    print(f"1980년대 평균: {birth_series[(birth_series.index >= 1980) & (birth_series.index < 1990)].mean():,.0f}명")
    print(f"1990년대 평균: {birth_series[(birth_series.index >= 1990) & (birth_series.index < 2000)].mean():,.0f}명")
    print(f"2000년대 평균: {birth_series[(birth_series.index >= 2000) & (birth_series.index < 2010)].mean():,.0f}명")
    print(f"2010년대 평균: {birth_series[(birth_series.index >= 2010) & (birth_series.index < 2020)].mean():,.0f}명")
    print(f"2020년대 평균: {birth_series[(birth_series.index >= 2020) & (birth_series.index <= 2024)].mean():,.0f}명")
    
    # 변화율 계산
    annual_change = birth_series.pct_change() * 100
    
    # 가장 큰 감소율
    max_decrease = annual_change.min()
    max_decrease_year = annual_change.idxmin()
    print(f"\n가장 큰 감소율: {max_decrease:.1f}% ({max_decrease_year}년)")
    
    # 가장 큰 증가율
    max_increase = annual_change.max()
    max_increase_year = annual_change.idxmax()
    print(f"가장 큰 증가율: {max_increase:.1f}% ({max_increase_year}년)")
```

```python
    # 2024년 대비 1970년 변화율
    change_1970_to_2024 = ((birth_series[2024] - birth_series[1970]) /
birth_series[1970]) * 100
    print(f"1970년 대비 2024년 변화율: {change_1970_to_2024:.1f}%")

def main():
    """
    메인 실행 함수
    """
    print("대한민국 출생아 수 데이터 분석을 시작합니다...")

    # 데이터 로드 및 클랜징
    birth_series = load_and_clean_birth_data()

    if birth_series is None:
        print("데이터 로드에 실패했습니다.")
        return

    # 라인 그래프 생성
    plt = create_birth_rate_line_plot(birth_series)

    # 상세 분석
    create_detailed_analysis(birth_series)

    # 그래프 저장
    plt.savefig('대한민국_출생아 수_추이_1970_2024.png',
                dpi=300, bbox_inches='tight', facecolor='white')
    print("\n그래프가 '대한민국_출생아 수_추이_1970_2024.png'로 저장되었습니다.")

    print("\n분석이 완료되었습니다!")

if __name__ == "__main__":
    main()
```

5.4 Cursor IDE로 제비우스 게임과 같은 슈팅 게임 만들기

저는 중고등학교 시절 오락실을 참 많이도 다녔습니다. 한판에 50원 하던 오락실의 추억이 있어서 "제비우스"와 같은 종 스크롤 게임을 한번 만들어보겠습니다. 가끔씩 방문하는 청량리 경동시장에는 한판에 100원을 받는 오락실이 새로 오픈되기도 했습니다. 추억의 레트로 게임들입니다.

> 제비우스와 같은 종 스크롤 게임을 작성해줘. html5, css3, javascript를 사용해서 작성해줘

혹시 파일이 추가가 안되면 파일을 추가해 달라고 하면 됩니다.

> 파일로 추가해줘

Index.html, style.css, game.js 이렇게 3개의 파일로 게임 코드가 생성이 됩니다.

README.md 파일이 아래와 같이 생성되었습니다.

제비우스 스타일 종 스크롤 게임

HTML5, CSS3, JavaScript로 제작된 클래식 종 스크롤 슈팅 게임입니다.

🎮 게임 특징

- **클래식 종 스크롤**: 위에서 아래로 내려오는 적들을 물리치는 슈팅 게임
- **시각적 효과**: 네온 글로우 효과와 폭발 애니메이션
- **점진적 난이도**: 점수에 따라 레벨이 올라가며 적의 속도와 스폰률 증가
- **반응형 디자인**: 다양한 화면 크기에 대응

🎯 게임 목표

- 적들을 총알로 물리쳐서 점수를 획득
- 생명을 잃지 않고 최대한 오래 생존
- 높은 점수 기록 달성

🕹 조작법

- **← →**: 플레이어 좌우 이동
- **스페이스바**: 총알 발사
- **P**: 게임 일시정지/재개

🚀 실행 방법

1. 모든 파일을 같은 디렉토리에 저장
2. `index.html` 파일을 웹 브라우저에서 열기
3. "게임 시작" 버튼 클릭하여 플레이

📁 파일 구조

```
├── index.html      # 메인 HTML 파일
├── style.css       # 게임 스타일시트
├── game.js         # 게임 로직 JavaScript
└── README.md       # 이 파일
```

🎨 기술 스택

- **HTML5**: 게임 구조 및 캔버스 요소
- **CSS3**: 스타일링 및 애니메이션 효과
- **JavaScript**: 게임 로직 및 캔버스 렌더링

🎯 게임 시스템

플레이어
- 하단에서 좌우로 이동
- 스페이스바로 총알 발사
- 3개의 생명

적
- 상단에서 랜덤하게 스폰
- 다양한 색상과 속도
- 플레이어와 충돌 시 생명 감소

점수 시스템

- 적 처치: 100점
- 1000점마다 레벨 업
- 레벨 업 시 적 속도와 스폰률 증가

시각적 효과

- 네온 글로우 효과
- 폭발 애니메이션
- 움직이는 배경 별들
- 반응형 UI

🎮 게임 상태

- **메뉴**: 게임 시작 전 상태
- **플레이**: 게임 진행 중
- **일시정지**: P키로 일시정지
- **게임오버**: 생명이 0이 되었을 때

🔧 커스터마이징

게임의 난이도나 시각적 효과를 조정하려면 `game.js` 파일의 다음 변수들을 수정하세요:

- `this.enemySpeed`: 적의 기본 속도
- `this.enemySpawnRate`: 적 스폰 빈도
- `this.bulletSpeed`: 총알 속도
- `this.player.speed`: 플레이어 이동 속도

🖥 브라우저 호환성

- Chrome (권장)
- Firefox
- Safari
- Edge

🎵 향후 개선 사항

- [ ] 사운드 효과 추가
- [ ] 파워업 아이템 시스템
- [ ] 보스 적 추가
- [ ] 하이스코어 저장 기능
- [ ] 다양한 무기 시스템
- [ ] 배경 음악 추가

- **즐거운 게임 되세요! 🚀**

웹페이지를 Cursor IDE 내부에서 실행하기 위해서 Extension(왼쪽 상단에 있는 4번째 버튼)에서 "live server"를 입력해서 설치합니다. 앞에서 설치를 하신 분들은 넘어가도 됩니다.

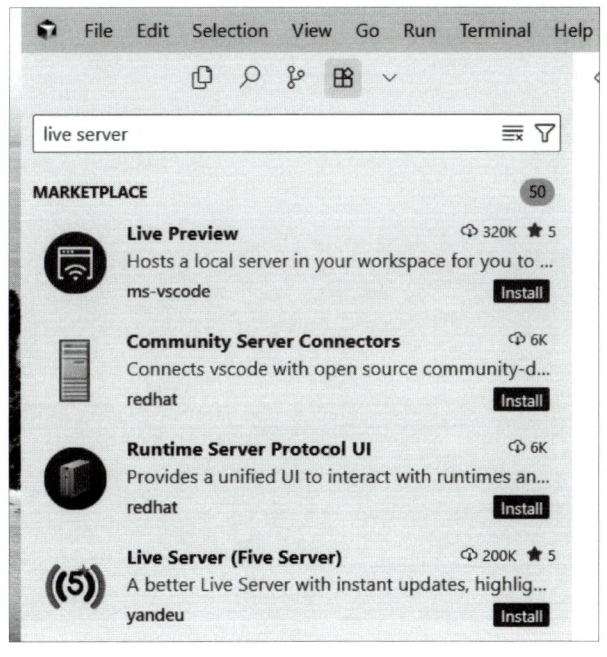

그림 5-59

게임이 생성된 "index.html" 파일을 선택하고 마우스 오른쪽 버튼을 클릭해서 "Open with Five Server"를 클릭해서 웹페이지를 실행합니다.

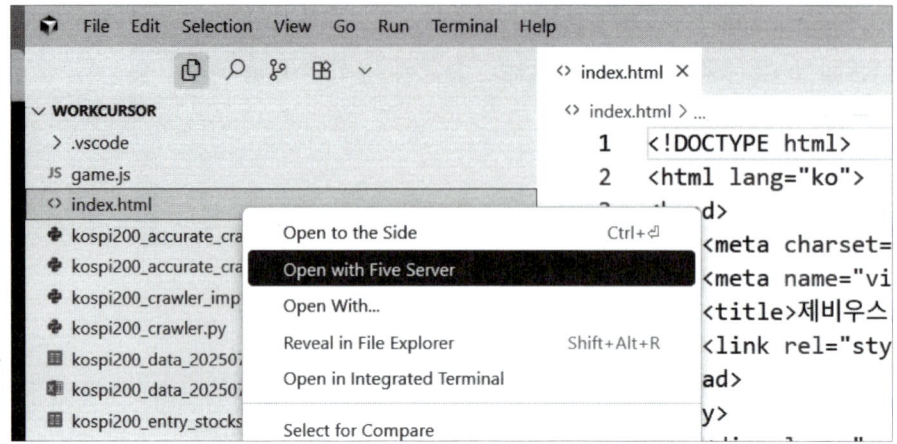

그림 5-60

아직은 좀 썰렁한 제비우스 비슷한 게임이 실행됩니다. ㅋㅋ

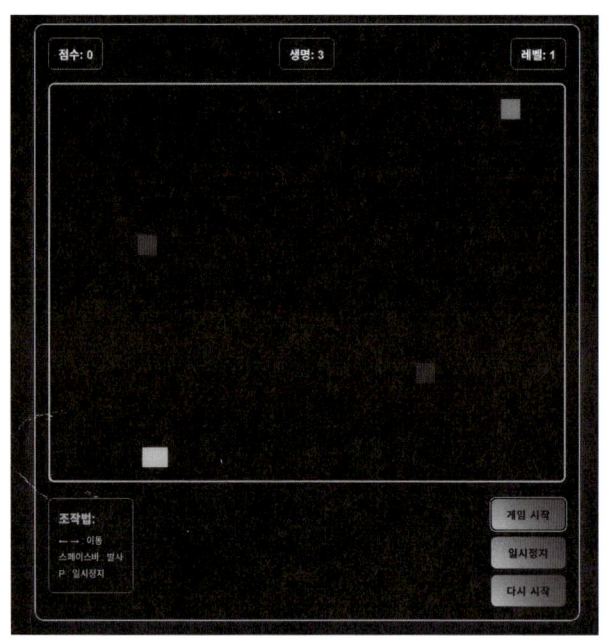

그림 5-61

내가 조정하는 우주선의 모양과 적의 우주선의 모양을 변경해 달라고 채팅 창에 입력합니다.

> 아래의 사각형을 멋진 우주선 모양으로 변경해주고, 적의 우주선도 다양한 모양으로 변경해줘

"Accept" 버튼을 클릭하고 다시 "index.html" 페이지를 실행해 봅니다.

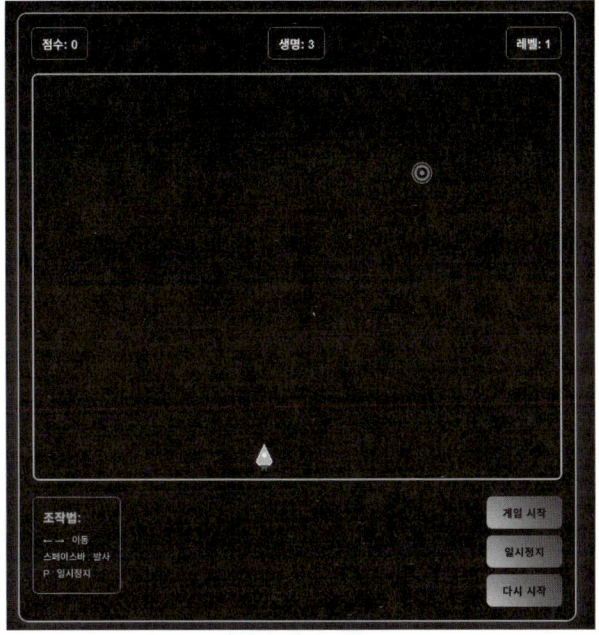

그림 5-62

아직도 약간의 문제점들이 있어서 다시 수정해 달라고 요청을 했습니다.

> 게임의 속도가 느려졌다가 빨라졌다가 하는데 일정한 속도로 게임을 할 수 있도록 수정해줘. 상단에서 아이템(무기류)가 떨어진 것을 먹으면 내 우주선의 무기가 업그레이드되도록 변경해줘

다시 "Accept" 버튼을 몇 번 클릭을 하고 생성된 코드를 실행해 봅니다. 코드 생성에 좀 시간이 걸립니다. 느긋하게 커피 한잔하면서 대기하면 됩니다. 자동 코딩의 위력이 대단합니다. ~~ 혹시 작업을 하다가 중간에 꼬이면 채팅 창을 닫고 다시 처음부터 시작해도 됩니다. 저도 간혹 이런 경험이 있습니다.

"index.html" 파일을 선택하고 마우스 오른쪽 버튼을 클릭해서 "Open with Five Server"를 클릭해서 웹페이지를 실행합니다.

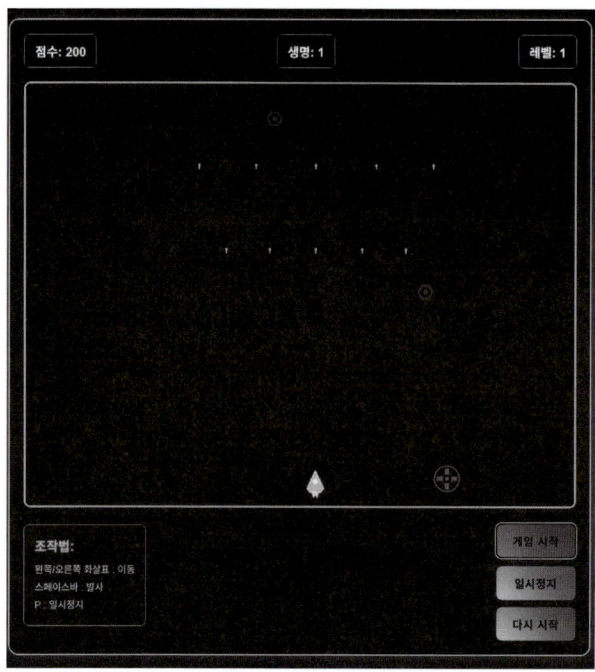

🎨 그림 5-63

아직은 게임이 약간은 심심해서 음향 효과를 추가해 달라고 부탁을 해 보았습니다.

> 음향 효과도 추가해서 게임이 좀 더 재미있게 진행될 수 있도록 수정해줘

이제 사운드까지 멋지게 나오는 뿅뿅 오락실 게임이 완성되었습니다. 저는 아이디어가 없는데 독자 여러분들의 아이디어를 추가해서 게임을 한번 완성해 보세요. 책에 최종 코드를 추가했습니다.

이번에는 닌텐도의 마리오 게임과 비슷한 게임을 한번 만들어 보겠습니다. 역시 비슷한 프롬프트를 채팅 창에 입력하면 됩니다.

> 이번에는 닌텐도의 게임인 마리오 게임과 비슷한 게임을 작성해줘.
> HTML5, CSS3, Javascript 기반으로 Nintendo라는 폴더를 만들어서
> readme.md 파일을 만들고, 이 폴더에 생성된 코드들을 전부 저장해줘

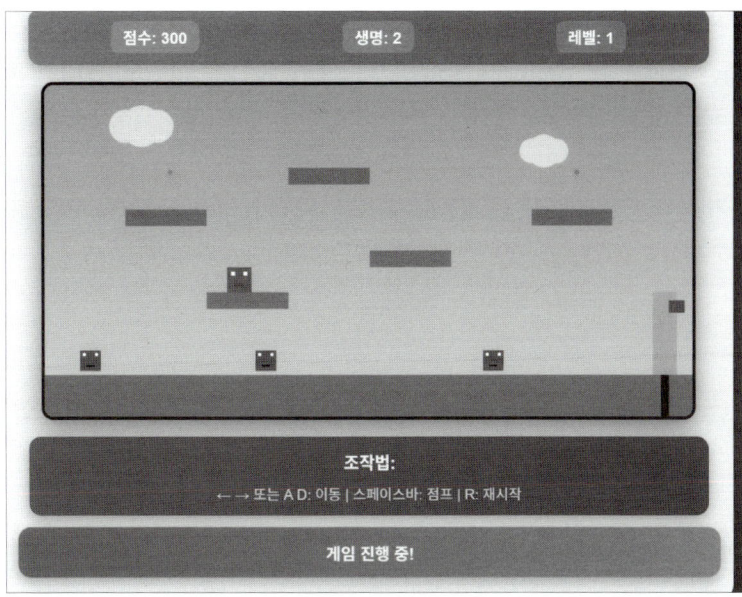

그림 5-64

주인공인 마리오를 좀 더 사람 모양에 가깝게 변경해 주고, 적들도 캐릭터를 좀 더 다듬어줘. 음향 효과도 추가해줘

그림 5-65

다시 생성된 "Nintendo" 폴더의 "index.html" 파일을 마우스 오른쪽 버튼으로 클릭해서 "Open with Five Server"를 클릭해서 웹브라우저에서 게임을 실행해 봅니다. 마지막으로 횡 스크롤이 되도록 수정해 봅니다.

> 아직 음향 효과가 적용이 안되고 있는데 게임을 재미있게 할 음향 효과를 추가해 주고, 횡으로 스크롤 되면서 게임이 진행되도록 변경해줘

그림 5-66

몇 번의 "Accept" 버튼을 클릭하면 코드가 완성이 됩니다. 직접 코드를 입력하지 않고, 바이브 코딩을 통해서 완성되었습니다. ~~ 월에 20불 정도만 지불한다면 누구나 개발자를 할 수 있는 시대입니다. AI의 시대가 성큼 다가온 것을 알 수 있습니다. 내년에는 또 어떤 모습으로 진화할지 기대됩니다.

README.md 파일이 아래와 같이 생성되었습니다.

Nintendo Mario Style Game

닌텐도 스타일의 마리오 플랫폼 게임입니다. HTML5, CSS3, JavaScript를 사용하여 구현되었습니다.

게임 특징

- **플랫폼 점프**: 스페이스바를 눌러 점프할 수 있습니다
- **좌우 이동**: 화살표 키나 WASD 키로 캐릭터를 이동할 수 있습니다
- **코인 수집**: 게임 중 코인을 수집하여 점수를 얻을 수 있습니다
- **적 회피**: 빨간 적들을 피해서 생명을 유지해야 합니다
- **레벨 진행**: 오른쪽으로 이동하여 레벨을 완료할 수 있습니다

조작법

- **이동**: ← → 키 또는 Ａ Ｄ 키
- **점프**: 스페이스바
- **게임 재시작**: R 키

게임 요소

- **플레이어**: 파란색 사각형 (마리오)
- **플랫폼**: 회색 블록들
- **코인**: 노란색 원형
- **적**: 빨간색 사각형들
- **배경**: 하늘색 배경

파일 구조

```
Nintendo/
├── README.md
├── index.html
├── style.css
└── game.js
```

실행 방법

1. `index.html` 파일을 웹 브라우저에서 열어주세요
2. 게임이 자동으로 시작됩니다
3. 조작법에 따라 게임을 즐겨보세요!

기술 스택

- HTML5 Canvas
- CSS3 애니메이션
- JavaScript ES6+
- 게임 루프 및 물리 엔진

개발자

이 게임은 HTML5 Canvas API를 사용하여 개발되었으며, 닌텐도의 클래식 마리오 게임에서 영감을 받았습니다.

5.5 Cursor IDE로 K-drama를 홍보하는 웹사이트를 만들기

요즘 한국의 위상은 대단합니다. K-drama, K-food, K-movie 등이 엄청난 인기를 끌고 있습니다. 저는 대학 동기들이 다양한 나라로 이민을 간 친구들이 많습니다. 이탈리아 로마에 있는 친구는 이런 이야기를 들려주었습니다. 식당에 가면 자연스럽게 K-pop이 흘러나오고, 한국어를 가르치는 반이 엄청난 인기가 있다고 합니다. 실제로 로마에서 한국어를 가르치고 있습니다. 호주에 이민간 친구는 호주도 비슷한 상황이라고 합니다.

이번에는 넷플릭스 웹사이트에서 사진을 하나 캡쳐를 해서 비슷하게 만들어달라고 해도 됩니다.

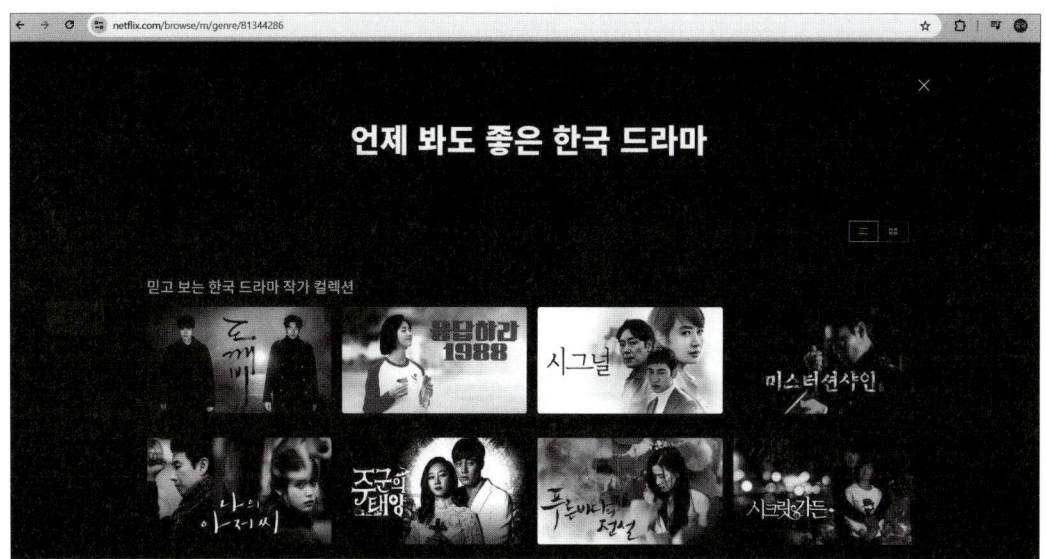

그림 5-67

이번에는 K-drama를 홍보할 수 있는 웹사이트를 빠르게 만들어 보려고 합니다. 아래와 같이 넷플릭스에서 한국 드라마가 있는 페이지를 "한국드라마.png"로 저장했습니다.

이 파일을 드래그 & 드롭해서 Cursor IDE의 왼쪽에 있는 작업 폴더에 추가합니다. 이 파일을 오픈한 상태에서 아래와 같이 입력합니다. 특정 파일을 참조하도록 할 때는 @파일명과 같이 지정하면 됩니다.

> 한국의 K-drama를 홍보할 수 있는 웹사이트를 만들어줘. 캡쳐 한 이미지를 참고로 해서 만들어줘.
> K-drama 폴더를 새로 생성해서 여기에 README.md 파일과 생성된 코드들을 전부 저장해줘

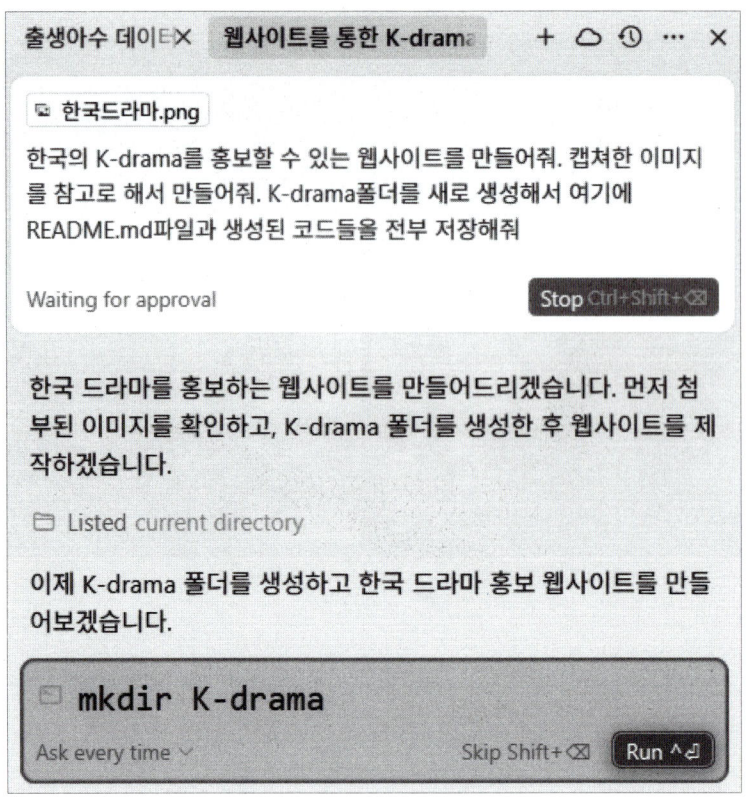

그림 5-68

별도로 폴더를 K-drama라고 만들고 여기에 파일들을 저장하면 됩니다. K-drama 폴더에 생성된 "index.html" 페이지를 실행합니다.

그림 5-69

아직 다듬어야 할 내용들이 많습니다. tailwind.css를 사용해서 파스텔 톤으로 변경하고 반응형 웹페이지로 만들어봅니다.

> tailwind.css를 사용해서 파스텔 톤으로 변경해주고, 반응형 웹페이지로 만들어서 PC, 태블릿, 모바일에서도 접속할 수 있도록 수정해줘.

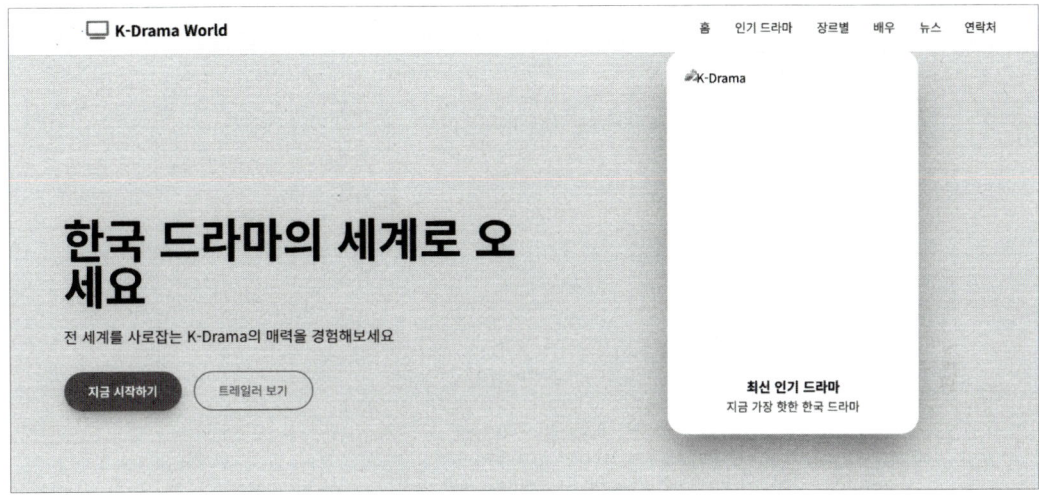

그림 5-70

좀 더 미려하게 파스텔 톤으로 웹 페이지가 변경되었고, 웹브라우저를 작게 만들면 상단에 햄버거 버튼이 있는 반응형 페이지로 변경된 것을 확인할 수 있습니다.

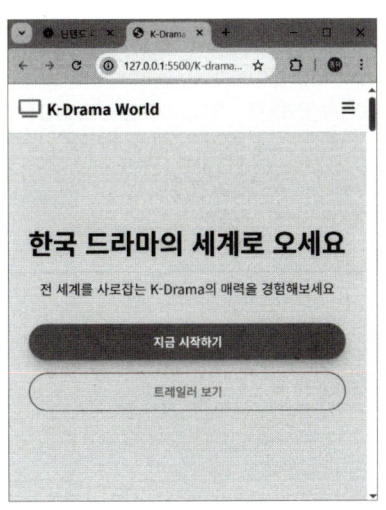

그림 5-71

아래와 같이 각 메뉴들을 구현하도록 한 번 더 채팅 창에 입력합니다.

> 상단에 있는 홈, 인기 드라마, 장르별, 배우, 뉴스, 연락처 페이지를 생성해줘.

Cursor IDE를 계속 사용하면 코드의 생성 속도가 많이 느려질 수 있습니다. 일단 대기하고 있으면 꾸준하게 만듭니다. 무료 버전의 경우 생성하는 기간과 횟수가 제한되어 있기도 합니다. 생산성이 높아진다면 충분이 한달에 20불 정도 결제해서 사용해도 됩니다.

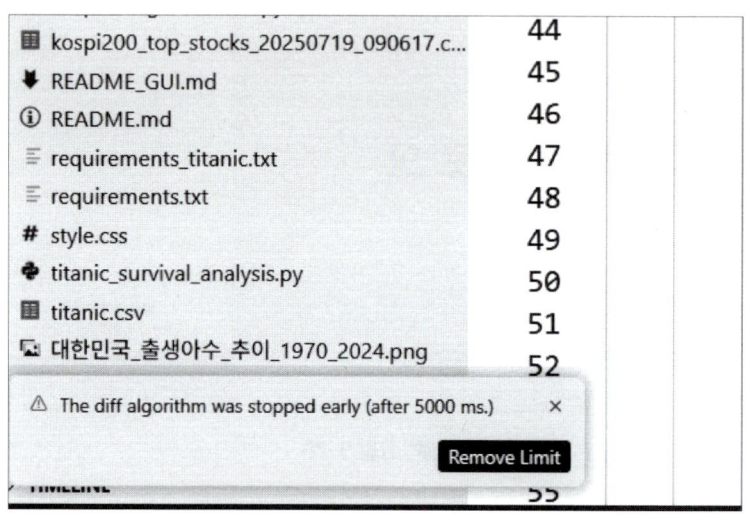

그림 5-72

이렇게 코드를 많이 생성하다 보면 리밋(제한)에 걸리는 경우가 생깁니다. 잠시 기다렸다가 다시 진행하면 됩니다. ㅎㅎ 저도 200불 요금제를 사용하고 있지 않기 때문에 많이 생성하는 경우 자주 리밋(제한)이 발생하고 있습니다. 계속 사용하다 보면 요령이 생깁니다. 사실 코딩을 시켜보니 월에 200불을 지불해도 전혀 아깝지 않을 것 같습니다. 이렇게 책을 집필하고 코딩을 시키는 외주 인력이라고 생각하면 매우 저렴한 비용으로 레버리지를 하고 있다고 생각합니다.

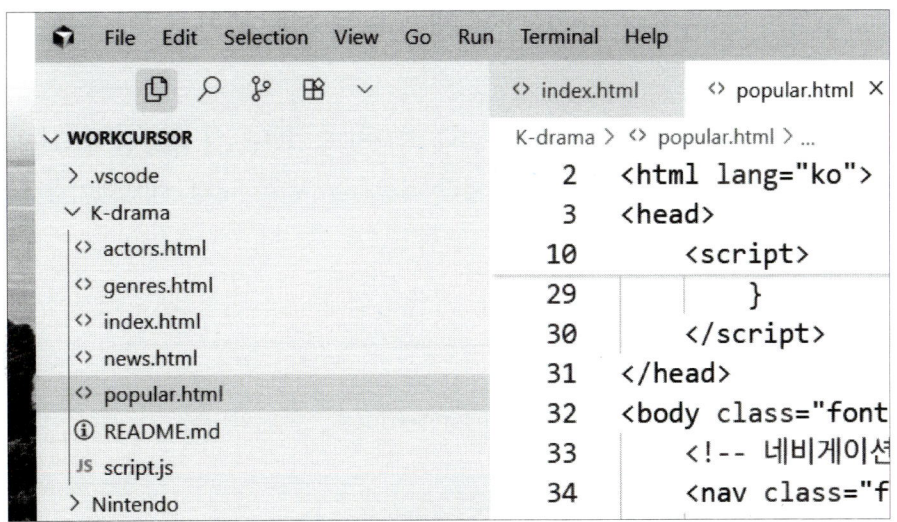

그림 5-73

Cursor IDE의 왼쪽 작업 폴더를 보면 K-drama라는 폴더에 actors.html, genres.html, news.html, popular.html 등의 페이지가 계속 추가되는 것을 확인할 수 있습니다.

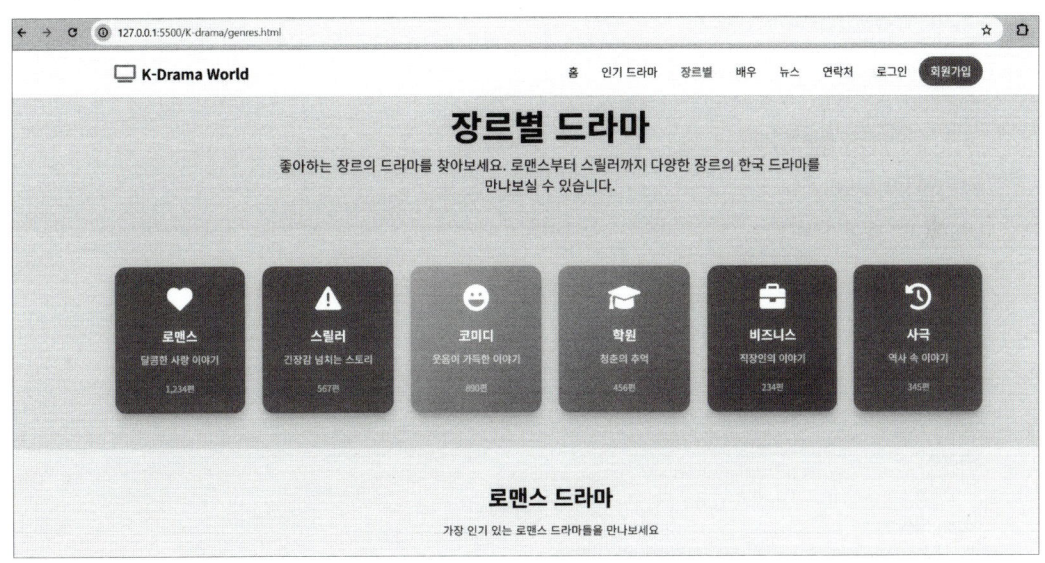

그림 5-74

기능을 추가하는 것도 됩니다. 처음에는 디자인만 해줘! 이렇게 부탁을 하고 단계별로 기능을 추가하는 것도 상당히 좋습니다. 처음부터 디테일 하게 스펙을 나열해도 좋지만, 우리는 아직 초보자이기 때문에 이렇게 단계별로 접근하는 방법이 유리합니다.

5.6 Cursor IDE에 rule을 셋팅하기

우리는 앞에서 작업을 하면서 매번 프롬프트에 상세하게 입력을 한 내용들이 있습니다. 매번 이렇게 입력하는 것은 귀찮기 때문에 미리 저장을 해두고, 코딩 컨벤션(이름 규칙이나 약속)과 디자인 규칙에 대한 것을 적용하도록 하면 편리합니다.

이 부분이 바로 rule을 추가하는 것입니다. 버전이 업데이트되면서 최근 버전에서는 아래와 같이 추가 메뉴에서 바로 rule 파일들을 생성할 수 있습니다.

Cursor IDE에서 File → Preferences → Cursor Settings를 클릭합니다.

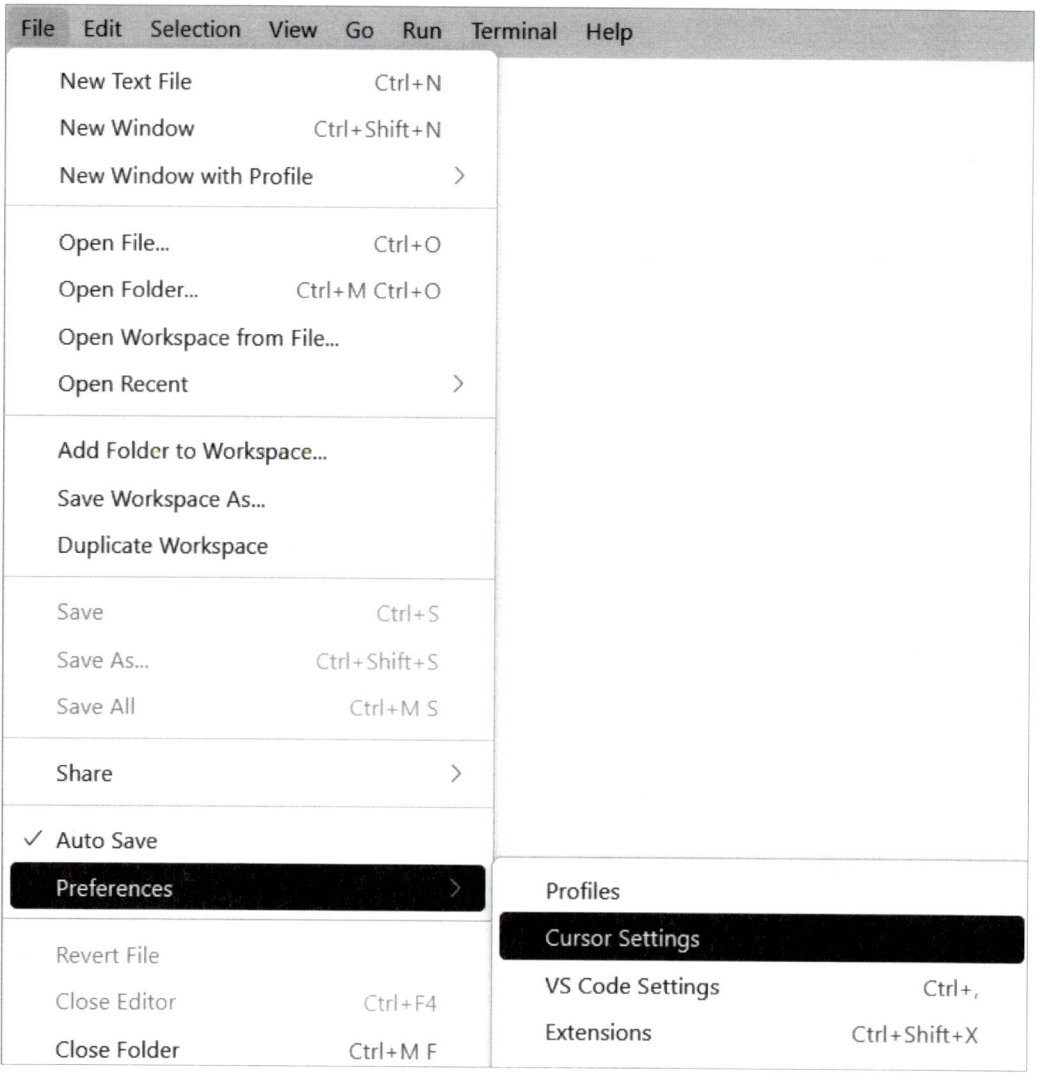

그림 5-75

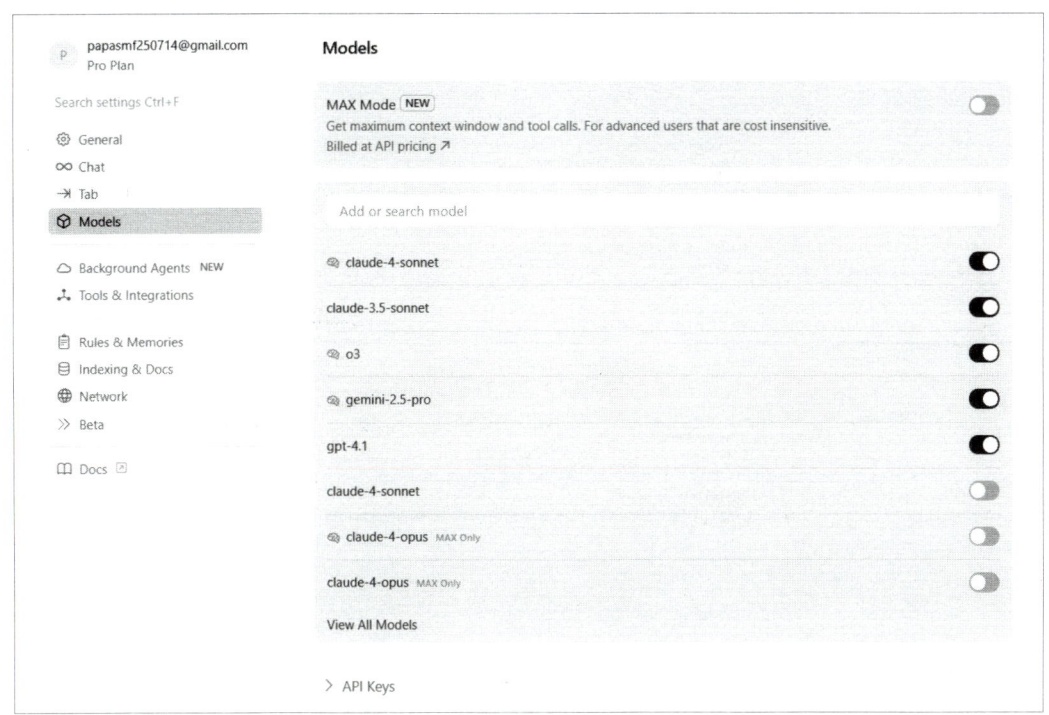

그림 5-76

"Models"를 클릭하면 다양한 LLM 모델을 볼 수 있습니다. Claude-4-sonnet, claude-3.5-sonnet이 코딩에서는 상당히 좋은 선택지입니다. 비싼 요금제에 포함되어 있는 claude-4-opus도 좋습니다.

하단에 있는 "Rules & Memories"를 클릭하면 Rule에 대한 셋팅을 확인할 수 있습니다. 우리가 추가하려는 규칙(rule)은 바로 이 부분입니다. 아직은 규칙이 포함되어 있지 않은 상태입니다.

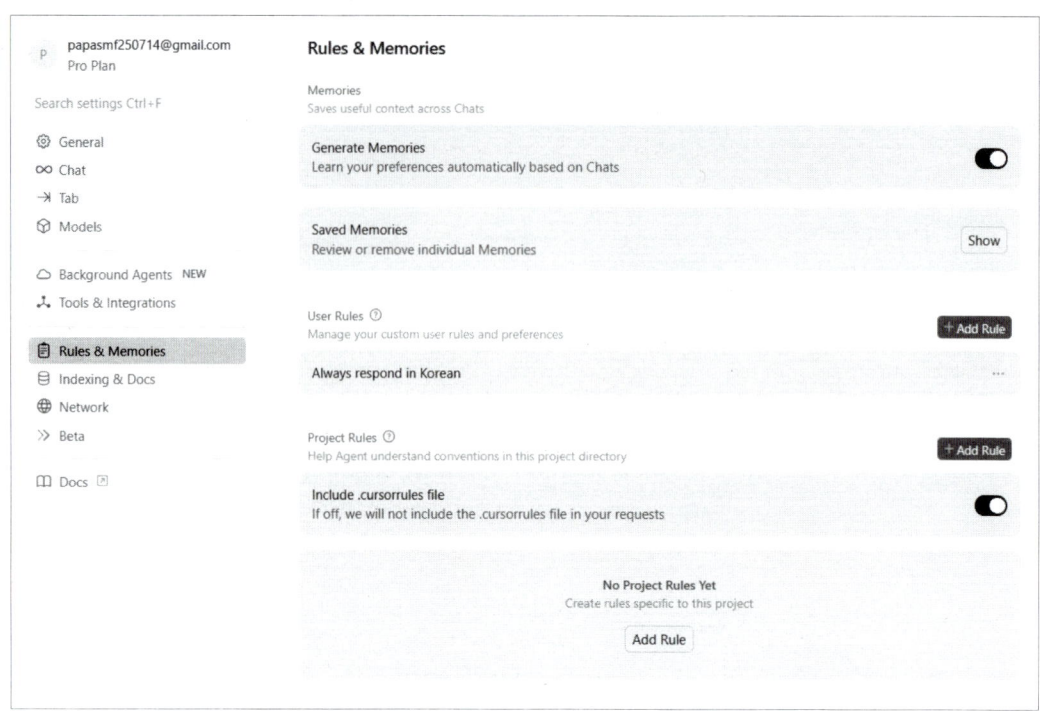

그림 5-77

우리는 아직 Rule을 적용하지 않고 있습니다. Rule을 기본적인 규칙들을 만들고 프로젝트를 진행하면서 점차 더 개선해 나갈 수 있습니다.

회사에 신입사원이 입사하면 처음에 매뉴얼을 제공하고 교육을 진행하는 것처럼 커서에게 기본 정보를 알려줄 필요가 있습니다.

- 컨벤션(코드 스타일, 프로젝트 구조)
- 도메인 지식
- 에이전트 워크플로우

와 같은 내용들이 저장될 수 있습니다. 어떤 이름 규칙으로 프로젝트를 진행해야 하는지, 또한 개발에 필요한 도메인 지식은 무엇인지를 상세하게 기술하면 좋습니다. 어떤 작업 경로로 작업이 진행되어야 하는지도 구체적으로 기술하면 좋습니다. 이런 작업을 하려면 당연히 기본적인 IT 지식과 개발 지식들이 필요합니다.

우리는 To-do-list라는 웹기반의 프로젝트를 만들면서 Rule을 추가해서 셋팅해 보도록 하겠습니다. Cursor IDE에서 왼쪽의 작업 폴더의 오른쪽 상단에 있는 두번째 아이콘을 클릭합니다. 새로운 폴더를 "Todolist"라고 생성합니다.

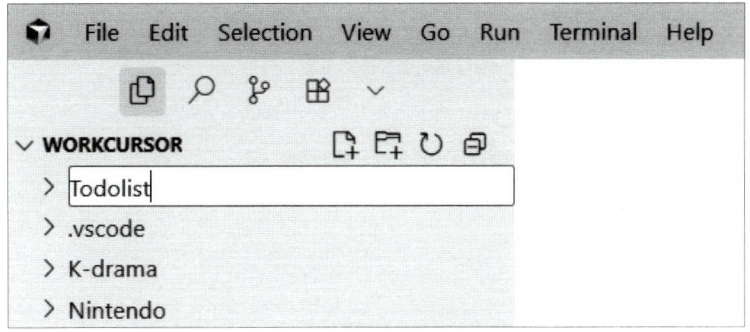

그림 5-78

ctrl + L을 입력해서 오른쪽에 채팅 창을 오픈합니다. 상단의 "+"를 클릭해서 새로운 작업을 시작합니다. /Generate Cursor Rules를 찾아서 클릭합니다. /를 입력하면 Generate Cursor Rules를 찾을 수 있습니다. 기본 Rule을 자동으로 생성하도록 하고 우리는 수정을 하면 됩니다.

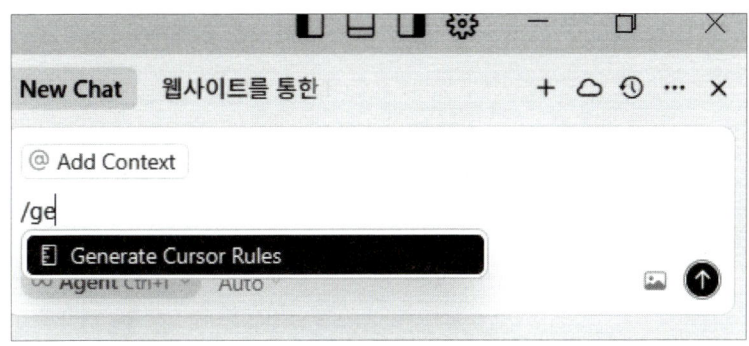

그림 5-79

각 작업하는 폴더별로 중첩해서 만들 수 있는데 우리는 루트 폴더(가장 상단)에 .cursor라는 폴더를 만들고, rules 폴더를 생성합니다. Agent 모드면 그대로 폴더를 만들고 파일들을 생성합니다. "Run" 버튼을 클릭하면 됩니다. 우리가 수동으로 생성하지 않아도 이렇게 자동으로 생성해줍니다.

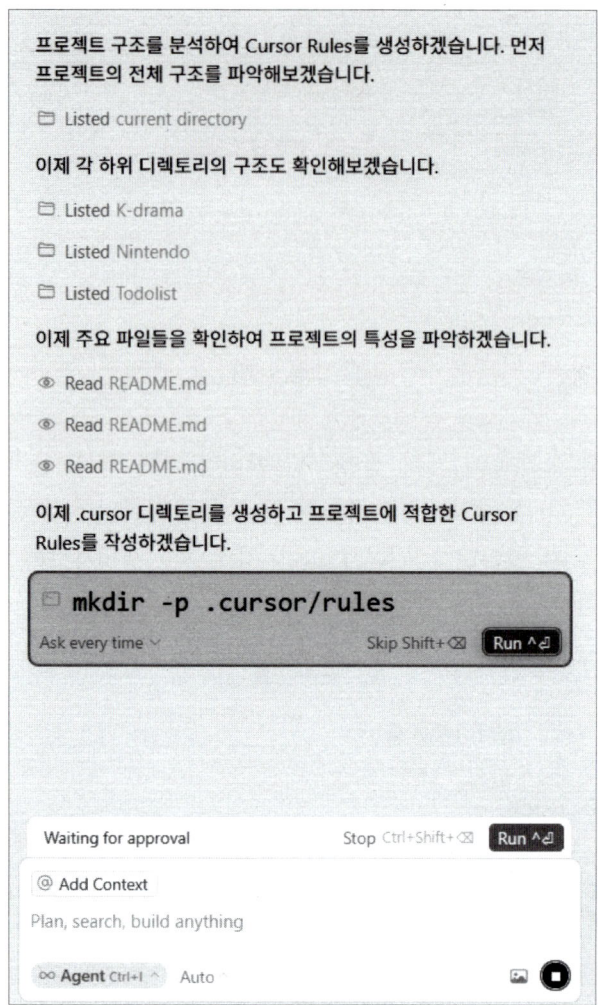

그림 5-80

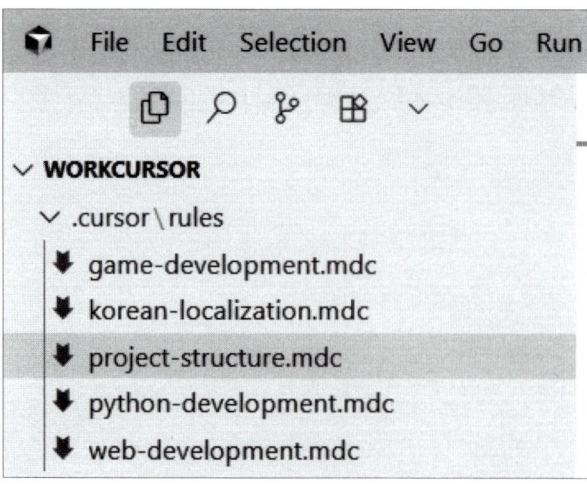

그림 5-81

기존에 작업했던 프로젝트들을 파악해서 project-structure.mdc, game-development.mdc, **korean-localization.mdc**, python-development.mdc, web-development.mdc 파일들이 생성되었습니다.

project-structure.mdc 파일은 아래와 같이 생성되었습니다. 기존에 작업했던 프로젝트와 파일들을 잘 정리해 주고 있습니다. Cursor IDE에서 사용하는 *.mdc 파일은 **Rule 기반 개발 자동화 도구**에서 사용되는 **Markdown with Cursor extensions**의 약자로 된 파일로 주로 코드베이스의 규칙, 설명, 가이드 등을 저장하고 Cursor 에디터가 이를 읽어 코드 탐색이나 자동화에 활용합니다.

프로젝트 구조 가이드

이 워크스페이스는 다양한 웹 게임과 웹사이트 프로젝트들을 포함하고 있습니다.
주요 프로젝트
🎮 게임 프로젝트들
- **메인 게임**: [index.html](mdc:index.html), [game.js](mdc:game.js), [style.css](mdc:style.css) - 제비우스 스타일 종 스크롤 슈팅 게임
- **Nintendo 게임**: [Nintendo/index.html](mdc:Nintendo/index.html), [Nintendo/game.js](mdc:Nintendo/game.js) - 마리오 스타일 플랫폼 게임
- **테트리스 게임**: [테트리스게임.py](mdc:테트리스게임.py) - Python으로 구현된 테트리스

🌸 웹사이트 프로젝트
- **K-Drama 웹사이트**: [K-drama/index.html](mdc:K-drama/index.html), [K-drama/script.js](mdc:K-drama/script.js) - Tailwind CSS 기반 한국 드라마 웹사이트

📊 데이터 분석 프로젝트
- **KOSPI200 크롤러**: [kospi200_gui_crawler.py](mdc:kospi200_gui_crawler.py), [kospi200_final_crawler.py](mdc:kospi200_final_crawler.py) - 주식 데이터 수집
- **타이타닉 분석**: [titanic_survival_analysis.py](mdc:titanic_survival_analysis.py) - 머신러닝 분석
- **출생아 수 분석**: [출생아 수_분석.py](mdc:출생아 수_분석.py) - 인구 통계 분석

기술 스택별 가이드라인
HTML/CSS/JavaScript 프로젝트
- HTML5 시맨틱 마크업 사용
- CSS3 애니메이션과 반응형 디자인 적용
- ES6+ JavaScript 문법 사용
- 게임 프로젝트는 Canvas API 활용

Python 프로젝트
- 데이터 분석: pandas, matplotlib, seaborn 사용
- 웹 크롤링: requests, BeautifulSoup, selenium 활용
- GUI: tkinter 또는 PyQt 사용
- 머신러닝: scikit-learn, numpy 활용

파일 명명 규칙
- 한국어 파일명 허용 (데이터 분석 프로젝트)
- 영문 파일명 권장 (웹 프로젝트)
- 날짜와 시간이 포함된 데이터 파일명 사용

description:
globs:
alwaysApply: false

AI가 읽어서 처리할 수 있도록 데이터가 잘 구조화되어 있는 것을 확인할 수 있습니다.

커서의 Rule은 영어로 생성하는 편이 유리합니다. 아무래도 IT 용어의 대부분이 영어로 되어 있는 경우가 많고 사용하는 토큰의 수를 감안한다면 영어가 유리하기는 한데 우리는 아직 개발에 익숙하지 않은 초보자이므로 일단은 보기 편하게 한글로 작성하도록 합니다. 웹 개발 가이드라인은 아래와 같이 작성되어 있습니다. tailwind.css를 사용하고 모바일을 위한 반응형 웹페이지로 작성하도록 이미 추가되어 있습니다.

웹 개발 가이드라인

HTML 가이드라인
- HTML5 시맨틱 태그 사용 (`<header>`, `<nav>`, `<main>`, `<section>`, `<article>`, `<footer>`)
- 접근성을 고려한 마크업 작성
- 메타 태그와 SEO 최적화
- 반응형 이미지 사용 (`srcset`, `sizes` 속성)

CSS 가이드라인
- 모던 CSS 기능 활용 (Flexbox, Grid, CSS Variables)
- 모바일 퍼스트 반응형 디자인
- CSS 애니메이션과 전환 효과 사용
- Tailwind CSS 클래스 네이밍 규칙 준수 (K-drama 프로젝트)

JavaScript 가이드라인
- ES6+ 문법 사용 (arrow functions, destructuring, template literals)
- 모듈 패턴과 클래스 기반 구조
- 이벤트 위임과 성능 최적화
- 게임 개발 시 requestAnimationFrame 사용

게임 개발 특화 가이드라인
- Canvas API를 활용한 렌더링
- 게임 루프와 프레임 레이트 관리
- 충돌 감지 알고리즘 구현
- 사운드 효과와 시각적 피드백

파일 구조
- HTML : 메인 구조와 시맨틱 마크업
- CSS : 스타일링과 레이아웃
- JS : 로직과 인터랙션
- 각 프로젝트별 독립적인 파일 구조 유지

```
description:
globs:
alwaysApply: false
```

마지막에 alwaysApply:true로 적용되도록 변경해서 저장합니다. 해당 모드는 4가지 값이 있지만 주로 사용하는 것은 "Always"와 "Manual" 모드 정도입니다.

"Always" 모드는 모든 요청에 적용할 경우 사용합니다. "Manual" 모드는 수동으로 참조했을 때만 적용됩니다. alwaysApply:true는 모든 요청에 대해서 적용해달라는 의미입니다.

이제 Rule이 적용된 상태로 웹사이트를 단계별로 만들어 보도록 합니다. 아무래도 전체 프로젝트의 일관성 있는 규칙이 있는 편이 유리합니다. 혼자 개발 작업을 하는 것이 아닌 팀 단위로 할 경우는 더욱 이런 문서들이 상세하게 필요합니다.

채팅 창에 아래와 같이 입력합니다.

> html5, css3, javascript를 사용해서 Todolist 폴더에 오늘의 할일 웹페이지를 만들어줘. 아직은 기능은 추가하지 않고 디자인 작업 까지만 해줘.

Rule을 추가한 이후에 해당 규칙을 적용해서 만들어진 웹페이지입니다. Index.html을 마우스 오른쪽 버튼으로 클릭해서 "Open with five server"를 클릭합니다. 아직은 디자인 단계만 작업이 되었습니다.

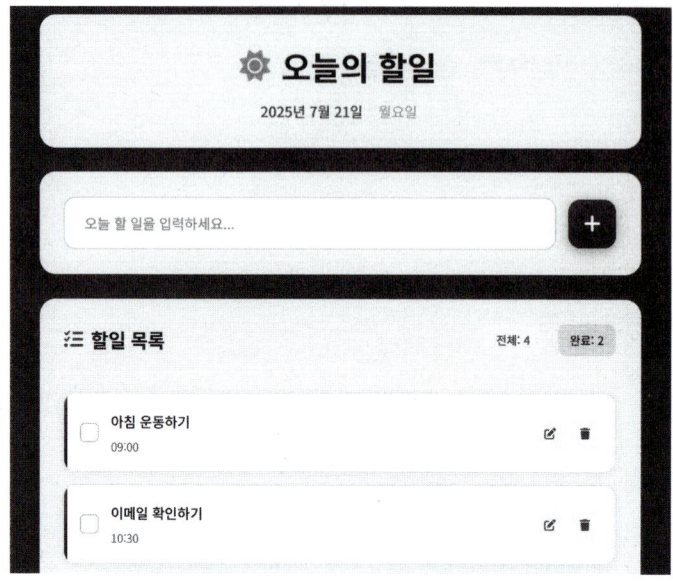

그림 5-82

약간은 파스텔 톤의 디자인으로 수정하기 위해서 아래와 같이 채팅 창에 입력합니다.

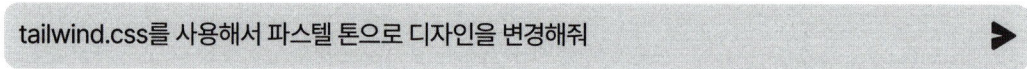

아래와 같이 디자인 수정된 것을 확인할 수 있습니다.

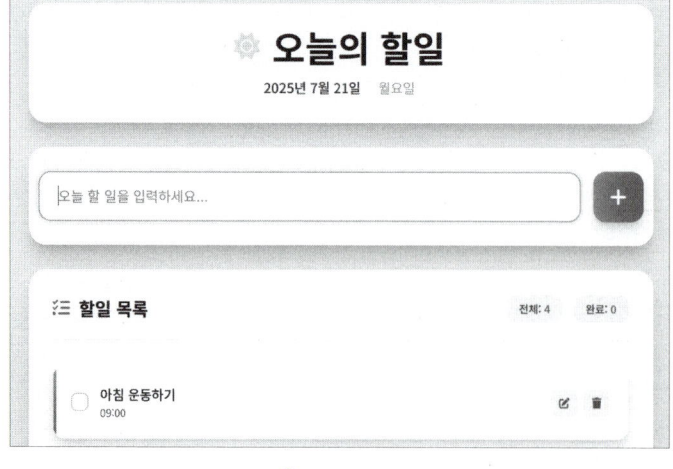

그림 5-83

이제 기능들을 전부 구현해 달라고 채팅 창에 입력합니다.

> 이제 기능들을 전부 구현해줘

실행을 해보면 추가나 삭제가 잘 되는 것을 확인할 수 있습니다. 규칙을 만들고 코딩하는 작업이 입력되는 프롬프트를 좀 더 줄일 수 있고 일관된 작업을 할 수 있습니다.

그림 5-84

아래와 같이 각 *.mdc 파일의 끝 부분에 alwaysApply: true로 변경을 해서 룰을 적용하도록 했습니다.

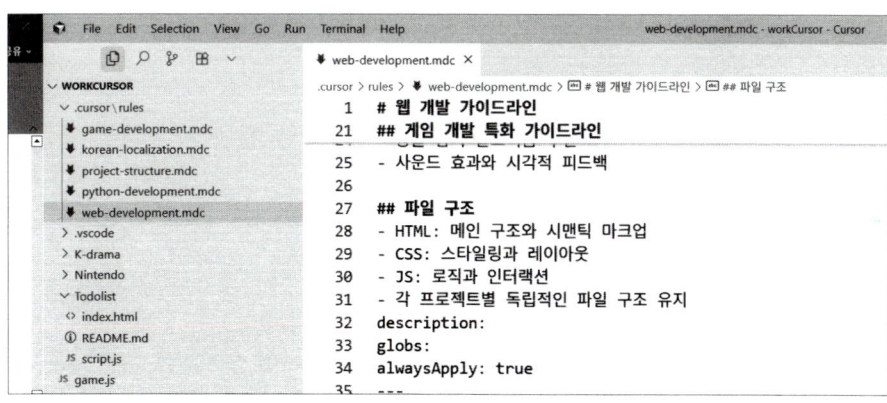

그림 5-85

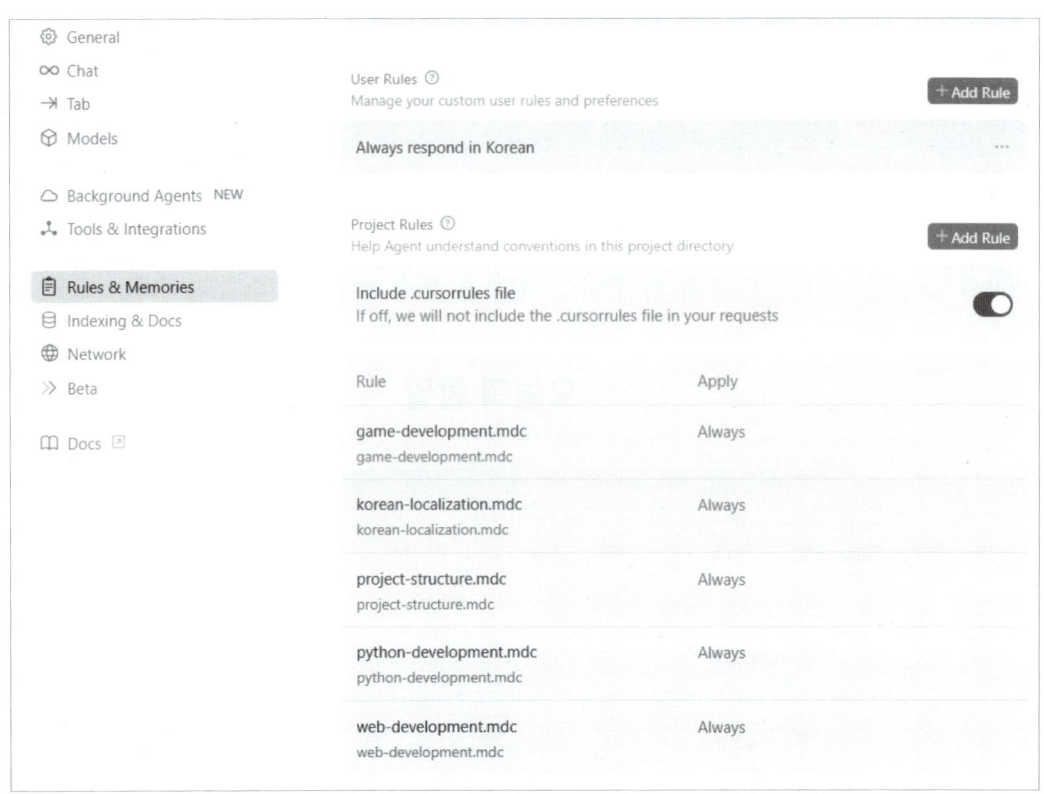

🔑 그림 5-86

Cursor IDE에서 File → Preferences → Cursor Settings를 클릭합니다. "Rules & Memories"를 클릭해보면 위의 그림처럼 Always 모드가 적용되어 있는 것을 확인할 수 있습니다.

6장

구글의 제미나이 CLI를 설치해서 사용하기

6.1 구글의 제미나이 CLI를 설치해서 비주얼 스튜디오 코드와 같이 활용하기

6.1 구글의 제미나이 CLI를 설치해서 비주얼 스튜디오 코드와 같이 활용하기

구글의 제미나이 CLI는 무료로 사용할 수 있습니다. 약간은 특이하게 커맨드 라인 형태로 제공됩니다. 구글의 설명을 보면 터미널 환경에서 직접 사용할 수 있는 강력한 인공지능 도구라고 나옵니다.

 https://github.com/google-gemini/gemini-cli

대표적으로 아래와 같은 기능들이 가능합니다.

📂 표 6-1

기능	설명
자연어 코딩	바이브 코딩이 가능하다.
실시간 검색	구글 검색과 연동된다.
파일 직접 조작	파일의 읽기, 쓰기, 생성을 자동화한다.
시스템 명령 실행	운영체제의 터미널 명령 자동 실행
멀티미디어 생성	이미지, 동영상 생성

전체적인 설명은 위의 웹사이트에서 볼 수 있습니다. 우리는 바로 설치를 합니다.

🔖 그림 6-1

윈도우 버튼을 클릭해서 "Windows PowerShell"에서 "Windows PowerShell"을 마우스 오른쪽 버튼을 클릭해서 "관리자로 실행"을 클릭합니다.

여기서 약간의 용어가 나옵니다. 프론트엔드(Frontend)와 백엔드(Backend)를 잠시 체크하고 넘어가겠습니다.

> ☑ **프론트엔드 (Frontend)**
>
> 📌 **사용자가 직접 보는 화면을 다루는 영역입니다.**
> - 웹사이트나 앱의 디자인, 버튼, 메뉴, 글자, 이미지 등 **시각적으로 보이는 모든 것**을 만들고 다룹니다.
> - 사용자가 클릭하거나 입력하는 행동(이벤트)에 반응합니다.
>
> ✂ **사용하는 주요 기술**
> - **HTML** (뼈대 만들기)
> - **CSS** (디자인, 스타일링)
> - **JavaScript** (동적인 기능 추가)
> - 프레임워크/라이브러리: React, Vue, Angular 등

Chapter 6 구글의 제미나이 CLI를 설치해서 사용하기 173

🔒 **예시**
- 사용자가 보는 **로그인 페이지**
- 버튼 클릭 시 나오는 애니메이션
- 반응형 디자인 (모바일/PC에서 다르게 보이게)

☑ **백엔드 (Backend)**

📌 사용자는 직접 볼 수 없지만, 서비스가 돌아가게 만드는 엔진 역할을 합니다.
- 데이터 저장, 사용자 인증, 서버 응답 등 웹사이트의 기능적인 뒷부분을 처리합니다.

🛠 **사용하는 주요 기술**
- 프로그래밍 언어: Python, Java, Node.js, Ruby 등
- 데이터베이스: MySQL, PostgreSQL, MongoDB 등
- 서버: Apache, Nginx

🔒 **예시**
- 로그인 시 ID/비밀번호가 맞는지 확인
- 게시글 저장, 수정, 삭제 처리
- 사용자 데이터 관리

제미나이 CLI를 사용하려면 node.js를 설치해야 합니다. 웹 프로젝트의 백엔드(Backend)개발에서 많이 사용하는 node.js를 먼저 설치해야 합니다. 아래의 사이트에서 최근 버전을 받으면 됩니다.

 https://nodejs.org/en/download

그림 6-2

웹페이지에서 스크롤을 내리면 화면의 하단에 간편하게 설치할 수 있는 *.msi 파일이 제공됩니다. 다운로드 받은 이후에 기본 옵션으로 바로 설치하면 됩니다. 아래의 화면에서 "Next" 버튼을 클릭합니다.

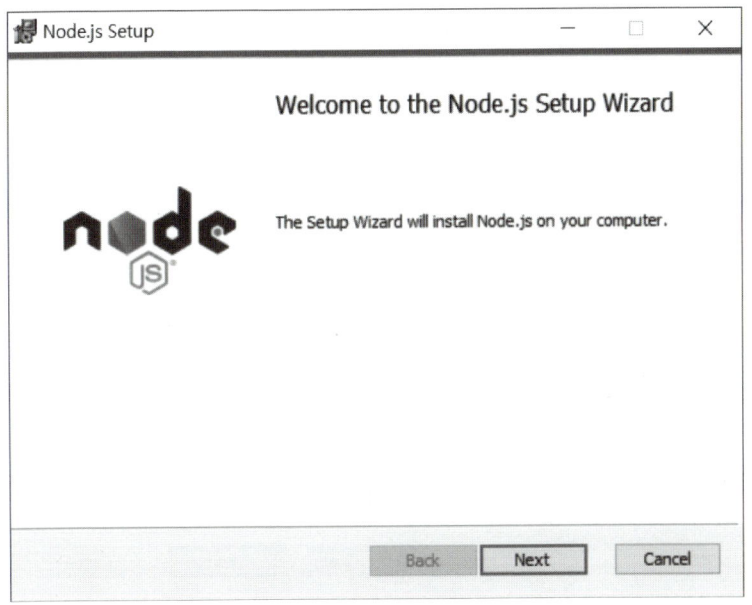

그림 6-3

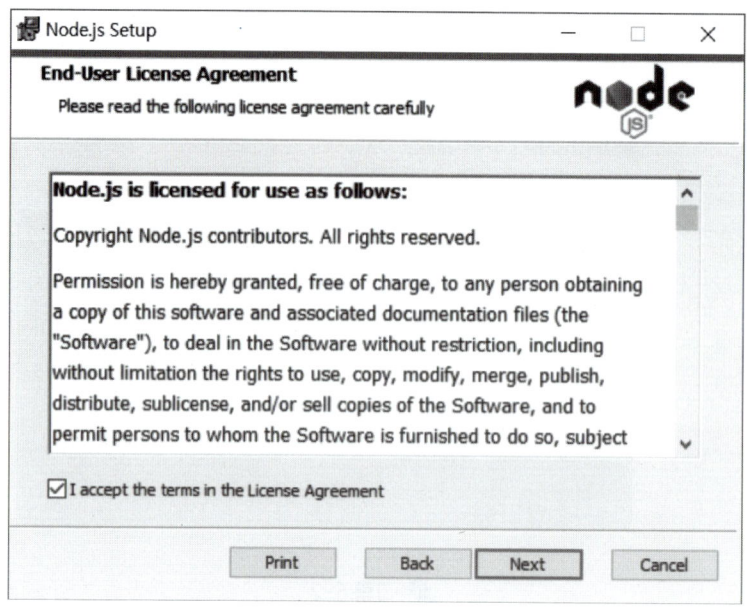

♦ 그림 6-4

"I accept…"를 체크하고 "Next" 버튼을 클릭합니다.

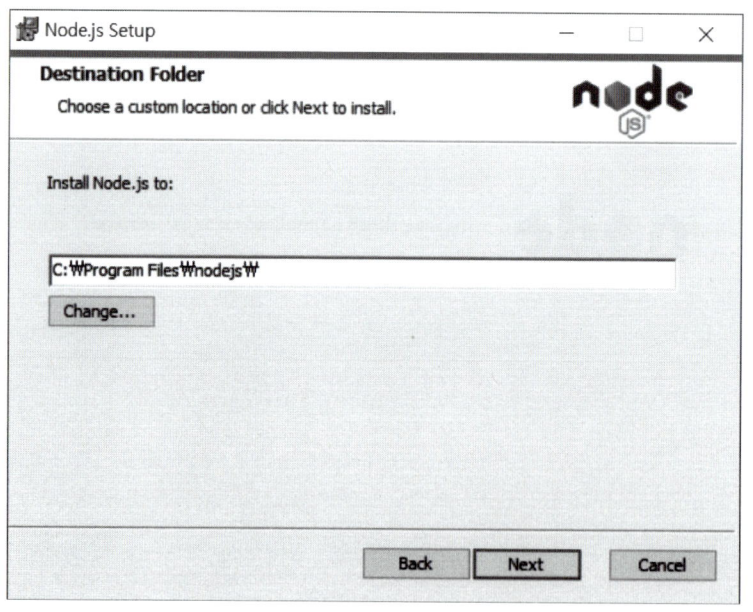

♦ 그림 6-5

대부분 기본 옵션을 선택해서 "Next" 버튼을 클릭합니다.

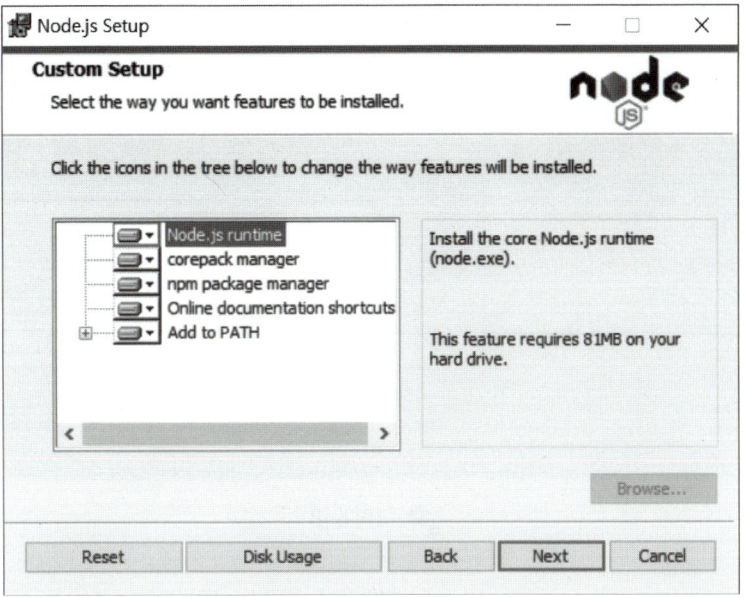

그림 6-6

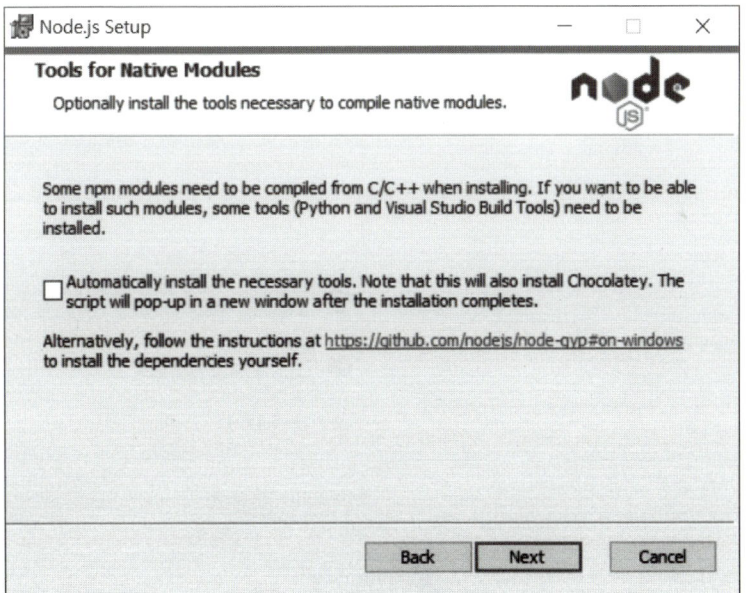

그림 6-7

체크하지 않고 "Next" 버튼을 클릭합니다. 설치가 어렵지 않게 마무리 되었습니다. 이제 윈도우 파워쉘 창에서 아래와 같이 입력합니다. 혹시 node.js를 설치한 상황에서도 npx를 인식하지 못하면 윈도우 파워쉘 창을 닫고 다시 오픈해도 됩니다.

```
npx https://github.com/google-gemini/gemini-cli
```

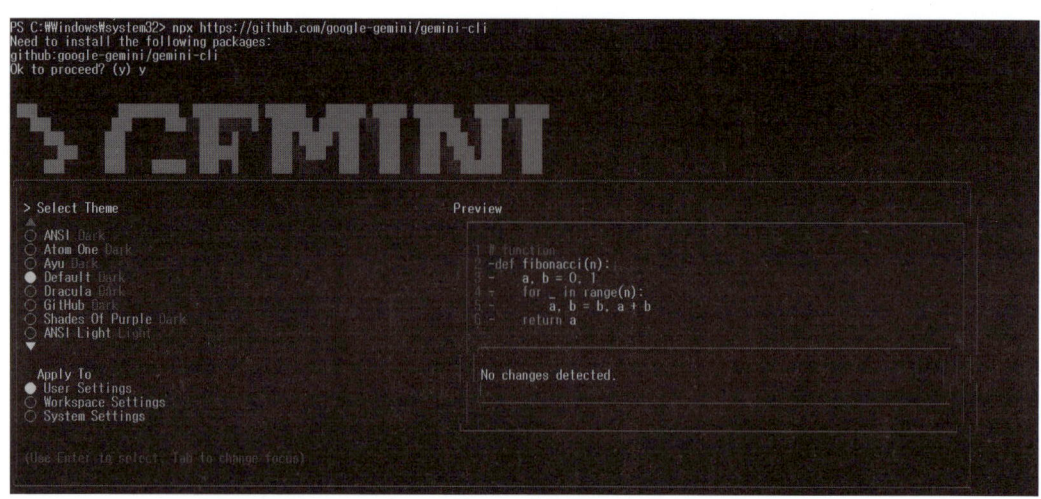

그림 6-8

설치가 끝나면 Select Theme에서 화살표 키를 사용해서 "Default"를 선택하면 됩니다. 우리는 콘솔 기반으로 코드를 생성해 보려고 합니다.

구글 계정으로 인증하라고 창이 오픈 되면 본인 구글 계정을 선택해서 인증을 통과하면 됩니다.

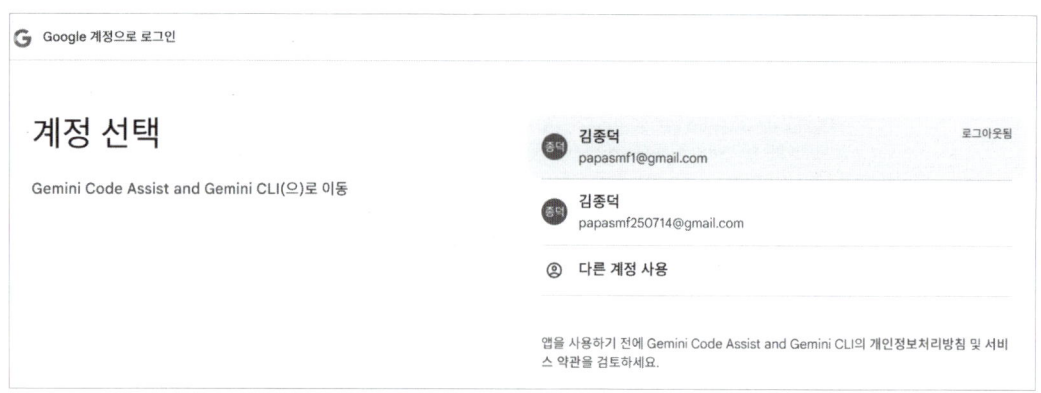

그림 6-9

Gemini Code Assist가 사용자 계정에 액세스 할 수 있다고 출력됩니다. 하단의 "동의함"을 클릭하면 됩니다. 대부분 우리가 앞에서 셋팅 했던 LLM 서비스들과 비슷하게 연동이 됩니다.

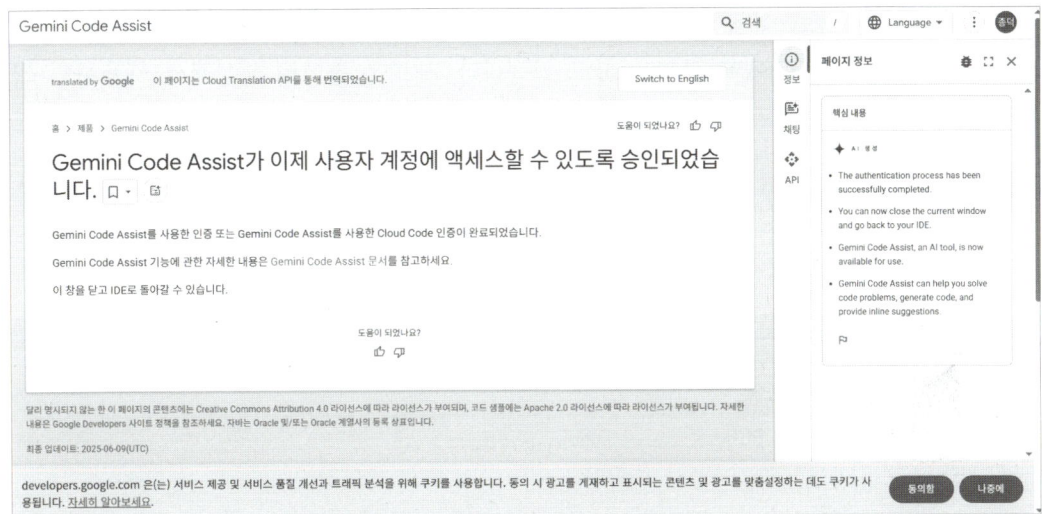

그림 6-10

위의 npx 명령어를 통해 일회성으로 실행할 수 있지만 계속 사용하는 경우는 아래와 같이 npm명령어로 설치하면 됩니다. 보통은 아래와 같이 전역설치를 권장합니다. 설치한 이후에는 gemini로 실행하면 됩니다.

```
npm install -g @google/gemini-cli
gemini
```

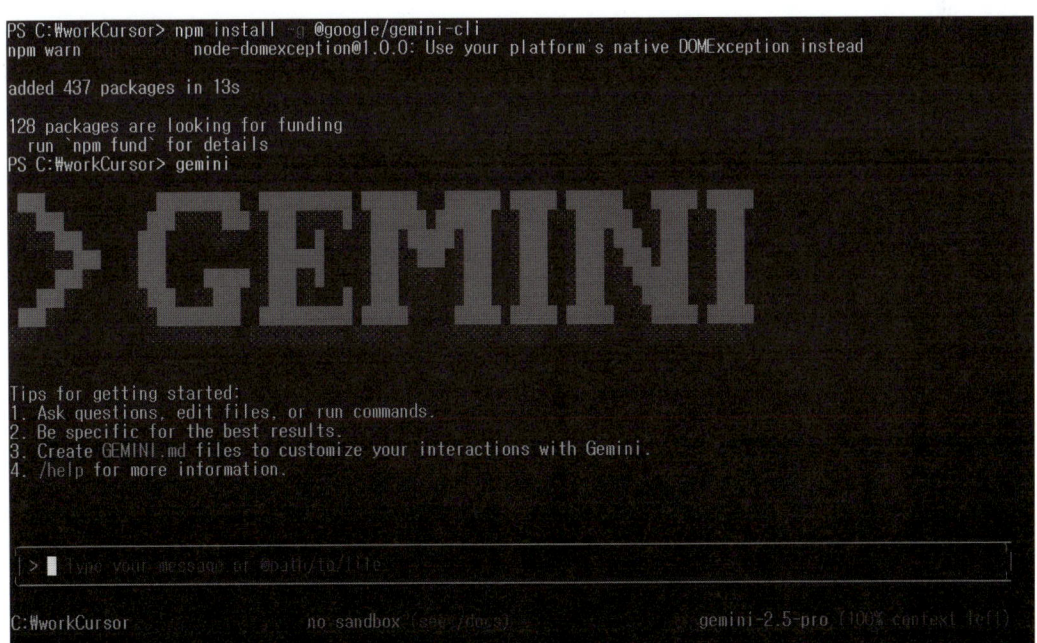

그림 6-11

Chapter 6 구글의 제미나이 CLI를 설치해서 사용하기

gemini라는 명령어로 실행하면 이렇게 멋지게 보이는 빈 창이 출력됩니다. 저는 c:₩workCLI라는 작업 폴더에서 작업을 하고 있습니다. 새로운 폴더로 생성해서 사용하면 됩니다. 아래와 같이 프롬프트를 입력합니다.

> 물리법칙을 이해하는 demo.html 페이지를 하나 생성해줘

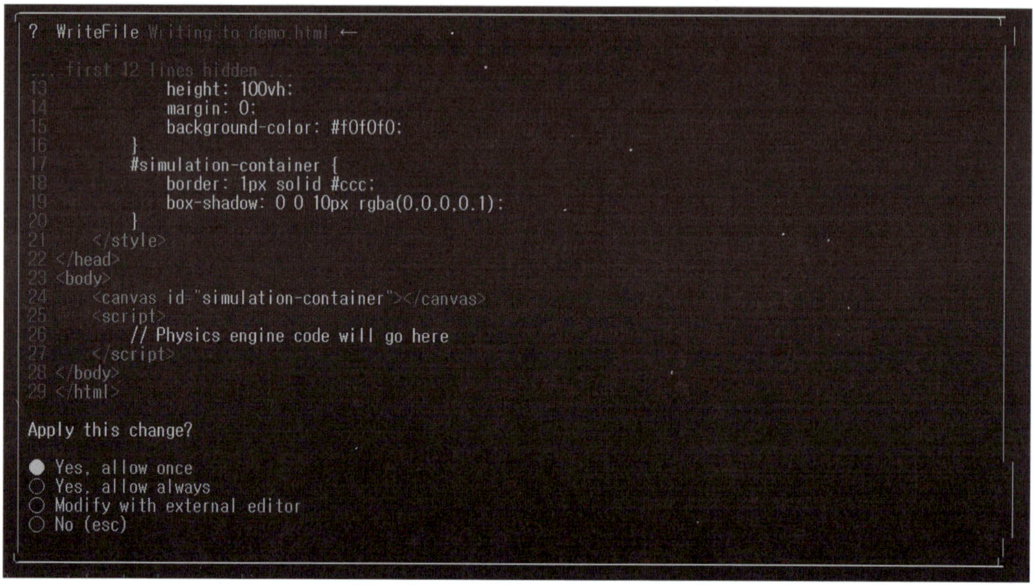

그림 6-12

화면 하단의 "Yes, allow once"를 클릭하면 HTML, CSS, Javascript 코드가 생성됩니다. 생성된 파일은 비주얼 스튜디오 코드에서 실행하면 됩니다. 작업 폴더를 "c:₩workCLI"로 지정해서 demo.html을 선택하고 오른쪽 버튼을 클릭해서 "Open with Live server"를 클릭하면 됩니다. 매번 생성되는 코드는 변경될 수 있습니다.

그림 6-13

아니면 윈도우 탐색기를 실행해서 demo.html 페이지를 더블 클릭하면 바로 물리 법칙이 적용된 애니메이션이 실행되는 페이지가 실행됩니다. ㅎㅎ

우리는 앞에서 파이썬언어를 간단하게 살펴보고 자동으로 생성해 보았습니다. 이번에는 아래와 같이 프롬프트에 입력합니다. 코드가 생성될 때 "Yes, allow once"를 클릭하면 바로 코드가 생성됩니다.

파이썬으로 현재 폴더에 있는 파일 리스트를 출력하는 코드를 DemoList.py 파일에 생성해

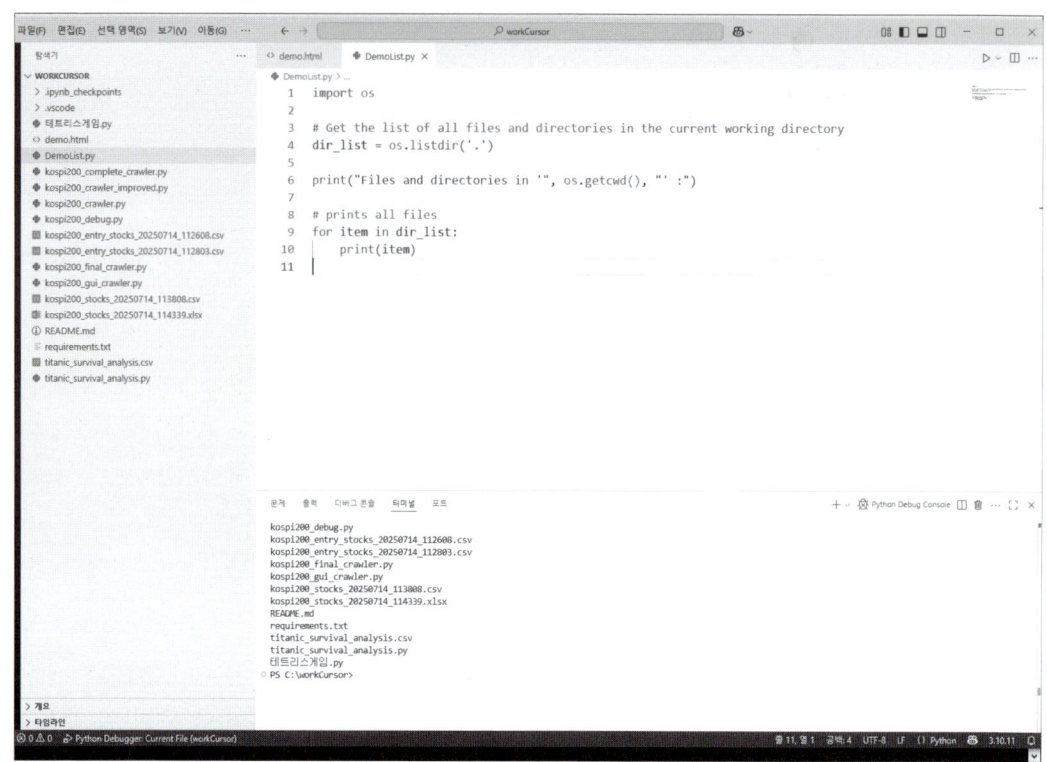

그림 6-14

비주얼 스튜디오 코드에서 코드를 실행하면 해당 파일목록이 하단에 출력되는 것을 확인할 수 있습니다. 또는 앞에서 연습한 Cursor IDE를 사용해서 생성된 파이썬 코드를 실행해도 됩니다.

파이썬으로 뱀게임 코드를 작성해줘. 뱀의 색깔은 파란색, 사과는 붉은색으로 출력해줘. 해상도는 800 * 600의 해상도로 작성해

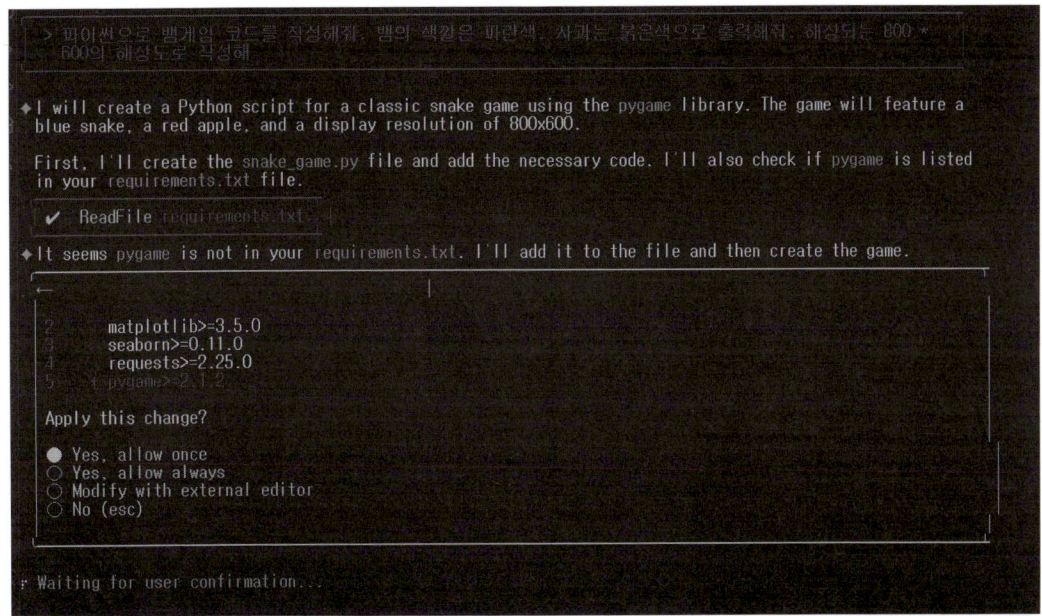

그림 6-15

터미널에서 실행되는 것이 좀 어색하기는 하지만 앞에서 사용했던 다른 툴과 크게 다르지 않습니다. snake_game.py라는 파일을 실행하니 다른 툴과 비슷한 결과가 나온 것을 알 수 있습니다. 이미 앞에서 파이썬 코드를 실행하면서 pygame 라이브러리가 설치되어 있기 때문에 추가 설치 없이 잘 실행이 될 겁니다.

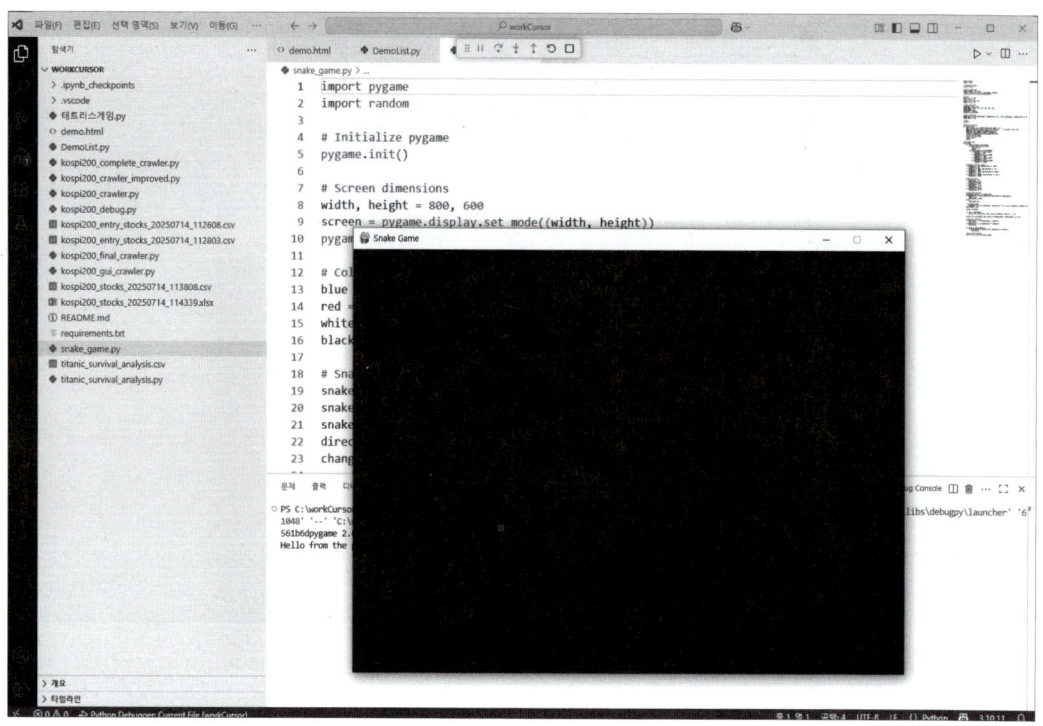

그림 6-16

이렇게 CLI 환경에서 실행을 하면 생성되는 토큰의 숫자를 최소화하면서 로컬에 리소스를 다룰 수 있기 때문에 매우 재미있게 코드를 생성할 수 있습니다. 구글 제미나이 CLI의 경우 무려 100만 토큰을 무료로 제공하고 있습니다. 규모가 큰 데이터셋을 해석하도록 시키거나 기본 코드를 제미나이 CLI로 만들고, 코드를 다듬는 작업을 비주얼 스튜디오 코드나 Cursor IDE에서 하도록 병행하는 것도 재미있습니다. 비용을 절약하면서 적극적으로 사용할 수 있습니다. 꼭 하나의 통합 툴이나 LLM만 고집할 필요는 없습니다.

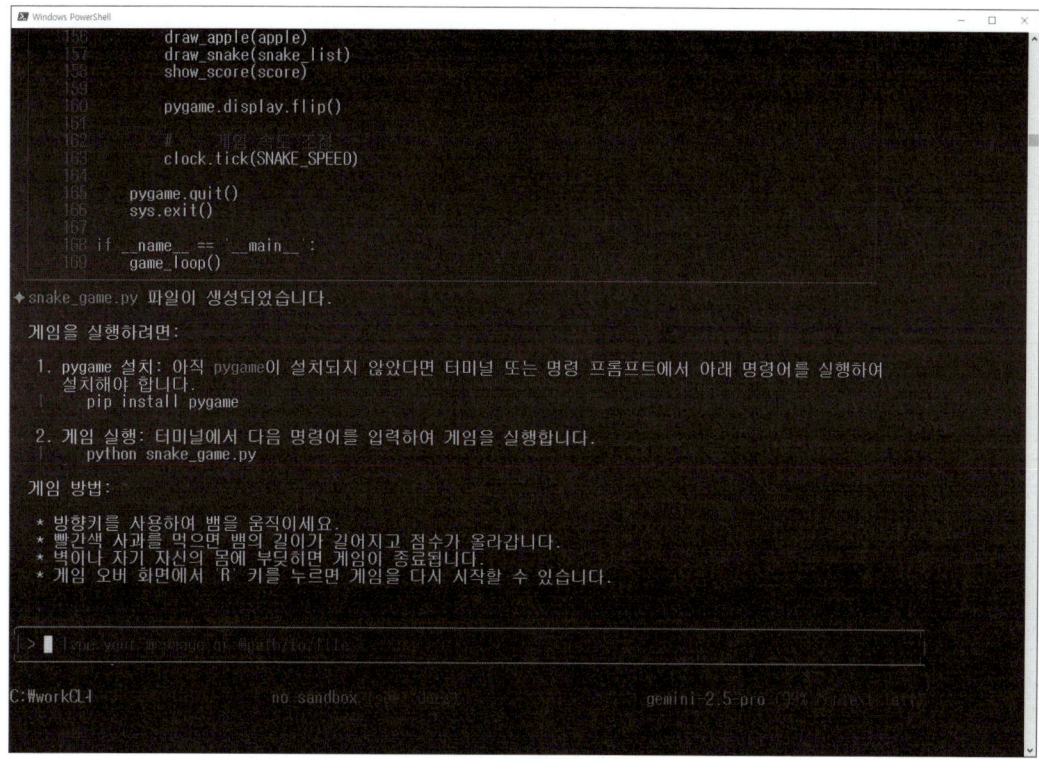

그림 6-17

터미널에서 작업을 하는 것이 약간 어색할 수 있지만, 대부분 프롬프트에 입력해서 코드를 생성하는 작업이기 때문에 문제없이 사용할 수 있습니다. 혹시 한글이 깨지는 문제가 발생해서 앞에서 실습을 했던 것처럼 한글이 깨지는 문제를 해결해 달라고 부탁하면 됩니다.

구글 검색과 바로 연동되기 때문에 다음과 같은 보고서 작성도 가능합니다. 아래와 같이 입력을 해보았습니다.

이번주 AI 관련 주요 뉴스들을 정리해서 주간 보고서 작성해	

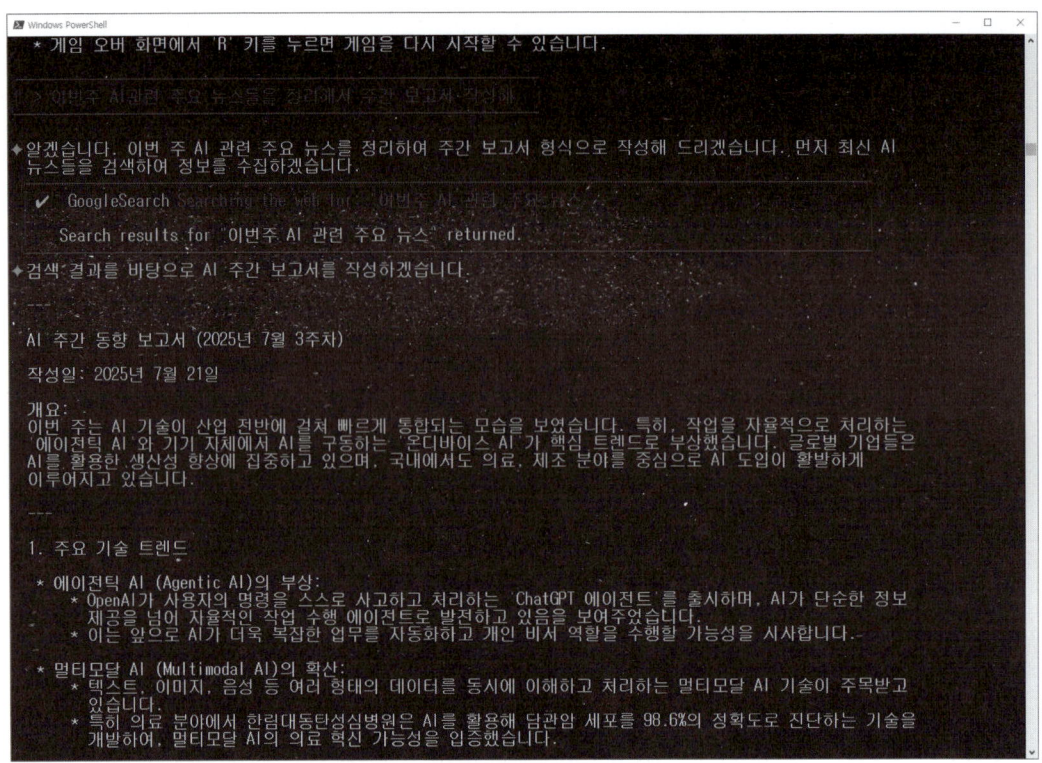

그림 6-18

이번에는 바이브 코딩에 필요한 이미지를 생성해 달라고 부탁을 했습니다. "Yes, one allow"를 클릭하면 됩니다.

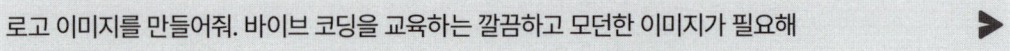

그림 6-19

*.svg 파일을 오픈해 보니 이렇게 멋진 이미지가 생성되었습니다. ㅎㅎ 신통합니다.

"/"를 입력하면 CLI에서 사용할 수 있는 명령어들이 보입니다.

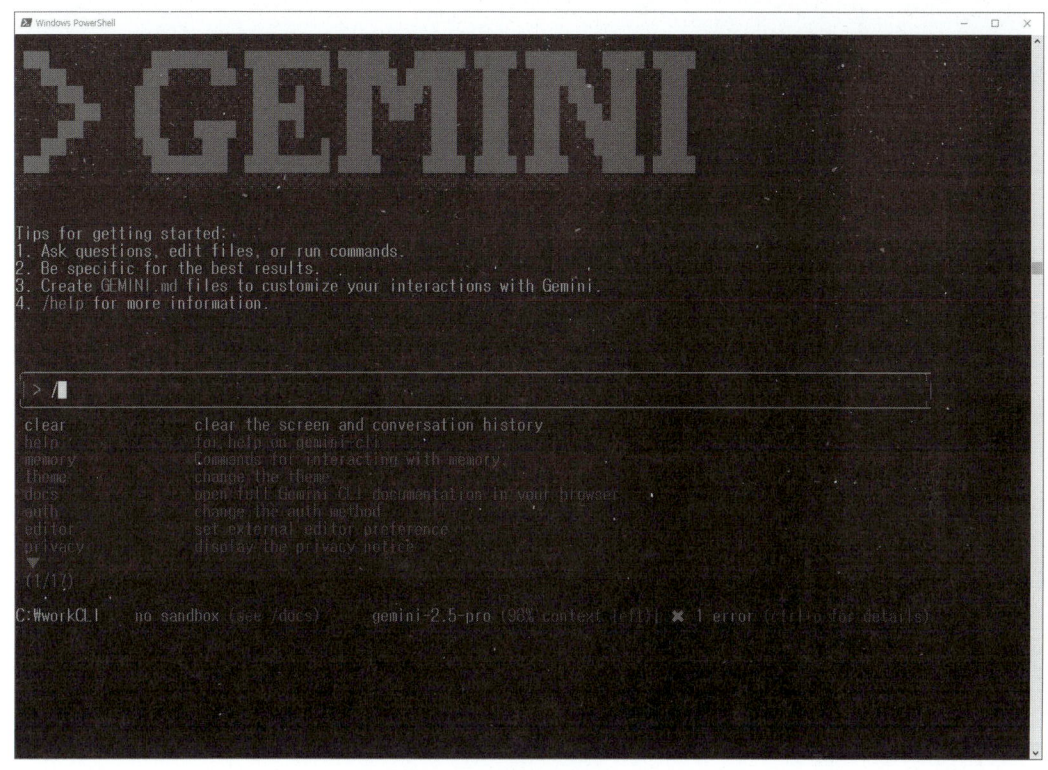

그림 6-20

 https://github.com/google-gemini/gemini-cli/blob/main/docs/cli/commands.md

전체 설명은 위의 주소에서 확인할 수 있습니다.

/clear는 CLI내에서 표시되는 세션 기록 및 스크롤백을 포함하며 터미널 화면을 지웁니다.

/extensions는 제미나이 CLI에서 활성화된 모든 확장 프로그램을 나열합니다.

/stats 는 제미나이의 상태를 보여줍니다.

/tools는 설치된 툴들을 보여줍니다.

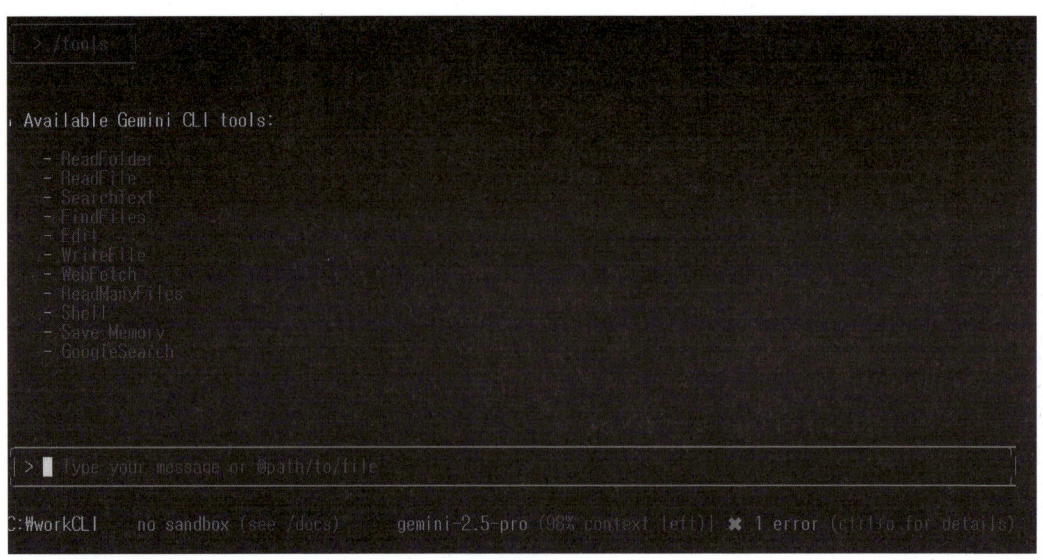

그림 6-21

툴스(/tools)에는 폴더를 읽고 처리하는 기능이 있어서, 직접 작업 폴더를 읽어서 처리할 수 있습니다.

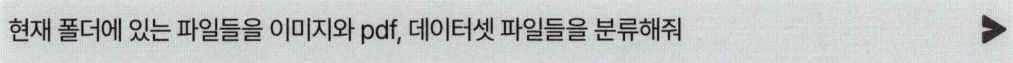

현재 폴더에 있는 파일들을 이미지와 pdf, 데이터셋 파일들을 분류해줘

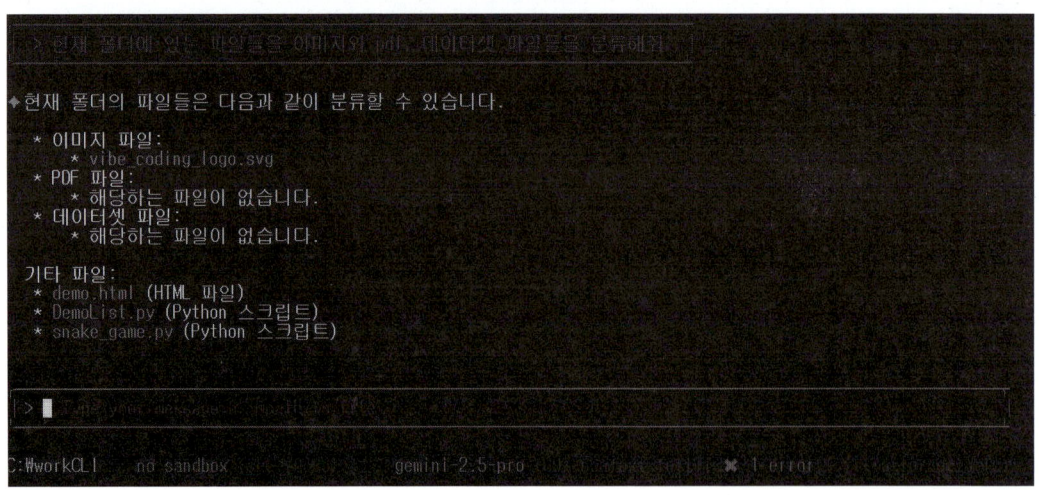

그림 6-22

실행 결과를 보면 c:\workCLI 폴더에 있는 파일들을 나열하고 분류해서 설명하고 있습니다.

비주얼 스튜디오 코드를 실행해서 하단의 터미널은 제미나이 CLI로 실행해도 되고, Cursor IDE의 하단 터미널을 제미나이 CLI로 실행해도 됩니다.

그림 6-23

아무래도 생성된 코드를 편집할 때는 편집기가 있으면 편합니다. 위와 같이 사용하면 좀 더 수월하게 작업할 수 있습니다. 유료로 사용할 수 있는 통합 에디터들과 무료로 사용할 수 있는 구글 제미나이 CLI를 결합하면 보다 강력한 개발 환경으로 활용할 수 있습니다.

7장
아마존의 Kiro를 사용하기

7.1 Kiro를 설치하기

7.2 간단한 웹사이트를 스펙 기반으로 만들기

7.3 게임 코드를 스펙 기반으로 만들기

7.1 Kiro를 설치하기

클라우드의 강자인 아마존에서도 AI 기반의 IDE를 출시했습니다. 이 책을 집필하는 시기가 초기 버전이기 때문에 앞으로 많이 변경될 수 있습니다. 사용을 해보니 상당히 만족스러운 개발 환경입니다.

비주얼 스튜디오 코드나 Cursor IDE를 사용했던 분들은 아마도 쉽게 적응할 수 있을 겁니다. 상당히 비슷한 환경입니다. 마이크로소프트의 비주얼 스튜디오 코드의 오픈 소스 정책으로 비슷한 AI 기반의 통합 개발 환경이 정말 많이 출시되고 있습니다. 앞으로는 더 많아질 것 같습니다.

아래의 웹사이트에서 윈도우나 맥용 통합 환경을 다운로드 받아서 설치하면 됩니다.

 https://kiro.dev/

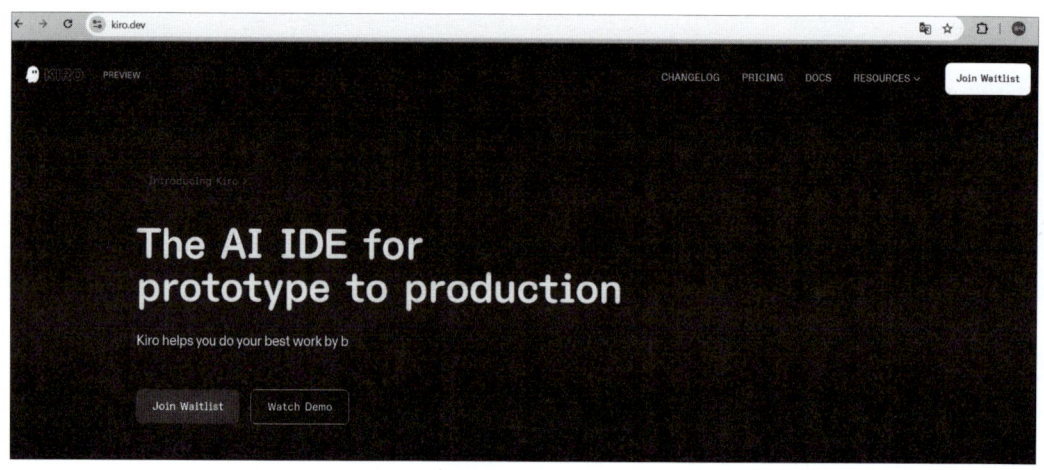

그림 7-1

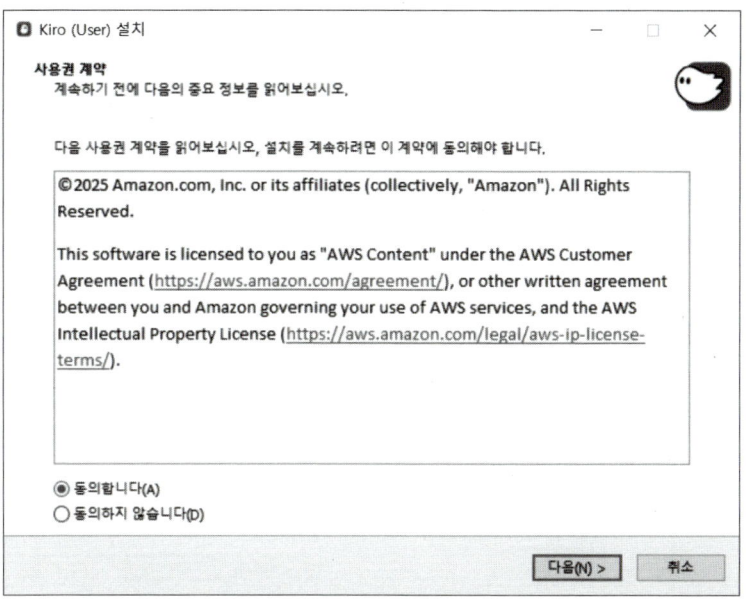

그림 7-2

설치 화면들이 매우 친숙합니다. 앞에서 본 개발 환경들과 크게 다르지 않습니다. 계약서에 동의를 하고 기본 옵션으로 그대로 진행하면 됩니다.

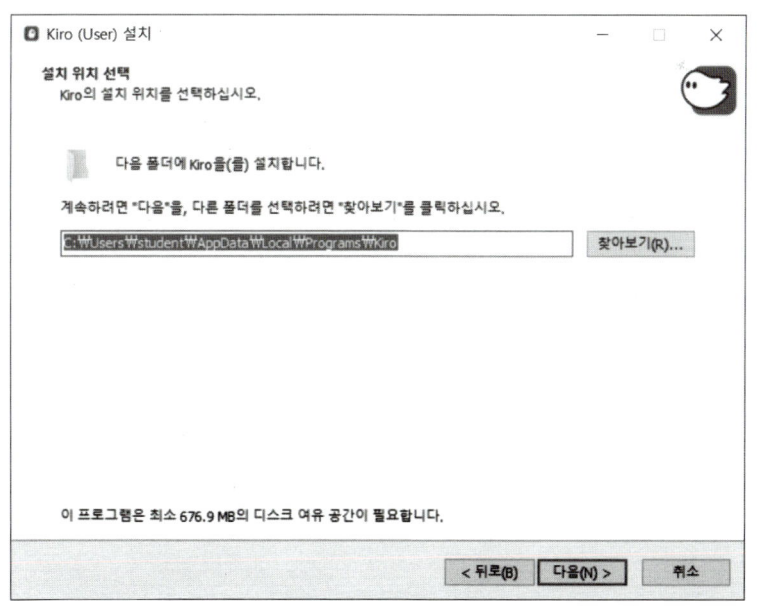

그림 7-3

기본 폴더를 그대로 사용합니다.

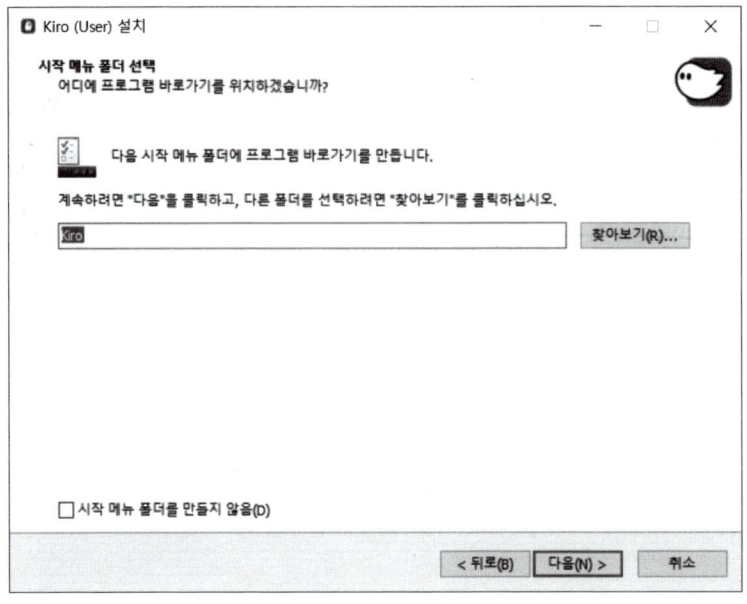

그림 7-4

아래의 메뉴에서만 "바탕 화면에 바로 가기 만들기"를 클릭합니다. 아이콘이 추가되면 작업이 좀 더 편합니다.

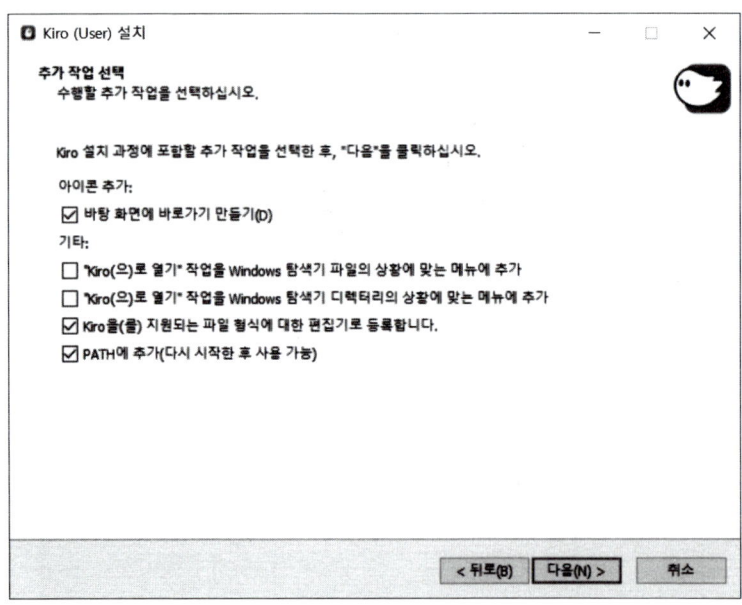

그림 7-5

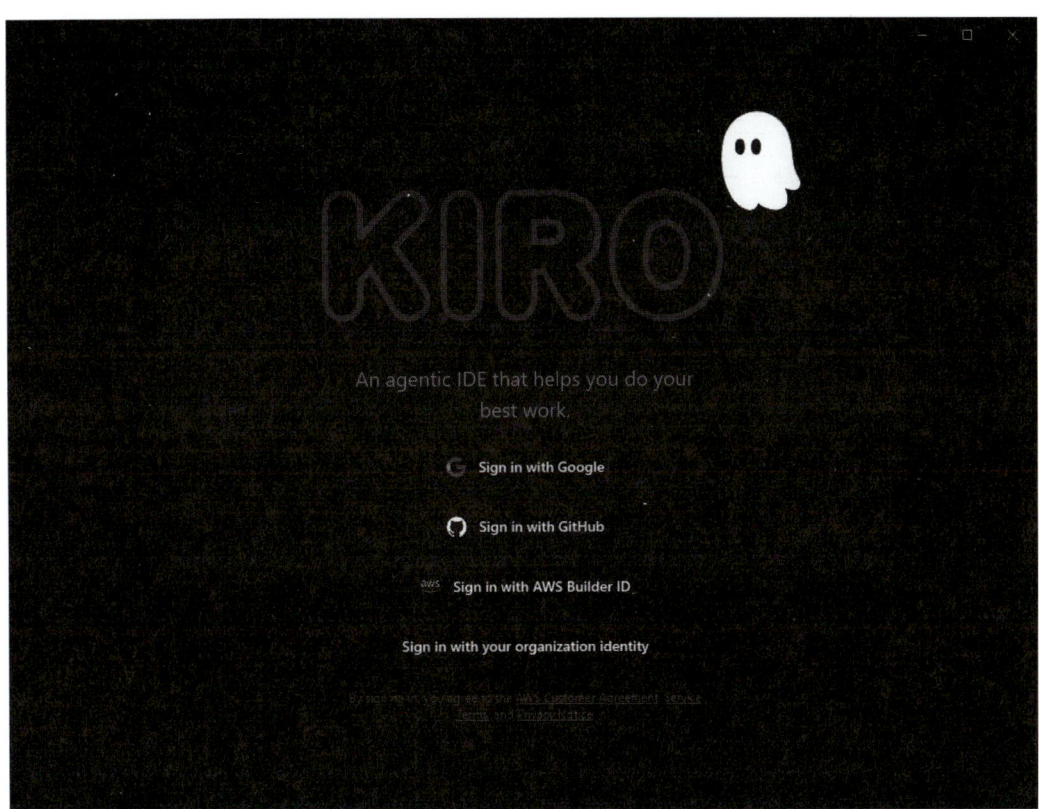

🖌 그림 7-6

아이콘이 상당히 귀여운데 구글 계정만 있으면 바로 연동이 됩니다. 앞에서 사용했던 구글의 지메일 계정을 그대로 사용하면 됩니다.

🖌 그림 7-7

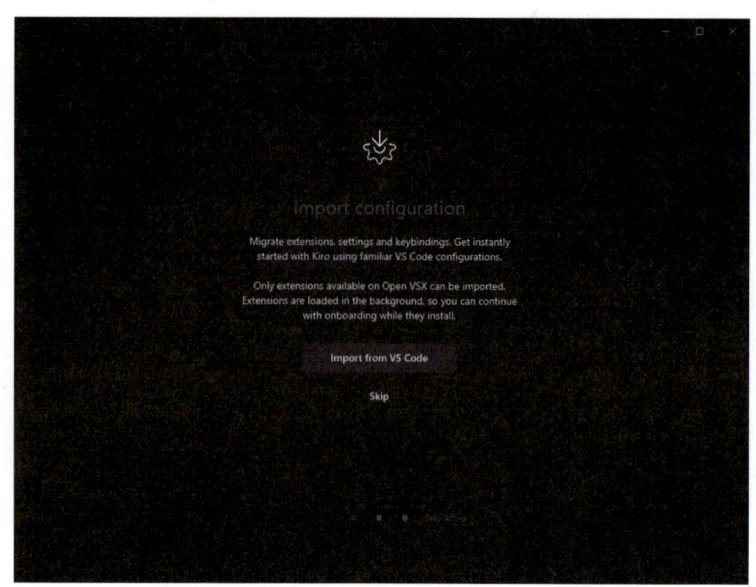

그림 7-8

이러한 AI 기반의 개발환경에서는 비주얼 스튜디오 코드가 근본이라고 생각합니다. ㅎㅎ 대부분의 툴들이 기존 환경에 있는 것을 그대로 가져옵니다. "Import from VS Code"를 클릭하면 됩니다.

그림 7-9

테마는 "Kiro Dark"를 선택했습니다. 마음에 드는 테마를 선택해도 됩니다.

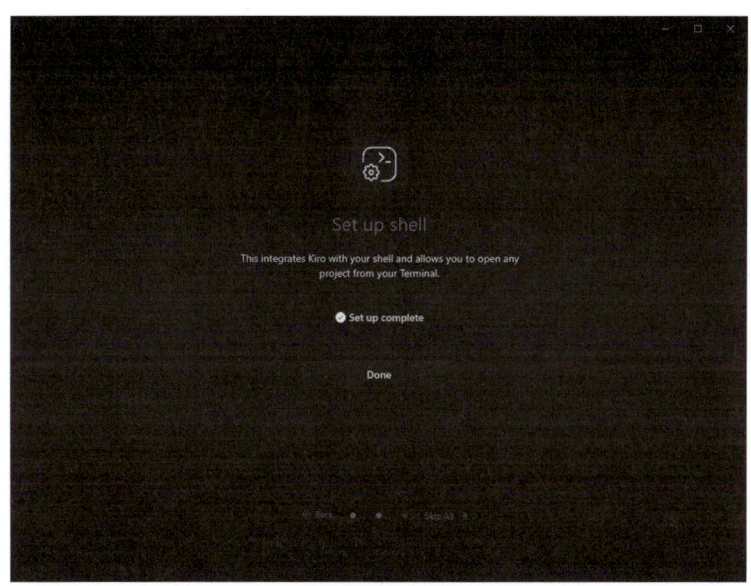

그림 7-10

셋업이 끝나면 "Done" 버튼을 클릭하면 됩니다.

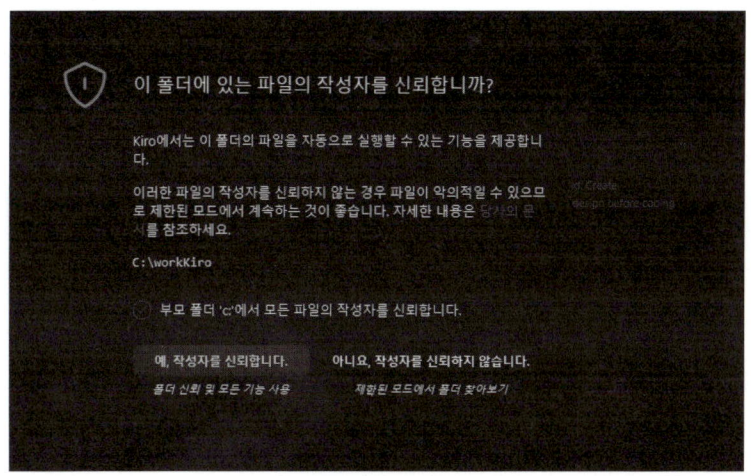

그림 7-11

권한 때문에 물어보는 화면입니다. "예, 작성자를 신뢰합니다."를 클릭하면 됩니다.

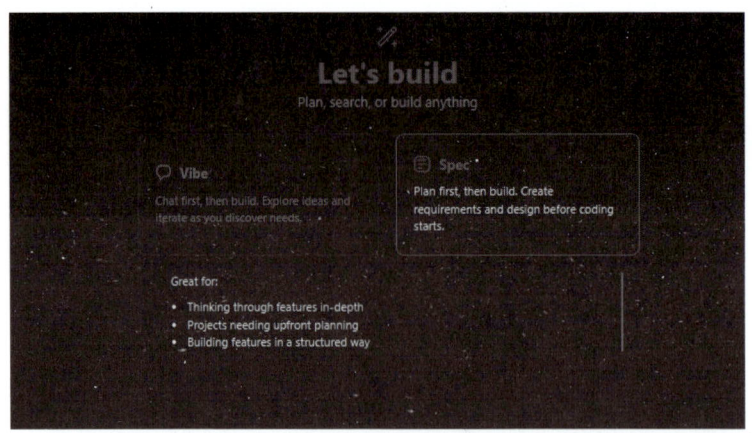

그림 7-12

다른 툴과 다르게 좀 더 특이한 부분이 바로 이 메뉴입니다. "Spec"이라는 버튼을 클릭하면 문서를 먼저 상세하게 만들고 이러한 문서에 기초해서 바이브 코딩을 하게 됩니다. 좀 더 진화된 모습입니다.

7.2 간단한 웹사이트를 스펙 기반으로 만들기

아래와 같이 채팅 창에 입력해 봅니다. 이렇게 입력하면 먼저 상세한 문서들부터 생성을 합니다.

> K-drama를 홍보하는 웹사이트를 만들려고 하는데 자료를 수집해서 웹사이트를 html5, css3, javascript 기반으로 구축해줘

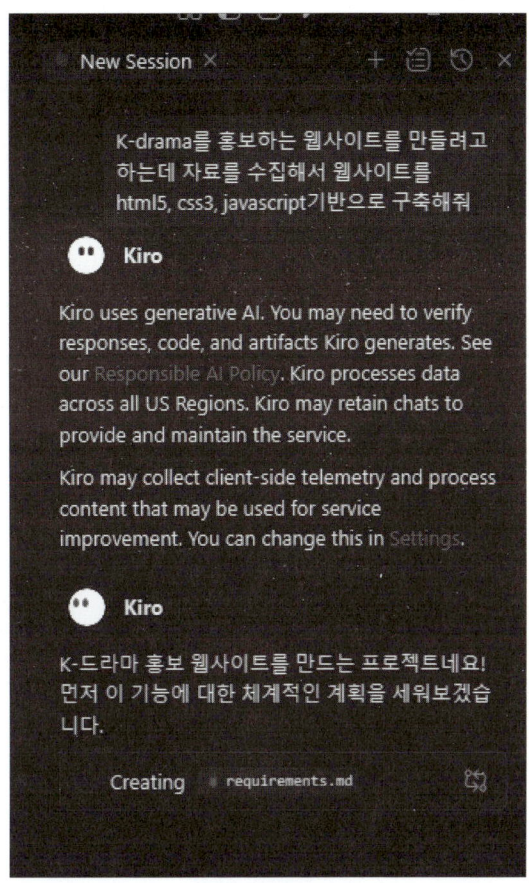

그림 7-13

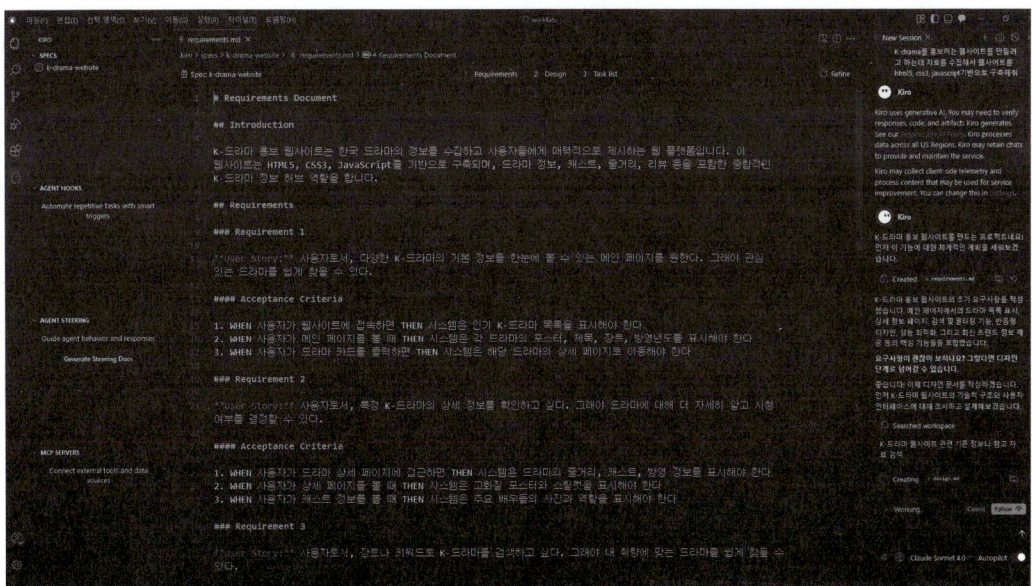

그림 7-14

생성된 design.md 파일입니다. 생각보다 상당히 상세하게 만들어 집니다.

K-드라마 홍보 웹사이트 설계 문서

Overview

K-드라마 홍보 웹사이트는 HTML5, CSS3, JavaScript를 기반으로 한 단일 페이지 애플리케이션(SPA) 형태로 구축됩니다. 모던 웹 표준을 준수하며, 반응형 디자인과 성능 최적화를 통해 모든 디바이스에서 최적의 사용자 경험을 제공합니다.

Architecture

전체 구조

```
k-drama-website/
├── index.html              # 메인 HTML 파일
├── css/
│   ├── main.css            # 메인 스타일시트
│   ├── responsive.css      # 반응형 스타일
│   └── components.css      # 컴포넌트별 스타일
├── js/
│   ├── app.js              # 메인 애플리케이션 로직
│   ├── data.js             # 드라마 데이터 관리
│   ├── components.js       # UI 컴포넌트
│   └── utils.js            # 유틸리티 함수
├── assets/
│   ├── images/             # 드라마 포스터, 스틸컷
│   └── icons/              # UI 아이콘
└── data/
    └── dramas.json         # 드라마 정보 데이터
```

기술 스택
- **HTML5**: 시맨틱 마크업, 접근성 준수
- **CSS3**: Flexbox/Grid 레이아웃, CSS 변수, 애니메이션
- **Vanilla JavaScript**: ES6+ 문법, 모듈 패턴
- **JSON**: 드라마 데이터 저장 형식

...

requirements.md 파일입니다.

Requirements Document

Introduction

K-드라마 홍보 웹사이트는 한국 드라마의 정보를 수집하고 사용자들에게 매력적으로 제시하는 웹 플랫폼입니다. 이 웹사이트는 HTML5, CSS3, JavaScript를 기반으로 구축되며, 드라마 정보, 캐스트, 줄거리, 리뷰 등을 포함한 종합적인 K-드라마 정보 허브 역할을 합니다.

Requirements

Requirement 1

User Story: 사용자로서, 다양한 K-드라마의 기본 정보를 한눈에 볼 수 있는 메인 페이지를 원한다. 그래야 관심 있는 드라마를 쉽게 찾을 수 있다.

Acceptance Criteria

1. WHEN 사용자가 웹사이트에 접속하면 THEN 시스템은 인기 K-드라마 목록을 표시해야 한다
2. WHEN 사용자가 메인 페이지를 볼 때 THEN 시스템은 각 드라마의 포스터, 제목, 장르, 방영년도를 표시해야 한다
3. WHEN 사용자가 드라마 카드를 클릭하면 THEN 시스템은 해당 드라마의 상세 페이지로 이동해야 한다
...

task.md 파일입니다.

Implementation Plan

- [ ] 1. 프로젝트 구조 설정 및 기본 HTML 파일 생성
  - 프로젝트 디렉토리 구조 생성 (css/, js/, assets/, data/ 폴더)
  - 기본 index.html 파일 작성 (HTML5 시맨틱 구조, 메타 태그 포함)
  - 필요한 CSS 및 JavaScript 파일 링크 설정
  - _Requirements: 1.1, 4.1, 5.1_

- [ ] 2. 드라마 데이터 모델 및 샘플 데이터 생성
  - JSON 형식의 드라마 데이터 스키마 정의
  - 샘플 K-드라마 데이터 10-15개 작성 (제목, 포스터, 장르, 줄거리, 캐스트 등)
  - 데이터 로딩 및 파싱 JavaScript 함수 구현
  - _Requirements: 1.2, 2.1, 6.1_

- [ ] 3. 기본 CSS 스타일 시스템 구축
  - CSS 변수를 활용한 색상 팔레트 및 테마 시스템 구현
  - 기본 타이포그래피 및 레이아웃 스타일 작성
  - 반응형 그리드 시스템 구현 (모바일 우선 접근법)
  - _Requirements: 4.1, 4.2, 5.2_

- [ ] 4. 헤더 컴포넌트 구현
  - 로고 및 네비게이션 메뉴 HTML 구조 작성
  - 검색창 UI 구현
  - 모바일 햄버거 메뉴 JavaScript 기능 구현
  - 헤더 반응형 스타일링 적용
  - _Requirements: 3.1, 4.3_

이러한 내용을 그대로 실행을 하도록 합니다. 속도가 좀 느린 것이 단점이지만 상세한 스펙을 만들어주고 시도하는 점은 맘에 듭니다. ㅎㅎ

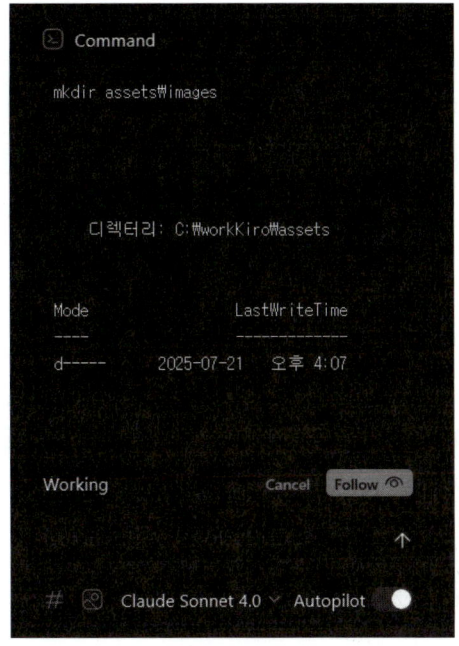

그림 7-15

계속 "Run" 버튼을 클릭하고 코드를 생성하도록 하면 폴더별로 잘 모아서 파일들을 생성합니다.

아직은 디자인이 밋밋해서 아래와 같이 입력을 합니다.

Tailwind.css를 적용해서 파스텔 톤으로 디자인을 수정해줘

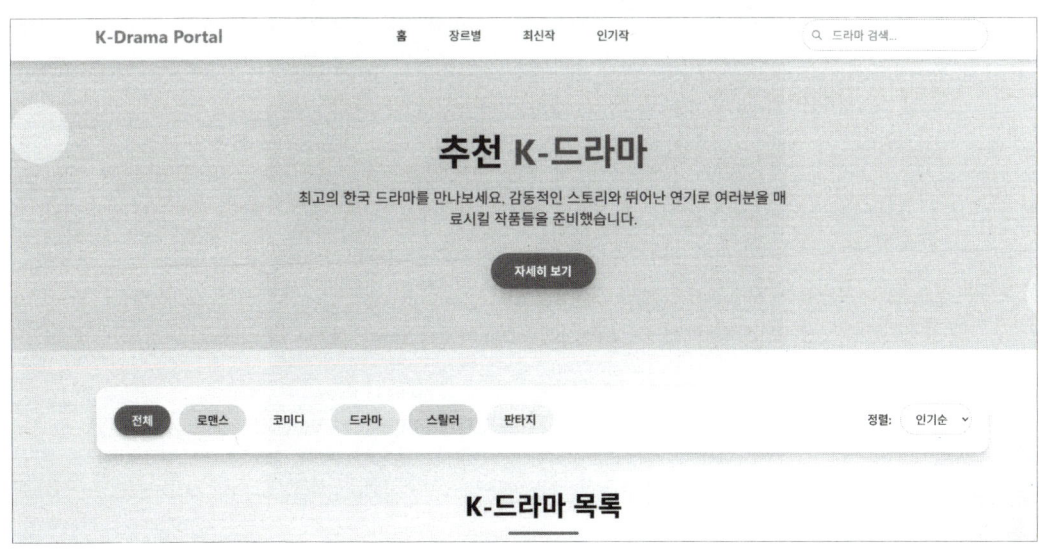

그림 7-16

한참을 기다리면 코드가 다 생성이 됩니다. 직접 윈도우 탐색기에서 "index.html" 페이지를 실행하면 됩니다. 기존 비주얼 스튜디오 코드에서 잘 사용하던 익스텐션들이 아직은 정상적으로 동작하지 않는 것 같습니다. 앞으로 개선될 것으로 생각합니다. 직접 웹페이지를 실행해 봅니다. 윈도우 탐색기에서 생성된 index.html을 더블 클릭해서 결과를 확인하면 됩니다.

7.3 게임 코드를 스펙 기반으로 만들기

이번에는 앞에서 생성했던 종 스크롤 기반의 게임을 스펙 기반으로 생성해 보겠습니다. 일단 디테일한 설계가 있다면 생각보다 코드 생성이 더 잘됩니다.

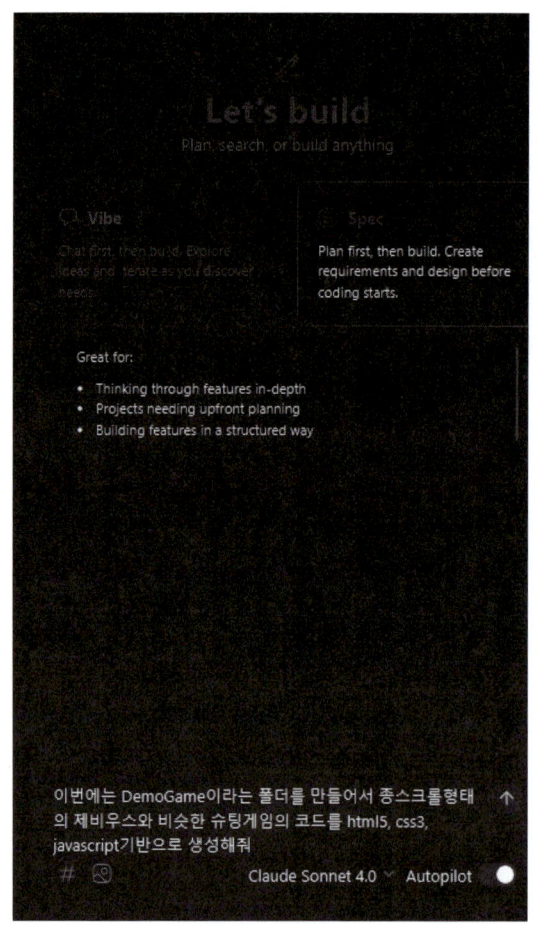

그림 7-17

아래와 같이 입력합니다.

> 이번에는 DemoGame이라는 폴더를 만들어서 종 스크롤형태의 제비우스와 비슷한 슈팅 게임의 코드를 html5, css3, javascript 기반으로 생성해줘

하단에 있는 "Move to design phase"를 클릭합니다.

하단에 있는 "Move to implementation plan"을 클릭합니다.

이번에도 "tasks.md"와 같은 세부 스펙의 마크다운 문서들을 먼저 생성합니다.

문서들이 다 생성이 되었으면 아래와 같이 입력합니다.

> 그대로 생성해줘

다른 개발 도구들에 비해서 속도가 많이 느린 편입니다. ㅎㅎ 차한잔을 마시면서 기다리면 됩니다. 파일의 구조를 보면 DemoGame이라는 폴더를 생성해서 여기에 게임에 관련된 파일들을 생성하고 있습니다.

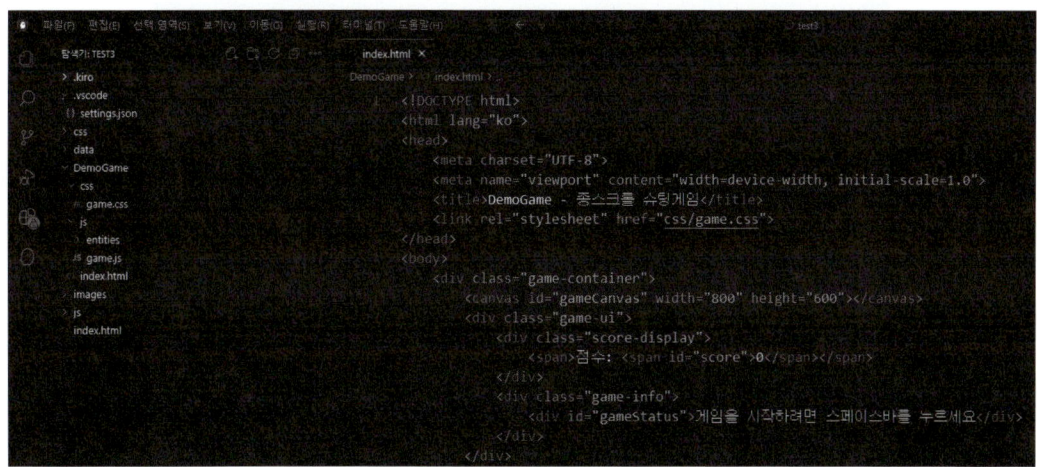

그림 7-18

스펙 관련 문서들은 .kiroWspecs폴더에 저장해 두었습니다.

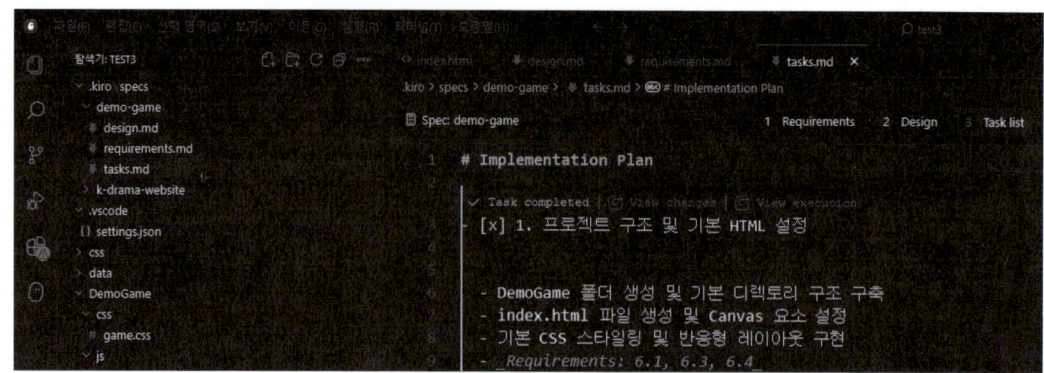

그림 7-19

생성된 index.html을 윈도우 탐색기에서 더블 클릭을 해서 바로 실행해 봅니다. 일단은 게임을 잘 실행이 되는데 아직은 많은 부분에 개선이 필요합니다. 혹시 게임이 시작이 안되면 게임 시작이 될 수 있도록 개선해 달라고 부탁하면 됩니다.

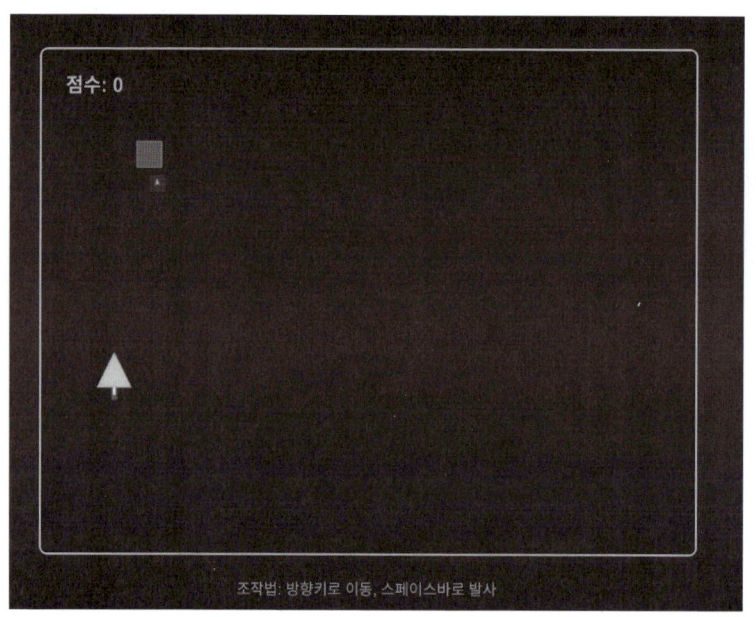

그림 7-20

약간의 문제가 있어서 아래와 같이 채팅 창에 입력을 했습니다. 스펙 파일을 오픈해서 수정해도 되지만 아래와 같이 요구해 보았습니다.

> 게임은 잘 실행되는데 실행되고 멈추는 현상이 있어 이 부분을 수정해줘. 그리고 적기의 모양도 풍뎅이나 다양한 우주선의 모양으로 변경해줘

다시 코드를 실행해 보니 아직 문제점이 있습니다. 다시 아래와 같이 채팅 창에 입력합니다. 충돌 로직에 약간의 문제가 발생한 것 같습니다. 우리는 코드를 모르니 일단 문제가 된 부분을 수정해 달라고 합니다. ㅎㅎ

> 적기가 총알을 맞으면 멈추는 현상이 발생함. 다시 코드를 수정해줘

이렇게 에러가 발생하는 부분을 계속 수정해 달라고 요청을 하면 좀 더 개선된 코드가 생성됩니다.

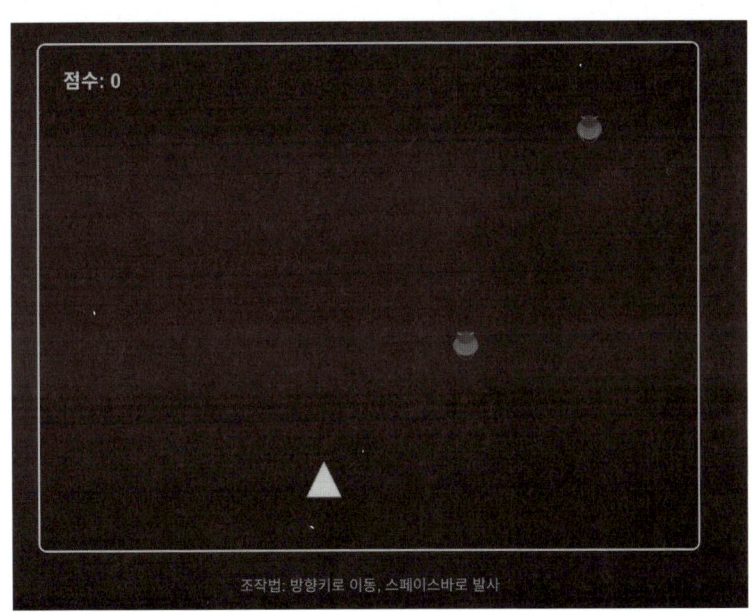

그림 7-21

> 내 우주선의 이미지를 멋진 우주선 모양으로 변경해 주고, 아이템을 먹으면 내 우주선의 장비가 업데이트되는 코드를 추가해줘. 총알이 하나에서 두개로, 세개로 계속 업그레이드 되어야 해. 최대 10개까지 업그레이드되도록 수정해줘

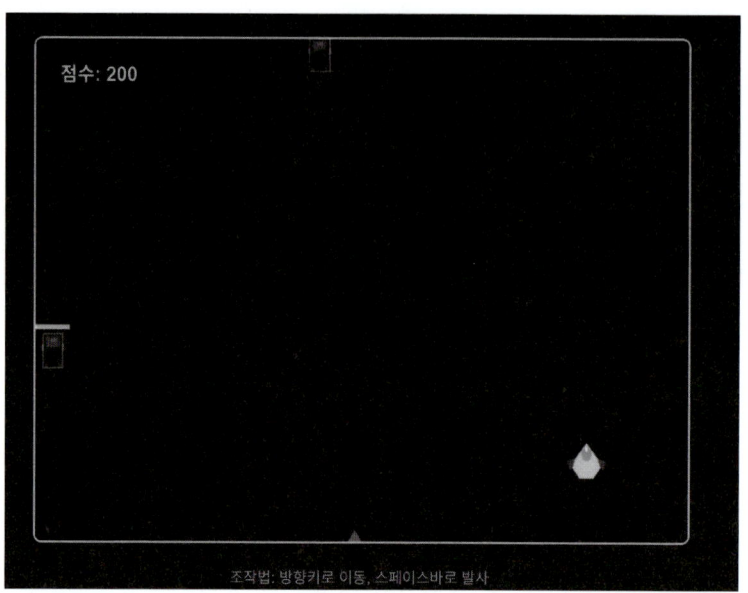

그림 7-22

생성된 design.md 파일은 아래와 같습니다.

Design Document

Overview

DemoGame은 HTML5 Canvas API를 활용한 2D 종 스크롤 슈팅 게임입니다. 객체지향 설계 패턴을 사용하여 게임 엔티티들을 관리하고, 게임 루프를 통해 실시간 렌더링과 업데이트를 수행합니다. 모듈화된 구조로 설계하여 유지보수성과 확장성을 확보합니다.

Architecture

전체 시스템 구조

```
DemoGame/
├── index.html          # 메인 HTML 파일
├── css/
│   └── game.css       # 게임 스타일링
├── js/
│   ├── game.js        # 메인 게임 엔진
│   ├── entities/
│   │   ├── player.js  # 플레이어 우주선
│   │   ├── enemy.js   # 적 엔티티
│   │   ├── bullet.js  # 총알 엔티티
│   │   └── particle.js # 파티클 효과
│   ├── managers/
│   │   ├── inputManager.js     # 입력 처리
│   │   ├── collisionManager.js # 충돌 감지
│   │   ├── soundManager.js     # 사운드 관리
│   │   └── uiManager.js        # UI 관리
│   └── utils/
│       ├── vector2d.js # 2D 벡터 유틸리티
│       └── utils.js    # 공통 유틸리티
└── assets/
    ├── images/        # 스프라이트 이미지
    └── sounds/        # 사운드 파일
```

...

requirements.md 파일은 아래와 같습니다.

Requirements Document

Introduction

DemoGame은 제비우스와 유사한 종 스크롤 슈팅 게임입니다. HTML5 Canvas, CSS3, JavaScript를 사용하여 브라우저에서 실행되는 2D 슈팅 게임을 구현합니다. 플레이어는 우주선을 조작하여 적들을 물리치고 점수를 획득하는 것이 목표입니다.

Requirements

Requirement 1

User Story: 게이머로서, 나는 키보드로 우주선을 조작할 수 있기를 원한다. 그래야 적들을 피하고 공격할 수 있다.

Acceptance Criteria

1. WHEN 플레이어가 방향키를 누르면 THEN 우주선이 해당 방향으로 이동해야 한다
2. WHEN 플레이어가 스페이스바를 누르면 THEN 우주선에서 총알이 발사되어야 한다
3. WHEN 우주선이 화면 경계에 도달하면 THEN 화면 밖으로 나가지 않아야 한다
4. WHEN 키를 연속으로 누르면 THEN 부드러운 이동이 가능해야 한다
...

Tasks.md 파일은 아래와 같습니다.

Implementation Plan

- [x] 1. 프로젝트 구조 및 기본 HTML 설정

  - DemoGame 폴더 생성 및 기본 디렉토리 구조 구축
  - index.html 파일 생성 및 Canvas 요소 설정
  - 기본 CSS 스타일링 및 반응형 레이아웃 구현
  - _Requirements: 6.1, 6.3, 6.4_

- [ ] 2. 게임 엔진 코어 시스템 구현
  - [ ] 2.1 메인 Game 클래스 및 게임 루프 구현
    - Game 클래스 생성 및 초기화 메서드 구현
    - requestAnimationFrame을 사용한 게임 루프 구현
    - 델타 타임 계산 및 프레임 레이트 관리
    - _Requirements: 5.1_

  ...

채팅 창에 계속 입력하기에는 너무 복잡한 요구사항들이 많아서 이렇게 마크다운 형태로 AI가 잘 읽어서 처리할 수 있도록 정리하면 좋습니다. 기본적으로 만들어 주는 문서들을 잘 수정해서 사용하면 됩니다. 멋지네요! 기술의 발전속도가 정말 엄청납니다. 내년에는 어떤 기술들이 우리를 놀라게 할지 기대됩니다. AI시장은 아직도 초입입니다~~

8장

macOS에서 Xcode를 사용해서 아이폰 앱 개발하기 - 커서와 같이 활용

8.1 아이폰 앱에 대한 간단한 소개

8.2 Swift 언어와 SwiftUI에 대한 소개

8.3 Cursor IDE에서 생성한 코드를 Xcode에서 실행하기

8.4 아이폰에 실제 앱을 배포해서 실행해 보기

8.1 아이폰 앱에 대한 간단한 소개

개인적으로 지난 IT 환경의 트렌드를 정리해 보면, DOS의 시대에서, 윈도우 시대로 진화를 했고, 다시 웹과 모바일의 시대에서, 이제는 AI 기반의 LLM을 주로 사용하는 형태로 지난 30년간 변화했습니다. 허덕이면서 시대의 트렌드를 따라온 것도 참 운이 좋았다고 생각합니다. 우리는 트렌드를 잘 읽으면 살아남을 수 있습니다.

저는 AI 시대가 새로운 기회의 시대라고 보고 있습니다. 문명이 변한다는 생각을 매년 하고 있습니다. 비주얼 베이직 3.0을 처음 사회 생활하면서 사용했는데, C#, VB.NET, ASP.NET, Objective-C, Swift, Python같은 언어들을 다루고 강의하면서 살아 남았습니다. 그런데 앞으로는 특정 언어의 전문가라는 것은 크게 중요하지 않을 것 같습니다. 우리는 기술과 언어를 뛰어넘어서 각 도메인의 전문가로, 전체를 보는 아키텍터로 성장해야 합니다. 이런 면에서 모바일을 한번 경험하고 접해보는 것도 좋다고 봅니다.

모바일 앱도 코드 어시스턴트 툴을 사용해서 생성할 수 있습니다. 이번에는 맥북에서 Xcode를 사용해서 아이폰 앱을 개발하는 것을 소개하도록 하겠습니다. 이번 장은 맥북이 반드시 있어야 합니다. 현재 시점에서 추천하는 기기는 애플에서 출시한 맥미니 m4입니다. 당근마켓에서 구매하면 70만원에서 75만원이면 장비를 구할 수 있습니다. 아니면 이동이 중요한 경우는 맥북에어 m4를 추천합니다. 가성비 있는 장비들입니다. 맥과 아이폰이 있으면 바로 개발을 해서 배포를 해볼 수 있습니다.

필자가 사용하는 장비들입니다. 요즘은 윈도우 노트북과 맥미니 m4를 거의 반반 사용하고 있습니다. 서버와 클라이언트 셋팅이 원활해서 개발자들과 엔지니어들도 맥을 좋아하는 분들이 참 많습니다.

그림 8-1

맥에 커서를 설치하는 것은 앞에서 한 작업들과 비슷합니다. 비주얼 스튜디오 코드와 Cursor IDE와 같은 툴들은 대부분 윈도우와 맥을 같이 지원합니다.

Cursor IDE를 맥에 설치하고 Desktop에 "workIOS"라는 폴더를 만들어서 작업 폴더로 셋팅을 했습니다.

 https://developer.apple.com/develop/

위의 개발자 웹사이트로 가서 Xcode를 설치해야 합니다. 지금 제가 사용하는 Xcode 16 버전은 앞으로 계속 업데이트 될 수 있습니다. 애플은 매년 macOS, iOS 등을 업데이트하고 있습니다. 애플의 업데이트를 따라가기가 참 벅찹니다.

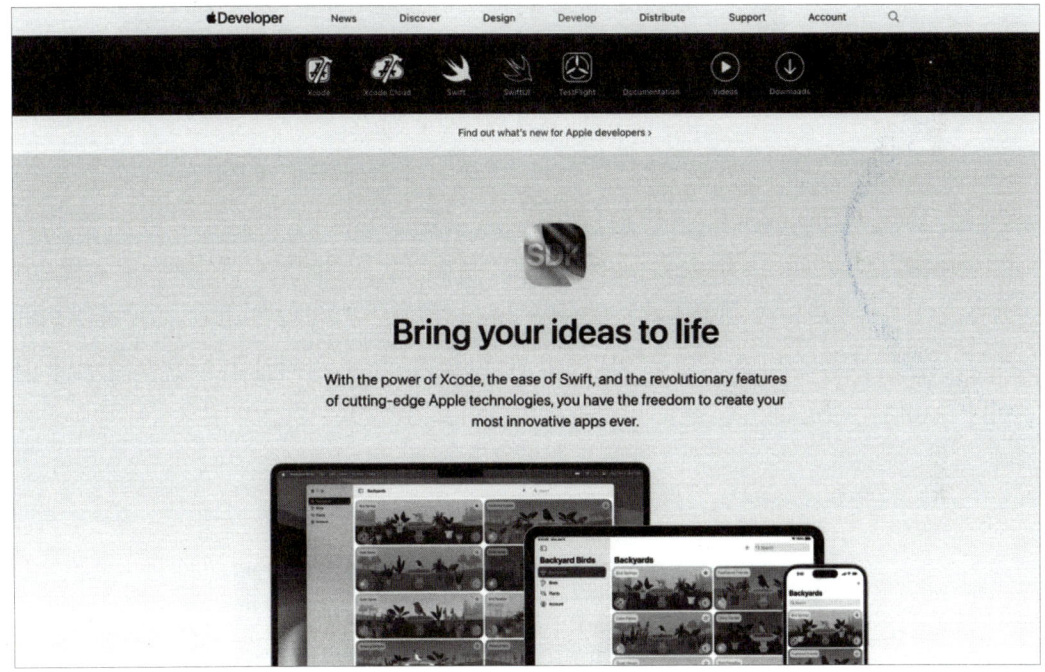

그림 8-2

아니면 AppStore를 오픈해서 Xcode를 검색해서 설치하거나 업데이트 하면 됩니다. 요즘은 대부분의 개발도구가 무료로 제공되는 경우가 많습니다. 물론 코드 어시스턴트 도구들은 대부분 구독형으로 변하긴 했습니다.

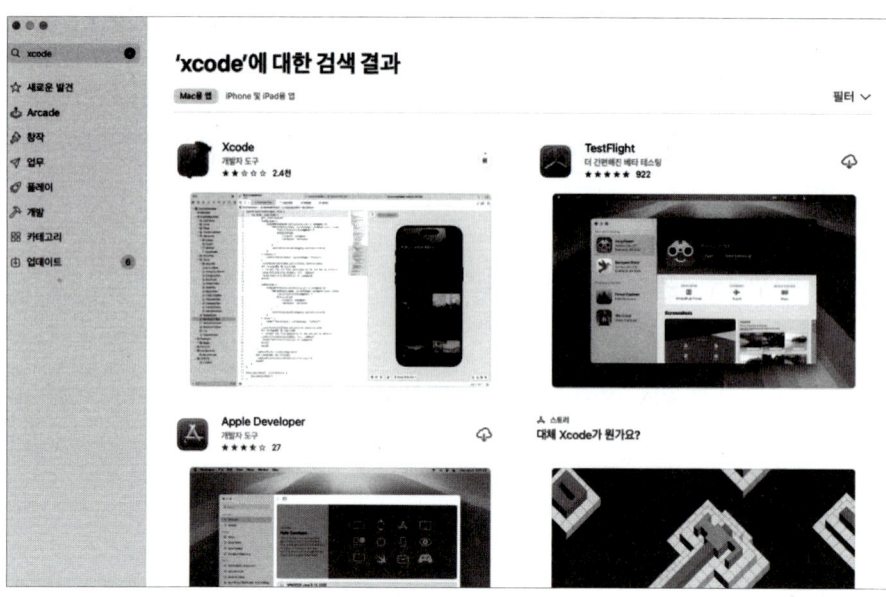

그림 8-3

macOS에 Xcode를 설치하면 애플이 제공하는 운영체제에 애플이 제공하는 개발 툴을 설치했다고 보면 됩니다. Xcode를 실행하면 새로운 시뮬레이터들을 다운로드 받을 수 있습니다. 아이폰 앱을 개발할 때는 Xcode가 반드시 필수적으로 필요합니다. 애플의 폐쇄적인 정책으로 시뮬레이터들을 열어주지 않기 때문에 어쩔 수 없는 부분입니다. macOS를 위한 장비가 사실은 처음 모바일 개발로 입문했을 때 느낄 수 있는 장벽입니다. 요즘은 워낙 맥북이나 맥미니를 사용하는 분들이 많아져서 개발하고 실행하는 환경의 접근성이 좋아졌습니다.

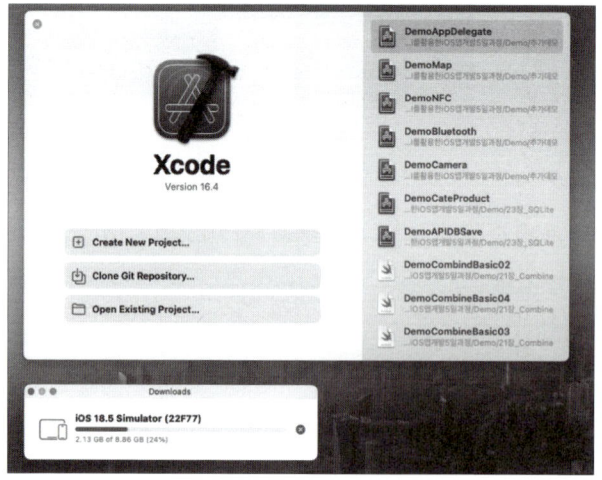

그림 8-4

Xcode를 다운로드 받아서 실행하면 추가로 현재 버전의 iOS를 지원하는 시뮬레이터들을 추가로 다운로드 받을 수 있습니다. 잠시 기다리면 됩니다.

8.2 Swift 언어와 SwiftUI에 대한 소개

애플이 2014년에 발표한 Swift라는 언어는 Java, C#과 같은 언어들과 문법이 비슷합니다. 여기에 Python이나 Javascript같은 스크립트 언어의 특징이 결합되어 있는 재미있는 언어입니다. 다만 사용하는 개발자가 상당히 적은 언어입니다. 그럼에도 iOS의 앱을 개발하려면 필수로 공부해야 하는 언어입니다. 우리는 직접 코딩을 하지 않고 코드 어시스턴트 도구들을 사용해서 생성된 코드를 복사해서 사용하려고 합니다.

그림 8-5

Xcode를 실행한 상태에서 "Create New Project"를 클릭합니다. Hello world에 해당하는 간단한 앱을 생성해 보려고 합니다. 앱의 구조를 살펴보고 코드는 자동 생성하려고 합니다.

아래의 화면에서 우리는 "iOS" 카테고리에 있는 "App" 템플릿을 선택해서 "Next" 버튼을 클릭하면 됩니다. 앱을 만들 경우 제일 많이 사용하는 템플릿(미리 준비된 틀)입니다.

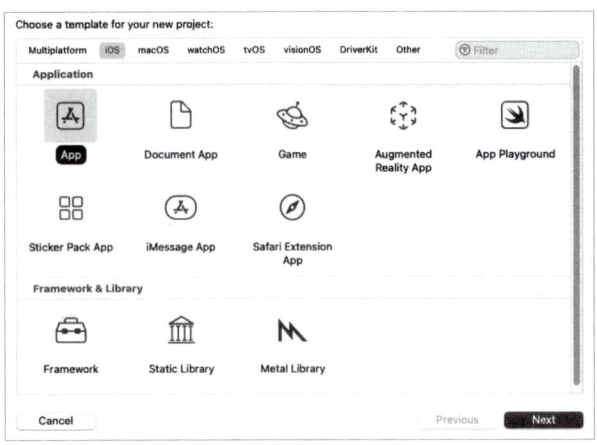

▶ 그림 8-6

아래의 화면에서 Product Name에 "DemoApp"를 입력합니다. Team에는 기본값은 "None"를 그대로 둡니다. Organization Identifier에는 유니크한 이름을 입력합니다. "com.본인개발자계정명"과 같이 도메인 네임의 역순으로 입력하면 나중에 앱을 구분할 수 있는 구분자의 역할을 합니다. 아래와 같은 형태의 이름을 보면 전체 앱의 이름은 "com.papasmf.DemoApp"가 됩니다.

Interface에는 꼭 "SwiftUI"를 선택합니다. 기존에는 UIKit 기반으로 개발하던 형태가 최근에는 좀 더 발전된 SwiftUI를 사용하고 있습니다. SwiftUI에서는 선언적인 형태의 코드로 변경되었습니다. 우리도 SwiftUI를 사용하려고 합니다.

Language에는 "Swift"를 사용합니다. Testing System에는 "None", Storage도 "None"을 선택합니다.

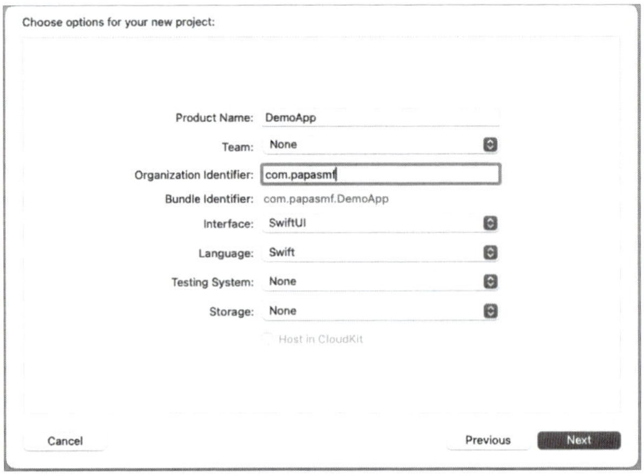

▶ 그림 8-7

마지막으로 저장할 때 "Desktop"에 그대로 저장하려고 합니다. 중앙의 하단에 있는 Source Control은 체크하지 않습니다. 우리는 최대한 간단하게 프로젝트를 생성해서 살펴보려고 합니다. 앞으로 생성하는 앱도 대부분 동일하게 셋팅 해서 사용합니다.

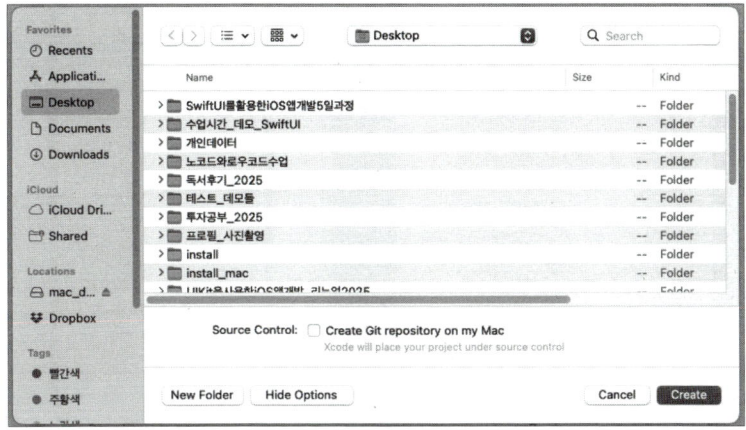

그림 8-8

아래와 같이 준비가 되면 바로 실행하면 됩니다. Xcode는 많은 도구들이 결합되어 있는 툴입니다. Xcode의 왼쪽은 네비게이터 영역으로 다양한 파일들을 보여주고 있습니다. 중앙에는 선언형으로 사용하는 객체들이 보입니다. 오른쪽에는 Preview(미리보기) 화면이 있습니다. 각 뷰들을 수정하면 바로 오른쪽의 미리 보기 화면에 반영이 됩니다.

왼쪽 상단에 있는 삼각형(플레이 버튼)을 클릭하면 바로 시뮬레이터가 실행됩니다.

그림 8-9

그림 8-10

시뮬레이터는 실제로 아이폰과 동일하게 동작하는 프로그램입니다. 실제 기기(실기)가 없어도, 바로 앱을 배포해서 실행할 수 있기 때문에 초기 개발에 사용하면 좋습니다. 우리는 실제 실행을 하지 않아도 Xcode의 오른쪽에 있는 미리보기 화면에서 많은 것을 테스트할 수 있습니다.

기존 Xcode의 개발에서는 Storyboard(만화 영화나 영화를 만들 때 장면들을 미리 그리고 연결하는 것과 비슷한 개념)를 많이 사용했지만, 최근의 대세는 SwiftUI를 사용한 개발로 넘어가고 있습니다. SwiftUI 기반의 iOS 앱 개발을 하면서 오른쪽에 있는 미리보기 화면을 적극 활용하면 됩니다.

기본으로 생성된 DemoApp.swift 파일에 있는 코드입니다.

```
import SwiftUI

@main
struct DemoAppApp: App {
    var body: some Scene {
        WindowGroup {
            ContentView()
        }
    }
}
```

대략적으로 설명하면 다음과 같습니다. import SwiftUI는 UI 프레임워크를 로딩하는 구문입니다. @main은 앱의 진입점(entry point, 시작지점)임을 나타내는 코드입니다. 구조체인 DemoAppApp는 App 프로토콜(일종의 약속, 규격, 규약을 지정)을 채택한 것으로 앱 전체를 의미합니다.

var body: some Scene는 앱이 생성해야 할 UI인 장면(Scene)을 선언하는 프로퍼티입니다. Swift 언어에서는 변수를 선언할 때 var라는 키워드(미리 정해진 단어)를 사용합니다.

WindowGroup은 하나 이상의 윈도우를 관리하는 기본 Scene 컨테이너를 의미합니다. 실제로 화면에 그려질 최초의 루트 View가 바로 ContentView()입니다.

설명이 생각보다 복잡하죠! 사실 Swift 언어의 기본, 구조체와 클래스에 대한 내용, 프레임워크에 대한 내용들을 공부해야 합니다. 우리는 일단 기본적인 용어들만 살펴보려고 합니다.

앞으로는 깊게 공부하는 것보다는 가볍게 두루 두루 공부하는 스킬이 필요하다고 봅니다. 저도 제가 다루지 않던 분야들을 코드 어시스턴트 도구들로 만들어보면서 더 많이 공부를 하고 있습니다. 기본적인 IT 용어와 공부는 필수라고 봅니다. 개발이 처음인 분들은 기초적인 언어와 프레임워크, LLM 사용법을 익혀두는 것이 단계적으로 필요합니다.

ContentView.swift 파일의 코드입니다. 이 부분이 우리가 생성할 코드의 한 부분입니다. 여기에서 화면(View)와 로직(구현한 코드)를 작업하게 됩니다. ContentView는 일종의 뷰(View는 우리가 눈으로 보고 있는 화면을 의미)입니다. 여기에 body 속성 안에 뷰들을 구성하면 됩니다. 현재는 VStack을 사용해서 수직으로 이미지와 문자열을 쌓기를 한 상태입니다. 약간의 느낌은 HTML 태그를 사용하는 것과 비슷한 느낌입니다. 다양한 기술들이 섞여 있는 것이 Swift 언어와 SwiftUI 기술의 특징입니다.

```
import SwiftUI

struct ContentView: View {
    var body: some View {
        VStack {
            Image(systemName: "globe")
                .imageScale(.large)
                .foregroundStyle(.tint)
            Text("Hello, world!")
        }
        .padding()
    }
}

#Preview {
    ContentView()
}
```

8.3 Cursor IDE에서 생성한 코드를 Xcode에서 실행하기

맥에 설치한 Cursor IDE를 사용해서 아래와 같이 입력합니다. 직접 파일을 생성해서 사용하는 것이 아닌 생성된 코드를 복사해서 Xcode 내부에 붙여넣기를 해야 합니다. 채팅 창에 아래와 같이 입력합니다.

> Swift와 SwiftUI를 사용해서 전자제품 데이터를 입출력하는 화면을 가지고 있는 앱의 코드를 생성해줘. 내부적으로 SQLite를 사용하는데 FMDB 클래스를 사용해서 입력, 수정, 삭제, 검색하는 뷰를 가지고 있도록 만들어줘. Products테이블에 prodID는 int, prodName은 text, prodPrice는 int를 사용하도록 테이블 구조를 만들어줘

사실 이런 내용을 입력하려면 SwiftUI 앱의 구조를 좀 알고 있어야 합니다. 기본적으로 Swift 언어와 SwiftUI에서는 MVVM(Model – View – ViewModel)의 구조로 앱을 생성합니다.

Model은 일종의 자료구조를 의미합니다. 화면과 상관이 없는 순수하게 자료구조만을 정의합니다. View는 화면만을 의미합니다. ViewModel은 Model의 데이터를 변환해서 View에 출력하는 역할을 담당하거나, View에서 입력되는 데이터를 체크해서 Model에 반영할 때 변환되는 데이터의 로직을 담당합니다.

용어가 좀 어렵기는 하지만 기존에 iOS에서 많이 사용하던 MVC(Model – View – Controller)의 구조가 좀 더 진화된 형태로 제공된다고 보면 됩니다.

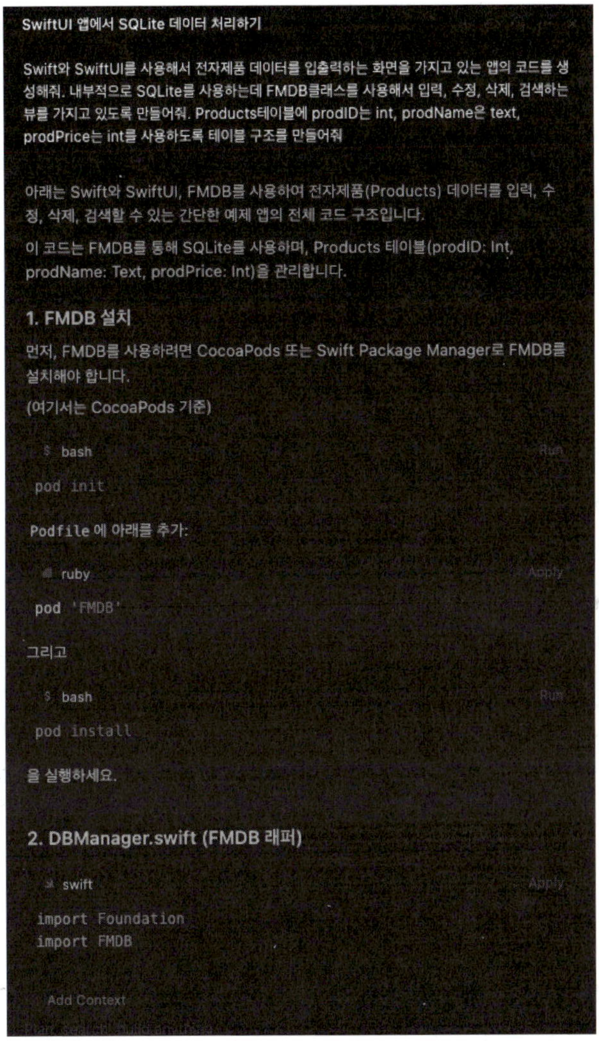

```
SwiftUI 앱에서 SQLite 데이터 처리하기

Swift와 SwiftUI를 사용해서 전자제품 데이터를 입출력하는 화면을 가지고 있는 앱의 코드를 생성해줘. 내부적으로 SQLite를 사용하는데 FMDB클래스를 사용해서 입력, 수정, 삭제, 검색하는 뷰를 가지고 있도록 만들어줘. Products테이블에 prodID는 int, prodName은 text, prodPrice는 int를 사용하도록 테이블 구조를 만들어줘

아래는 Swift와 SwiftUI, FMDB를 사용하여 전자제품(Products) 데이터를 입력, 수정, 삭제, 검색할 수 있는 간단한 예제 앱의 전체 코드 구조입니다.

이 코드는 FMDB를 통해 SQLite를 사용하며, Products 테이블(prodID: Int, prodName: Text, prodPrice: Int)을 관리합니다.

1. FMDB 설치

먼저, FMDB를 사용하려면 CocoaPods 또는 Swift Package Manager로 FMDB를 설치해야 합니다.
(여기서는 CocoaPods 기준)

$ bash
pod init

Podfile 에 아래를 추가:

ruby
pod 'FMDB'

그리고

$ bash
pod install

을 실행하세요.

2. DBManager.swift (FMDB 래퍼)

swift
import Foundation
import FMDB
```

그림 8-11

Cursor IDE에서 Swift 언어와 SwiftUI에 대한 생성이 생각보다 잘 됩니다. 한가지 조심할 부분은 SQLite를 사용하려면 FMDB라는 라이브러리가 필요합니다. 이 부분은 스위프트 패키지를 추가하면 쉽게 해결할 수 있습니다. 아래의 그림과 같이 Xcode 왼쪽의 파일들에서 DemoApp 프로젝트를 선택하고 중간의 PROJECT에서 "DemoApp"를 클릭합니다. 오른쪽의 "Package Dependencies"를 클릭하면 스위프트 패키지를 추가할 수 있습니다. 일종의 외부 라이브러리를 사용하기 위한 메뉴라고 보면 됩니다. 우리는 앞에서 파이썬의 pip 명령어를 사용해서 라이브러리를 설치한 적이 있습니다. 라이브러리를 추가하기 위해서 왼쪽 하단의 "+"를 클릭합니다.

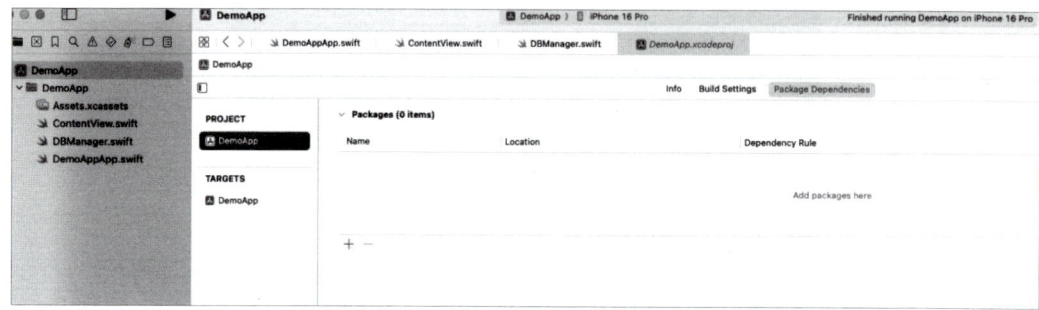

그림 8-12

새로 오픈된 화면에서 오른쪽 상단의 검색창에서 "FMDB"를 입력합니다. 그러면 오픈 소스 패키지들이 검색됩니다. 오른쪽 하단의 "Add Package"를 클릭하면 됩니다.

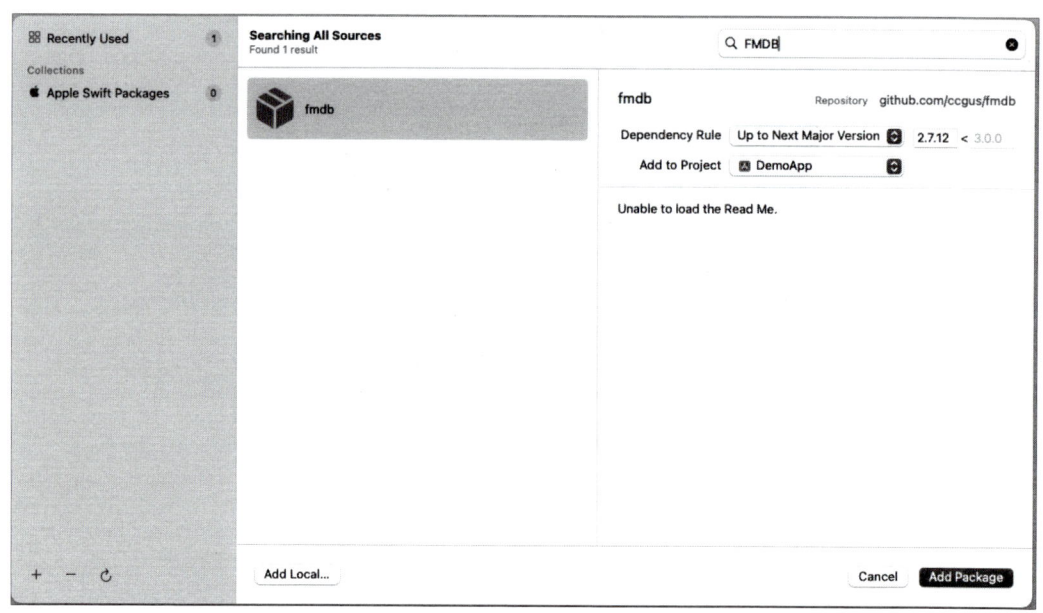

그림 8-13

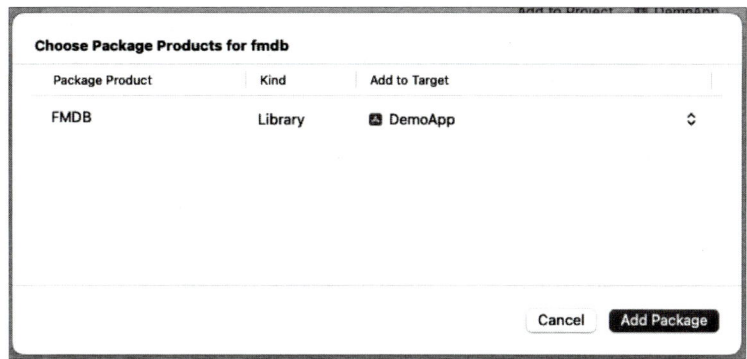

그림 8-14

"FMDB"를 확인하고 "Add Package"를 클릭하면 됩니다.

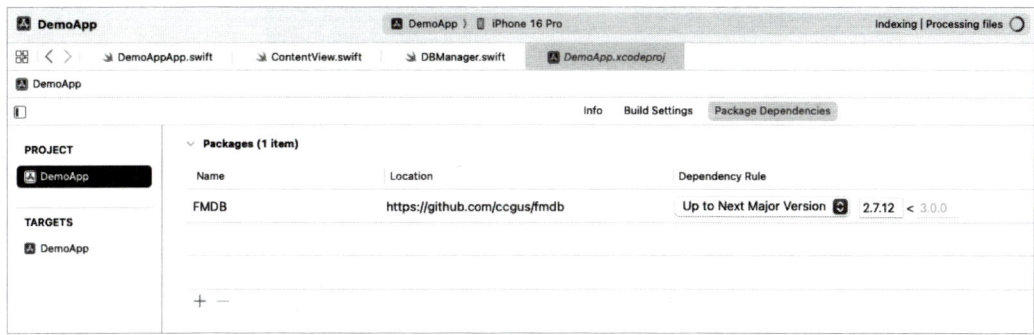

그림 8-15

위의 그림처럼 FMDB 패키지가 추가되면 필요한 작업은 완료된 상태입니다. 이제는 필요한 파일들을 하나씩 추가해야 합니다. Xcode의 왼쪽 네비게이터 영역에서 DemoApp 프로젝트의 하위에 있는 DemoApp에서 마우스 오른쪽 버튼을 클릭합니다. "New Empty File"을 클릭해서 파일명을 하나씩 입력하면 됩니다.

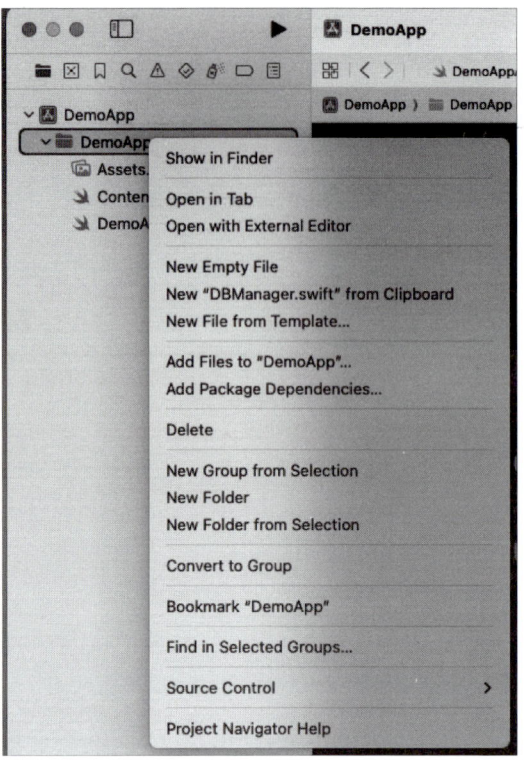

그림 8-16

"New Empty File" 항목은 아무것도 없는 빈 파일을 추가하는 메뉴입니다. 코드는 우리가 직접 붙여넣기를 해야 합니다.

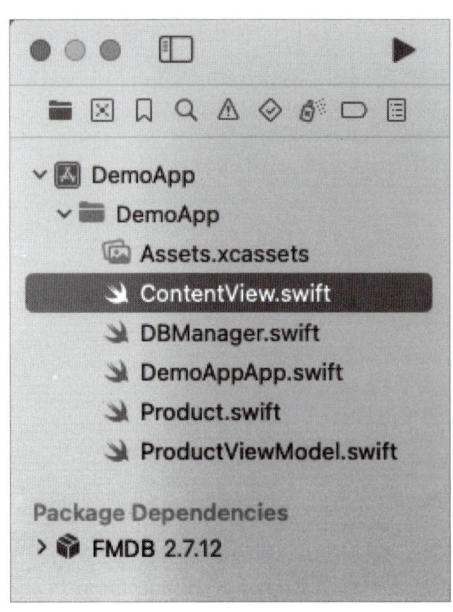

그림 8-17

기존에 있던 "ContentView.swift"와 "DemoAppApp.swift"는 그대로 사용합니다. 추가로 "DBManager.swift", "Product.swift", "ProductViewModel.swift"를 추가해야 합니다. 매번 다르게 코드가 생성될 수 있지만, 여러번 시도해 보니 비슷한 이름들로 코드가 생성됩니다. 데이터베이스에 입출력 하는 SQL 구문을 포함하고 있는 데이터액세스 객체로 생성된 파일(DBmanager.swift)과 모델 객체(Product.swift), View(ContentView.swift)와 ViewModel(ProductViewModel.swift)에 해당하는 파일들입니다. 생각보다 구조를 잘 만들어줍니다.

Cursor IDE에서 생성된 코드들을 그대로 추가한 각 파일에 복사해서 붙여넣기를 합니다.

기존 ContentView.swift 파일은 아래와 같은 코드로 덮어쓰기를 해야 합니다. 복잡해 보이지만 전혀 신경쓰지 않고 Copy&Paste를 하면 됩니다.

```
import SwiftUI

struct ContentView: View {
    @StateObject var viewModel = ProductViewModel()
    @State private var name = ""
    @State private var price = ""
    @State private var editingProduct: Product?

    var body: some View {
        NavigationView {
            VStack {
                HStack {
                    TextField("제품명", text: $name)
                        .textFieldStyle(RoundedBorderTextFieldStyle())
                    TextField("가격", text: $price)
                        .keyboardType(.numberPad)
                        .textFieldStyle(RoundedBorderTextFieldStyle())
                    Button(editingProduct == nil ? "추가" : "수정") {
                        if let edit = editingProduct {
                            var updated = edit
                            updated.prodName = name
                            updated.prodPrice = Int(price) ?? 0
                            viewModel.updateProduct(product: updated)
                            editingProduct = nil
                        } else {
```

```
                        viewModel.addProduct(name: name, price: Int(price) ?? 0
                    }
                    name = ""
                    price = ""
                }
            }
            .padding()
            
            HStack {
                TextField("검색어", text: $viewModel.searchKeyword)
                    .textFieldStyle(RoundedBorderTextFieldStyle())
                Button("검색") {
                    viewModel.fetchProducts()
                }
            }
            .padding([.leading, .trailing, .bottom])
            
            List {
                ForEach(viewModel.products) { product in
                    HStack {
                        VStack(alignment: .leading) {
                            Text(product.prodName)
                            Text("가격: \(product.prodPrice)원")
                                .font(.caption)
                                .foregroundColor(.gray)
                        }
                        Spacer()
                        Button("수정") {
                            name = product.prodName
                            price = "\(product.prodPrice)"
                            editingProduct = product
                        }
                        .buttonStyle(BorderlessButtonStyle())
                        Button("삭제") {
                            viewModel.deleteProduct(id: product.prodID)
                        }
                        .foregroundColor(.red)
                        .buttonStyle(BorderlessButtonStyle())
```

```
                }
            }
        }
        .onAppear {
            viewModel.fetchProducts()
        }
    }
    .navigationTitle("전자제품 관리")
        }
    }
}
```

DemoAppApp.swift 파일은 변경된 부분이 없습니다.

```
import SwiftUI

@main
struct workIOSApp: App {
    var body: some Scene {
        WindowGroup {
            ContentView()
        }
    }
}
```

나머지 Swift 파일들도 그대로 생성된 코드를 붙여넣기를 하면 됩니다.

cmd + b를 클릭하면 빌드(Build)가 됩니다. 일종의 컴파일 작업(기계어로 생성)입니다. 아이폰으로 배포해서 실행할 수 있는 일종의 기계어코드가 생성되는 과정입니다.

cmd + r를 클릭하면 런(Run, 실행)을 할 수 있습니다. 시뮬레이터에서 앱이 실행되는 것을 확인할 수 있습니다.

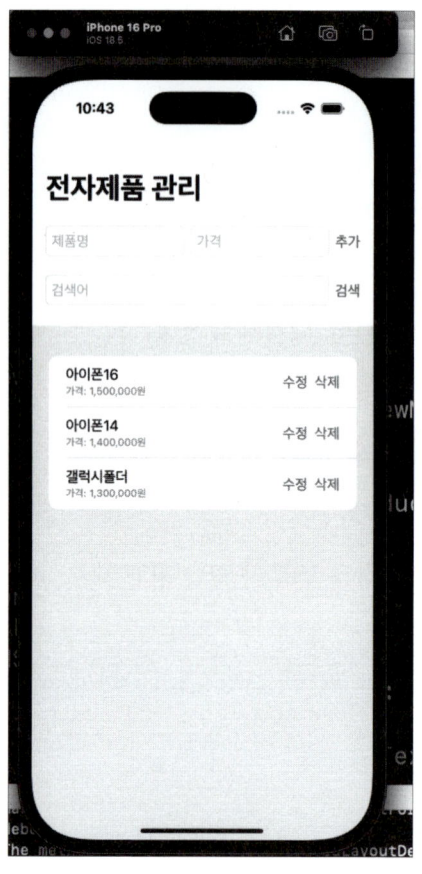

그림 8-18

실제 입력을 해보면 추가, 수정, 삭제, 검색이 잘 진행이 됩니다. 아마도 이렇게 첫번째 아이폰 앱을 만들어 보시는 분들이 많을 것 같습니다. ㅎㅎ 코드 어시스턴트 도구를 사용해서 모바일 앱도 바이브 코딩으로 해결하고 있습니다. 제가 5일 정도 아이폰 앱 개발 과정을 진행할 때 4일정도 진행하면 나오는 앱입니다. 한시간 정도 LLM을 사용해서 씨름을 하면 바로 만들 수 있습니다.

처음 이런 코드를 보시는 분들에게는, 아직은 구조가 너무 생소하게 보일 것 같습니다. ChatGPT에게 MVVM패턴에 대해서 설명해 달라고 했습니다. 기본적으로 Model(데이터 구조)과 View(화면)를 분리하고 중간에 ViewModel을 사용해서 데이터를 변환하거나 체크 하는 작업 등을 수행할 수 있습니다.

원래 기본적으로 UIKit 프레임워크에서 사용하던 구조는 MVC 형태였습니다. Model - View - Controller형태의 구조에서 MVVM 구조로 변경된 형태를 SwiftUI에서는 주로 활용합니다.

1. MVVM이란?

계층	핵심 책임	SwiftUI에서 흔히 쓰는 요소
Model	- 앱의 "사실"과 비즈니스 로직 보관 - 네트워크·DB·파일 I/O, 상태 변경	struct/class, Codable, Core Data Model 등
View	- 화면(레이아웃·애니메이션) 렌더링 - 사용자 입력 이벤트 방출	SwiftUI View 프로토콜 (struct ContentView: View)
ViewModel	- Model ⇌ View 중재자 - Model 을 관찰해 화면용 데이터로 가공 - View 로부터 액션 받아 Model 조작	class가 대부분 ObservableObject + @Published Combine / async let 으로 비동기 작업

관점

- **View ↔ ViewModel** : 단방향 데이터 바인딩(관측)
- **ViewModel ↔ Model** : CRUD·비즈니스 로직 호출

2. SwiftUI가 MVVM에 잘 맞는 이유

1. **선언형 UI** → View 가 "데이터 스냅샷"만 보여 주고, 실제 상태는 ViewModel 이 소유.
2. **Combine / Concurrency** → @Published·async 로 모델 변경을 스트림 형태로 방출.
3. **Property Wrapper** 로 의존성 주입이 간단:
   - @StateObject : View 가 소유·생성
   - @ObservedObject : 외부에서 주입
   - @EnvironmentObject : 트리 전역 공유

사실 Xcode에도 LLM 엔진이 탑재되어 있지만 아직은 기능이 약한 편입니다. 약간의 코드 자동 완성에서만 활용하고 있어서, 비주얼 스튜디오 코드의 코파일럿과 Cursor IDE의 코드 생성 능력을 같이 활용하면 좋습니다. 앞으로는 Xcode도 상당히 발전할 수 있습니다.

8.4 아이폰에 실제 앱을 배포해서 실행해 보기

애플의 유료개발자 프로그램에 가입을 하지 않아도 무료로 1대의 기기에 앱을 배포해 볼 수 있습니다. 기본적으로 애플의 개발자 계정(무료)이 필요합니다. 원래는 매년 99달러를 지불하고 유료 개발자 계정을 만들어야 실제 앱스토어에 배포를 할 수 있습니다. 우리는

내가 가지고 있는 하나의 아이폰에만 배포하는 형태로 진행을 해보려고 합니다. 이런 경우라면 애플의 무료 개발자 계정으로 충분히 배포할 수 있습니다.

 https://developer.apple.com/

위의 웹사이트를 방문해서 오른쪽 상단에 있는 "account"를 클릭해서 무료 계정을 하나 생성하면 됩니다. 일종의 개발자 계정으로 우리는 앱을 배포해서 테스트하는 용도로 사용하려고 합니다. 이미 앱스토어 계정이 있는 분들은 해당 계정을 개발자 계정으로 사용하셔도 됩니다.

이번에는 카메라를 제어하는 iOS앱을 생성해서 실제 아이폰에 배포를 하겠습니다. 카메라를 제어하는 앱의 경우 실제 기기로 배포해야 테스트가 가능합니다.

아래와 같이 Cursor IDE의 채팅 창에 입력합니다.

> iOS에서 실행할 수 있도록, Swift와 SwiftUI를 사용해서 카메라를 제어하는 앱의 코드를 생성해줘. 버튼을 터치하면 사진을 촬영하고, 이 사진을 바로 보여주는 앱의 코드를 생성해줘

Xcode를 실행해서 "Create New Project"를 클릭합니다.

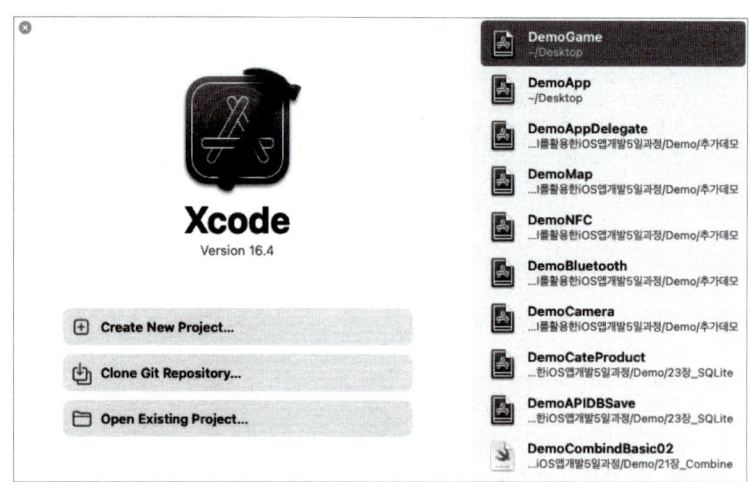

그림 8-19

iOS 카테고리에 있는 App을 클릭합니다.

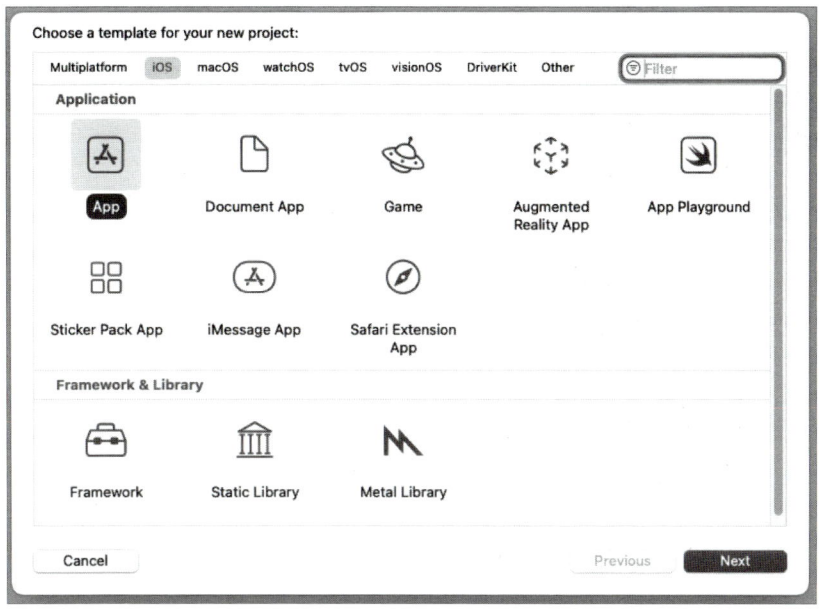

◆ 그림 8-20

Product Name에 "DemoCamera"를 입력합니다. 나머지는 앞에서 선택했던 그대로 두고 "Next" 버튼을 클릭합니다.

◆ 그림 8-21

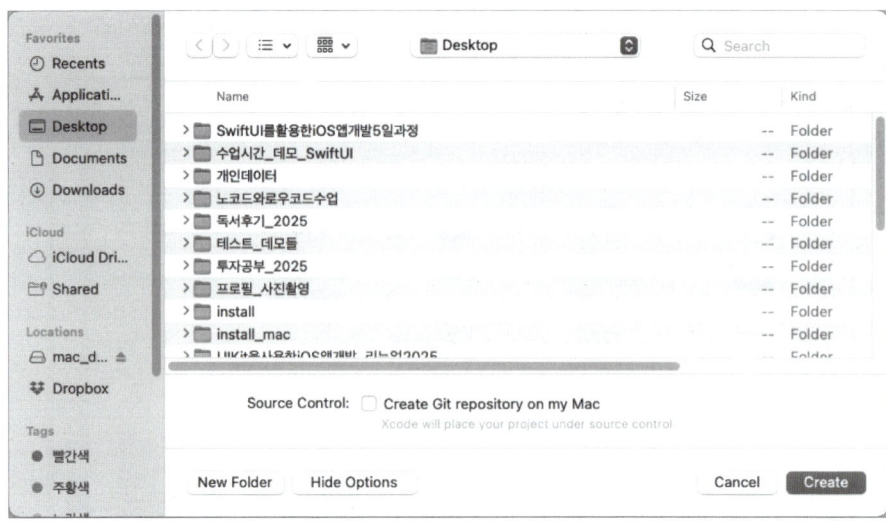

그림 8-22

프로젝트는 Desktop에 저장합니다. "Create"를 클릭합니다.

Cursor IDE에서 생성된 코드를 ContentView.swift에 그대로 복사합니다. 여기서 하단의 Preview 코드는 그대로 둡니다. 아래의 그림과 같이 사진 촬영하는 버튼이 보이고 이미지가 출력되는 영역이 보입니다.

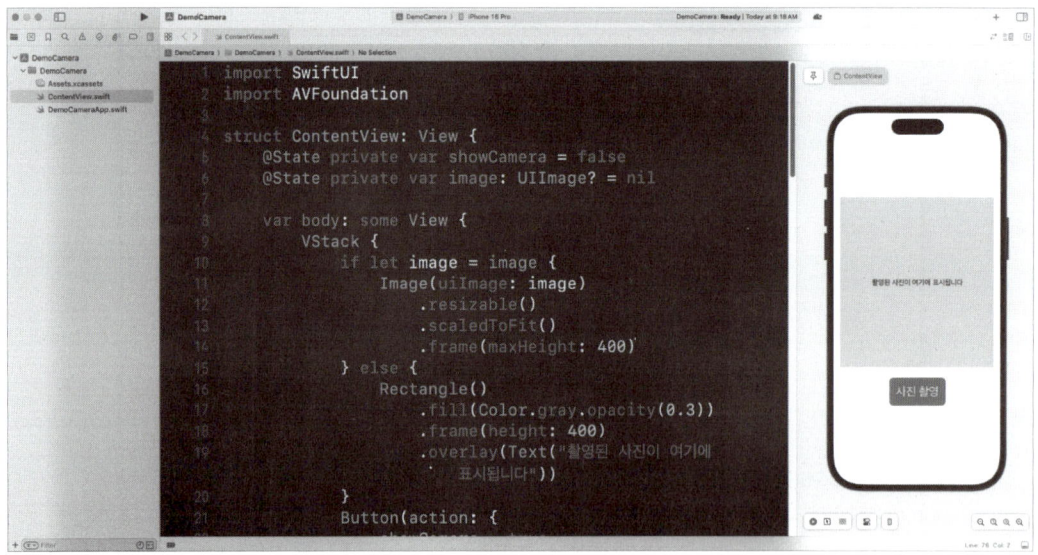

그림 8-23

맥(macOS)의 런치패드를 클릭하면 아래와 같이 "iPhone 미러링" 보입니다. 최근 macOS에서는 사용할 수 있습니다. macOS의 운영체제를 업데이트 하지 않은 오래된 맥이라면 이 앱이 제공되지 않습니다. 이런 경우는 실제 아이폰에서 작업을 진행하면 됩니다. 이 앱이 있는 분들은 "iPhone 미러링"을 클릭합니다.

그림 8-24

이 작업은 아이폰이나 아이패드에서 직접해도 됩니다. 저는 화면을 보여드리면서 작업을 하려고 합니다. 실제 제 아이폰에 맥에 있는 미러링 앱을 통해서 연결한 화면입니다. 아이폰의 설정 아이콘을 클릭합니다.

그림 8-25

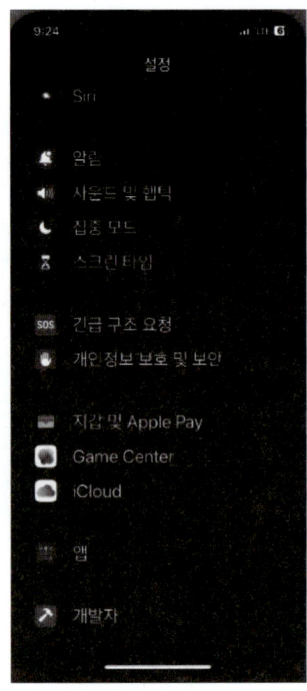
그림 8-26

설정화면의 하단으로 스크롤을 하면 "개발자"라는 항목이 있습니다. "개발자"를 터치합니다.

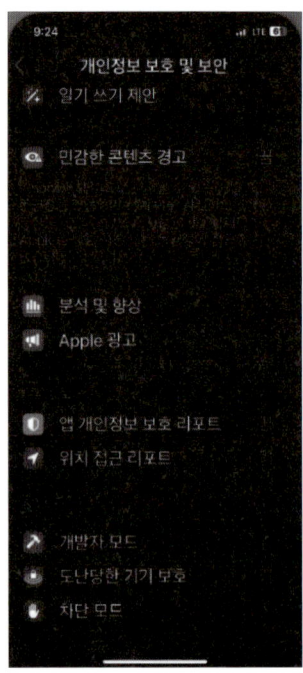
그림 8-27

원래는 "개발자 모드"가 꺼져 있습니다. 이 부분을 터치해서 켜주면 됩니다. 한번 리부팅을 합니다.

그림 8-28

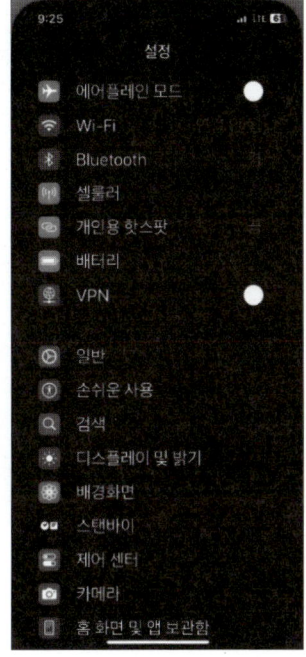

그림 8-29

이번에는 다시 셋팅에서 "일반"을 터치합니다. 평소에 아이폰을 사용해 본 경험이 앱을 만들 때도 도움이 됩니다. 아이폰이 없다면 아이패드를 사용해 본 경험도 도움이 됩니다. 메뉴를 잘 찾아보면 됩니다.

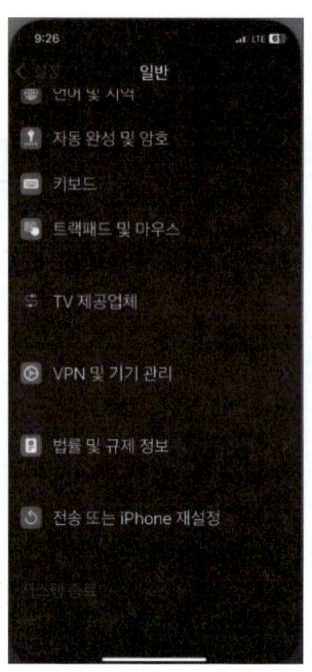

🔖 그림 8-30

"일반" 항목에서 하단으로 스크롤을 하면 "VPN 및 기기 관리"가 보입니다. 이 메뉴를 터치합니다.

🔖 그림 8-31

여기에 개발자가 사용하는 임시 인증서가 올라옵니다. 아직은 인증서가 보이지 않습니다. 일단은 이 메뉴의 위치를 기억하고 있으면 됩니다. 혹시 앱을 실행할 때 신뢰할 수 없는 앱이라고 출력되면 이 메뉴로 들어와서 인증서를 신뢰한다고 터치해주면 해결됩니다.

앞에서 생성한 애플의 개발자 계정을 Xcode에 추가하겠습니다. Xcode → Settings메뉴를 클릭합니다.

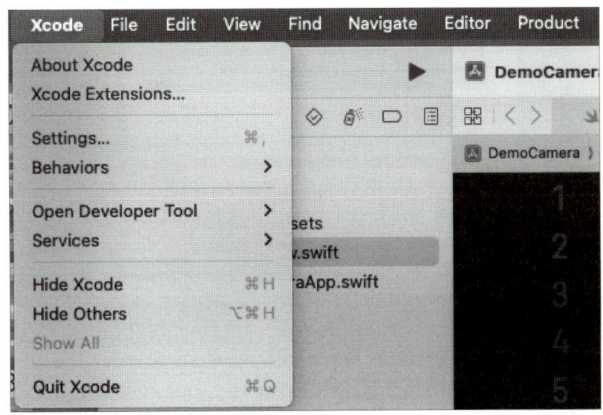

그림 8-32

"Accounts" 탭을 클릭해서 하단의 "+" 버튼을 클릭합니다. 아직은 사용하는 개발자 계정이 없는 경우 이렇게 비어 있습니다.

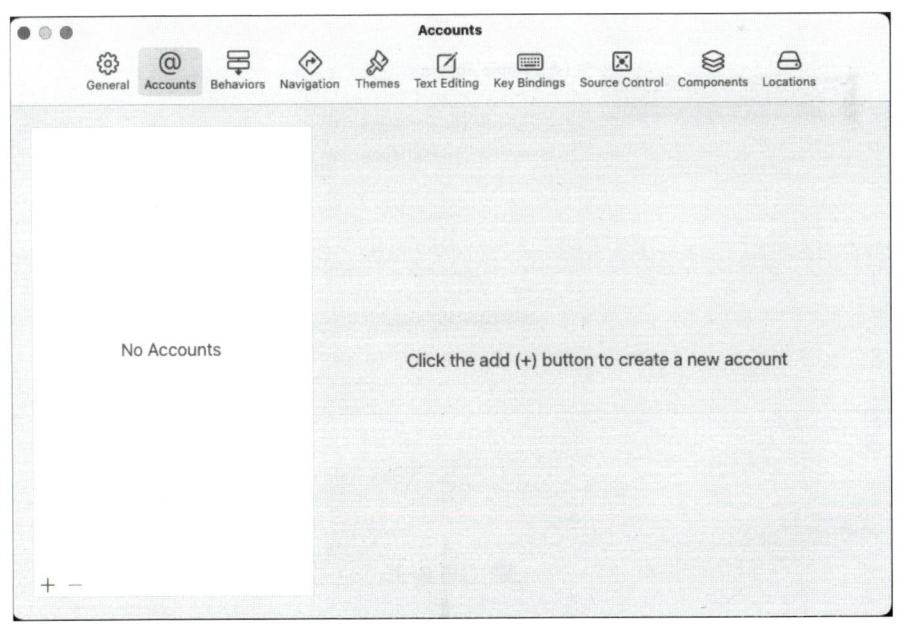

그림 8-33

아래의 화면에서 "Apple Account"를 선택하고 "Continue"를 클릭합니다. 앞에서 준비한 애플 개발자 계정을 입력하고 암호를 입력하면 연결됩니다.

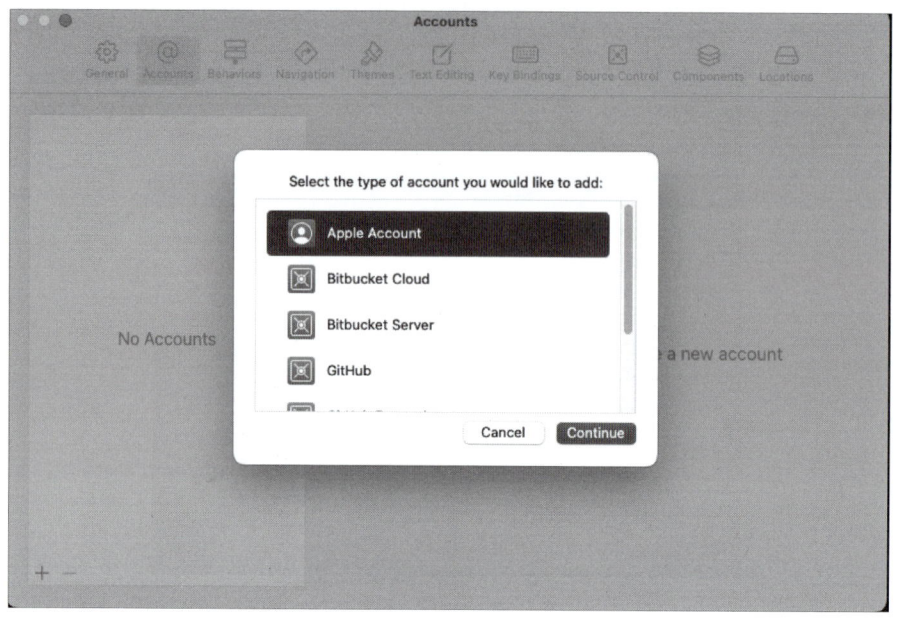

🖌 그림 8-34

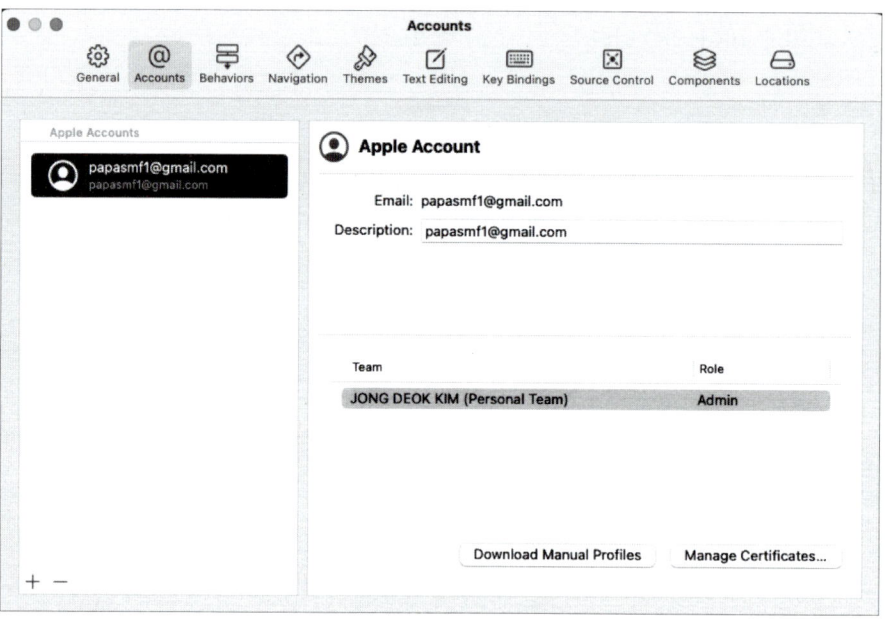

🖌 그림 8-35

위의 화면은 제가 추가한 개발자 계정입니다. (Personal Team)이라고 보이는 것이 애플의 무료 개발자 계정입니다.

이번에는 맥에 아이폰을 연결해서 Xcode에서 한번 확인해 보겠습니다. 아래의 화면은 Xcode → Window → Devices and Simulators라는 메뉴를 클릭하면 오픈 됩니다. 맥에 연결된 장비를 확인할 수 있습니다.

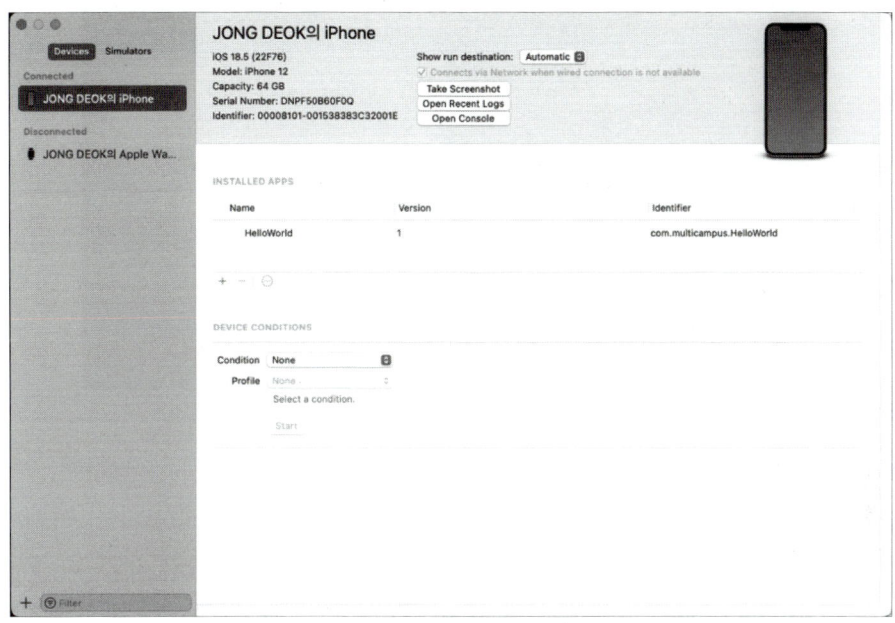

그림 8-36

여기까지 진행이 되었다면 Xcode의 화면 상단의 중앙에 보면 스킴이라는 공간이 있습니다. 이 라인을 클릭하면 시뮬레이터들도 보이고 내가 연결한 장비도 보입니다. 저는 "JONG DEOK의 iPhone"이라고 출력되네요. 이렇게 시뮬레이터가 아닌 실제 장비(실기)를 선택해서 배포할 수 있습니다.

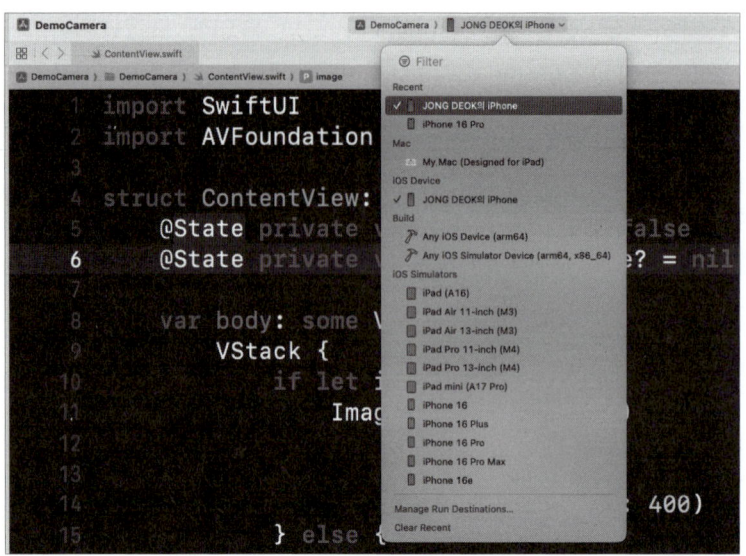

그림 8-37

개발자 계정이 연결된 상태에서 이번에는 프로젝트명 → 타겟을 클릭합니다. 아래의 화면에서 "DemoCamera" 프로젝트명 → TARGETS에서 DemoCamera를 클릭하면 됩니다. Signing & Capabilites 탭을 클릭해서 "Automatically manage signing"을 체크하고 아래의 Team에서 애플의 개인 개발자 계정을 선택하면 됩니다.

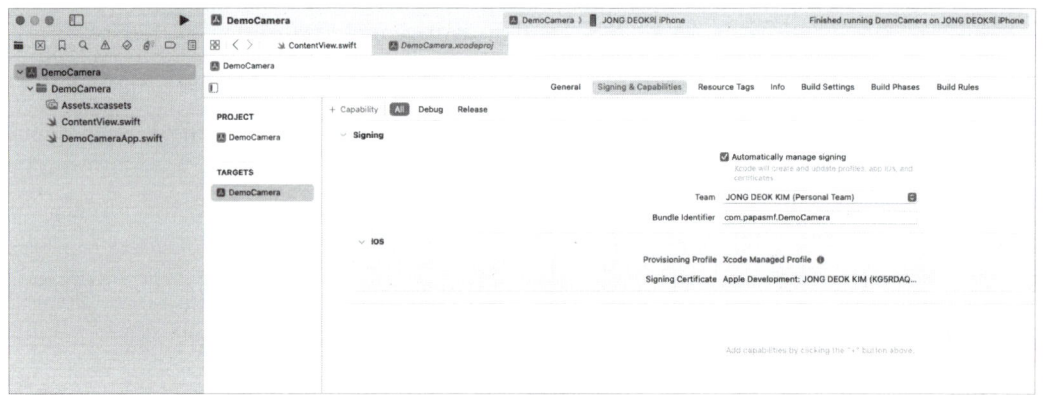

그림 8-38

애플은 상당히 꼼꼼합니다. ㅎㅎ 원래는 개발자 비용을 지불해야만 개발하고 실제기기에 배포할 수 있습니다. 다만 한 대의 기기에 몇 개의 앱을 배포하는 것을 허용하고 있습니다. 약간의 제한이 있지만, 우리는 이 부분을 활용하고 있습니다. 개인 개발자 계정과 Bundle Identifier 등이 올바르게 셋팅 되어 있어야 넘어갑니다. cmd + B(빌드)를 클릭했을 때 에러가 나는 분들은 Bundle Identifier를 확인해 보시고, Team에 본인 계정명(Personal Team)이 선택되어 있는지를 확인해 봐야 합니다.

지금 생성한 모바일 앱에서는 약간의 권한이 있어야 문제가 생기지 않습니다. 우리는 카메라에 접근해야 하기 때문에 TARGETS → Info를 클릭해서 상단의 "+" 버튼을 클릭합니다. 아래와 같이 "Privacy – Camera Usage Description"을 선택해서 추가하고 "이 앱은 카메라를 사용합니다."문자열을 입력합니다. 일종의 퍼미션(권한)을 추가하는 과정이라고 생각하면 됩니다. 혹시 "+" 버튼을 찾고 있다면 Key 아래의 "Bundle name" 옆에 있는 "+" 버튼을 클릭해서 나오는 목록들 중에서 "Privacy – …" 항목들을 살펴보고 선택해서 추가하면 됩니다.

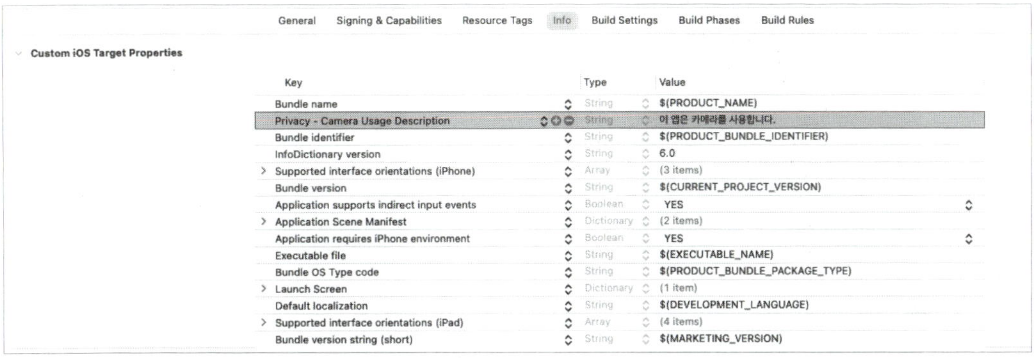

그림 8-39

이제 실행 버튼을 클릭해서 앱을 배포한 뒤에 보면 "VPN 및 기기 관리"에 아래와 같이 개발자 계정이 보입니다. 혹시 신뢰할 수 없는 앱이라고 출력되면 이 메뉴를 터치해서 신뢰한다고 변경하면 해결됩니다.

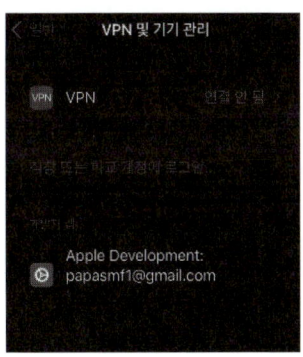

그림 8-40

이제 실제 앱을 실행해서 버튼을 터치해서 사진을 촬영해 보면 됩니다. 우리는 약간의 바이브 코딩을 통해서 아이폰 앱도 만들어보았습니다.

🖌 그림 8-41

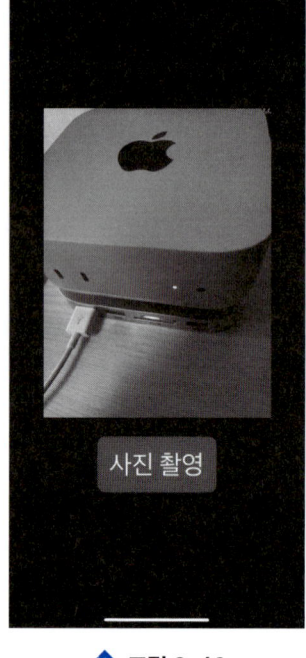

🖌 그림 8-42

기본적인 IT에 대한 지식이 있고, 약간의 언어에 대한 지식이 있다면, 다양한 아이디어를 바로 바로 코드로 생성할 수 있는 시대입니다.

9장
클로드 코드(Claude Code)를 사용하기

9.1 Claude Code 설치하기

9.2 Claude Code 사용해서 제비우스 게임 만들기

9.3 Claude Code 사용해서 To-do-list웹페이지 만들기

9.1 Claude Code 설치하기

최근에 바이브 코딩 분야에서 가장 인기 있는 도구는 Claude Code와 Cursor IDE입니다. Claude Code를 가장 마지막에 다루는 이유는 이 도구가 거의 끝판왕의 느낌이기도 하고, 유료로 결제를 해야만 사용할 수 있기 때문입니다.

윈도우에서는 WSL을 설치하고 사용하면 됩니다. 우리는 앞에서 구글의 Gemini CLI를 설치하면서 Node.js를 이미 설치했습니다. 혹시 설치를 하지 않았다면 Node.js를 먼저 설치해야 합니다. Node.js 18 이상이 설치되어 있으면 됩니다.

cmd(도스창)을 오픈해서 아래와 같이 입력하면 설치됩니다. macOS의 경우도 동일하게 설치할 수 있습니다. macOS의 경우는 터미널을 실행해서 설치하면 됩니다. 아래의 캡처 화면들은 윈도우가 아닌 맥에서 진행된 화면들입니다. 윈도우도 동일하게 설치하고 사용할 수 있습니다.

```
npm install -g @anthropic-ai/claude-code
```

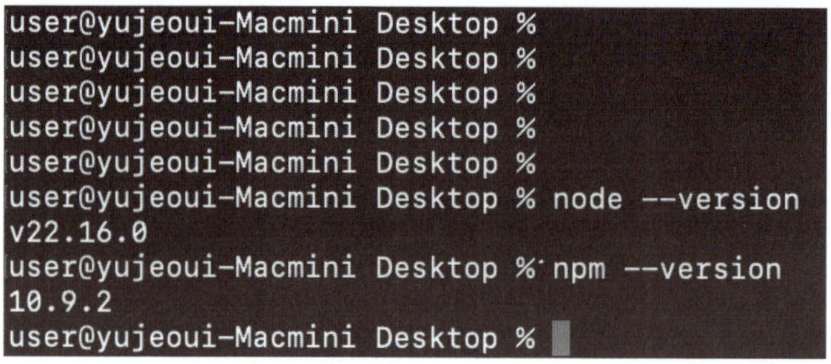

그림 9-1

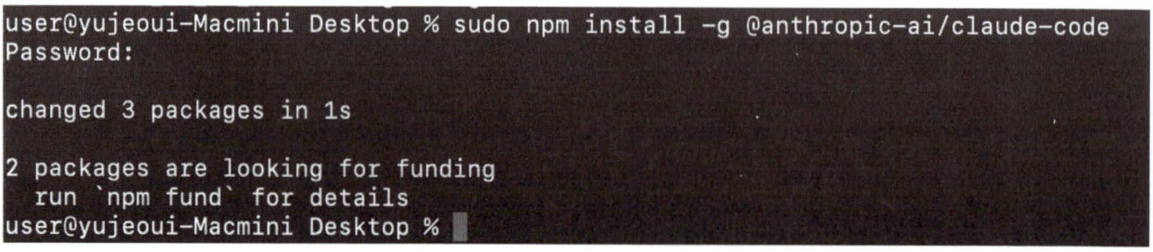

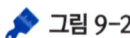

그림 9-2

터미널에서 claude를 입력해서 실행하면 됩니다.

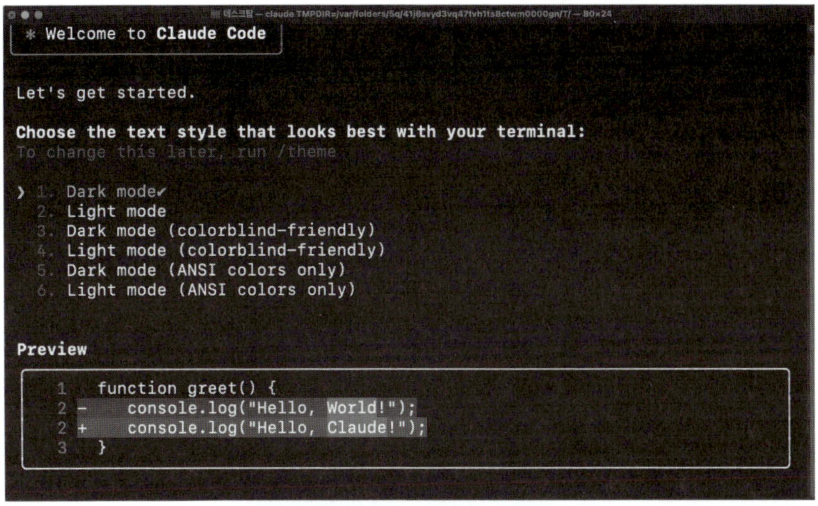

▶ 그림 9-3 화면 스타일 선택하기

위의 화면에서 보통 "Dark mode"를 선택하면 됩니다. 저는 화면 캡쳐때문에 2번 "Light mode"를 선택했습니다.

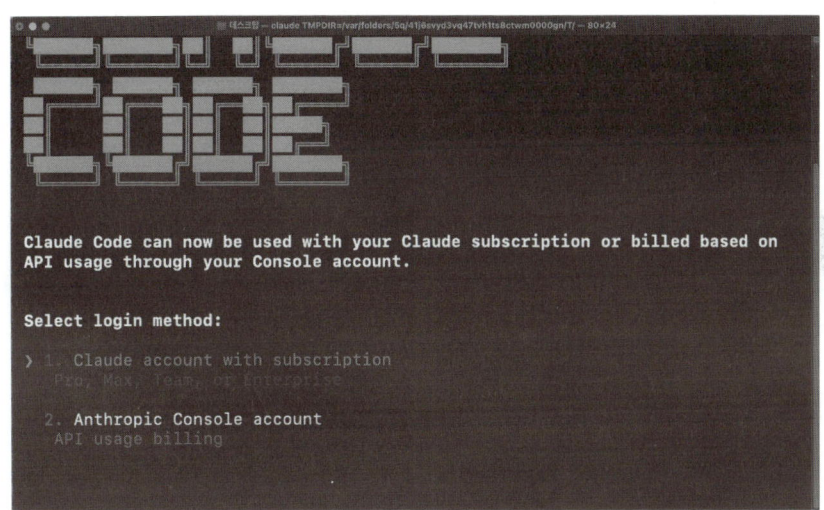

▶ 그림 9-4

Claude Code는 무료 사용을 제공하지 않습니다. 사용을 하려면 월에 20불을 결제해야 합니다. 혹시 결제가 힘들다면 앞에서 본 툴들과 비슷하게 이런 형태로 전개가 된다 라고 생각을 해도 됩니다. 사용법은 앞에서 살펴본 구글 제미나이 CLI와 비슷합니다. 다만 이런 CLI 환경을 처음 제공한 것은 Claude Code입니다.

1번을 선택해서 구독료를 지불한 계정과 연결을 해야 합니다.

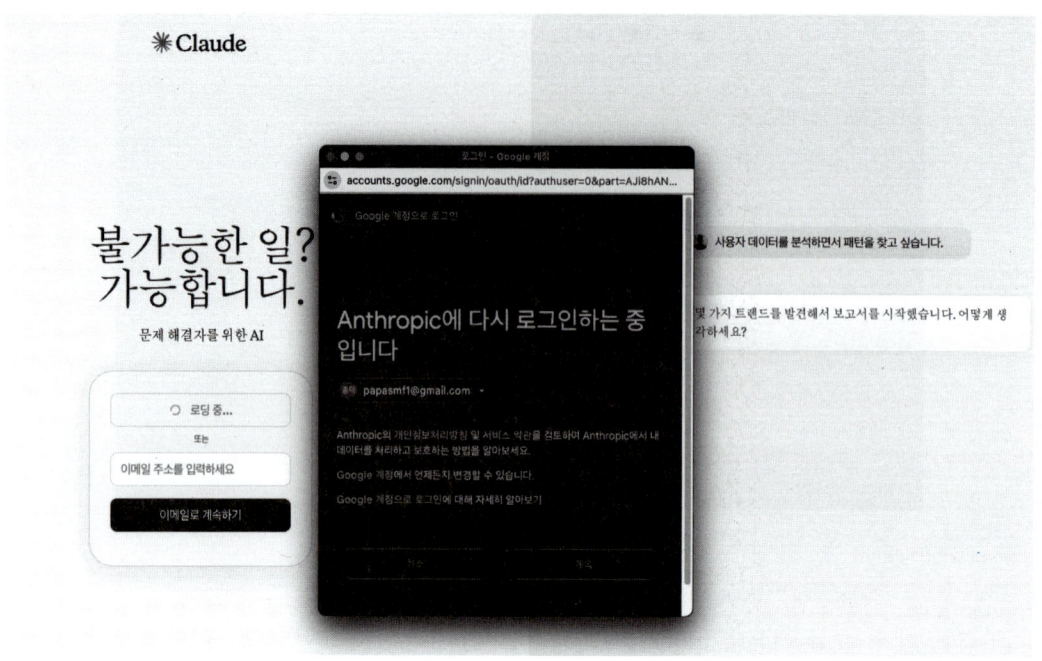

그림 9-5

저는 구글 계정과 연동을 하고 있어서 위의 화면에서 구글 계정으로 접속을 해서 "계속"을 클릭했습니다.

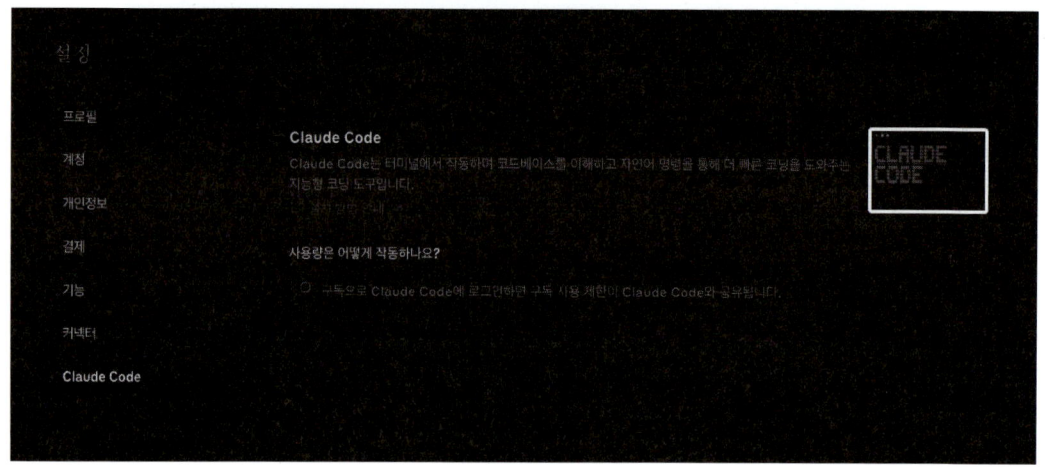

그림 9-6

웹브라우저를 실행해서 "claude.ai"에 접속을 하면 위와 같은 화면을 확인할 수 있습니다. "설정"에서 "Claude Code"를 클릭하면 설치에 대한 문서를 볼 수 있습니다.

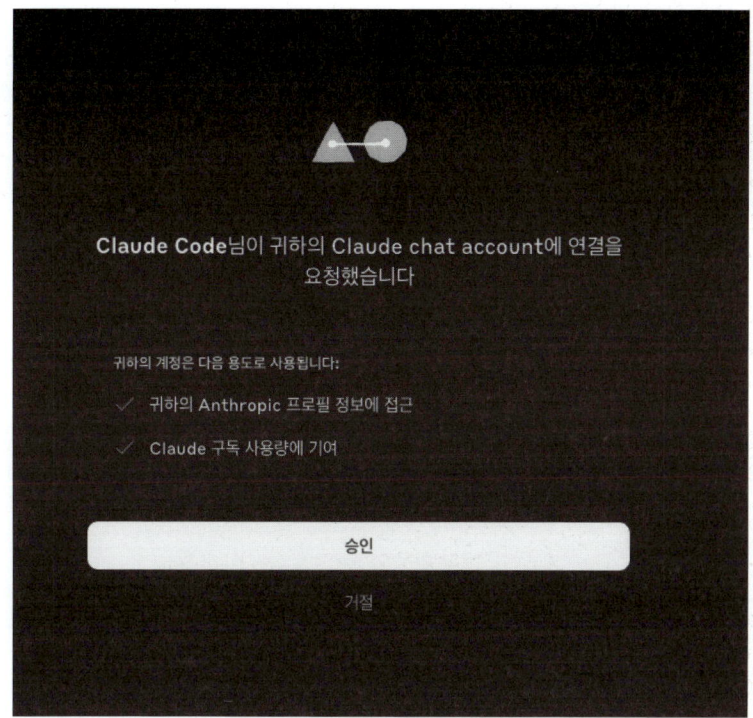

그림 9-7

Claude Code의 터미널(콘솔)에서 연결해서 사용하겠다고 하면 위와 같은 화면이 출력됩니다. "승인"을 클릭하면 됩니다.

그림 9-8

앞으로 Claude Code를 사용해서 무엇인가 멋진 것을 만들면 됩니다. ㅎㅎ

▶ **그림 9-9** 미리 비용을 지불한 계정과 연동되는 키가 필요합니다.

위와 같은 화면이 나오면 이미 비용을 지불한 계정과 연동이 되는 상태입니다.

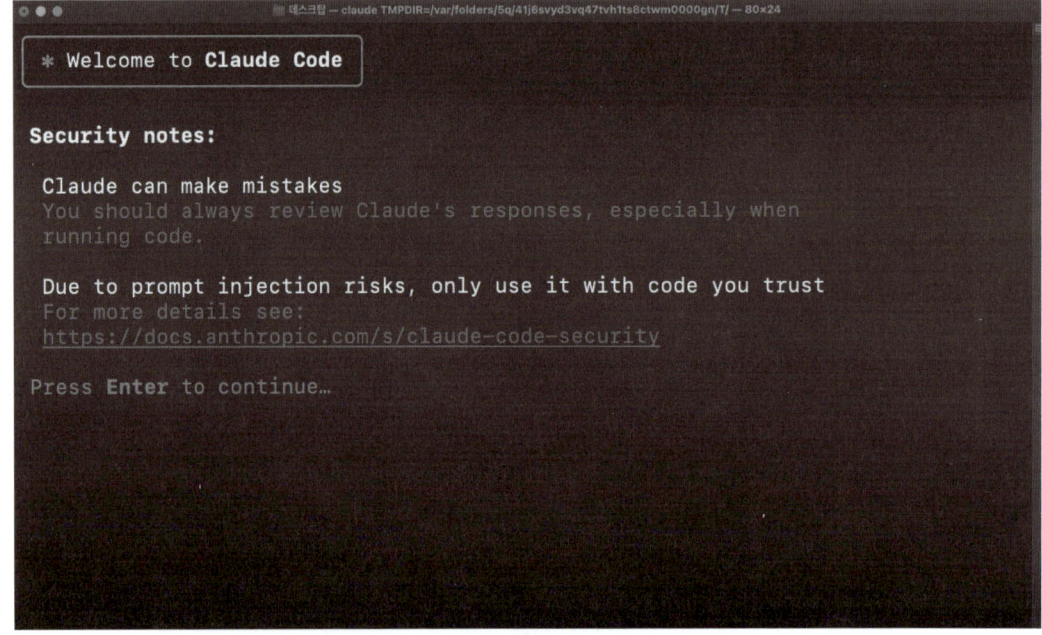

▶ **그림 9-10**

위의 화면에서는 엔터키를 누르면 됩니다.

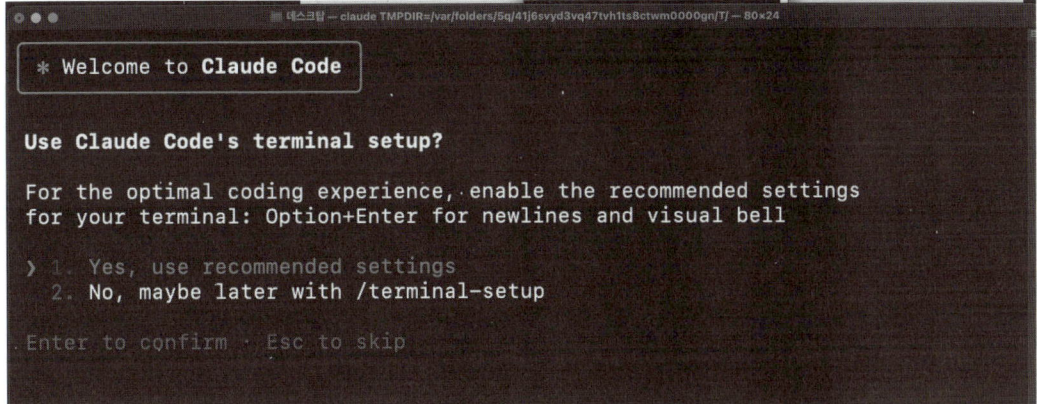

그림 9-11

그림 9-12

저는 macOS의 Desktop에서 작업을 하고 있습니다. 1번을 클릭하면 됩니다. 윈도우에서 작업을 하던, 맥에서 작업을 하던 전부 잘 동작을 합니다.

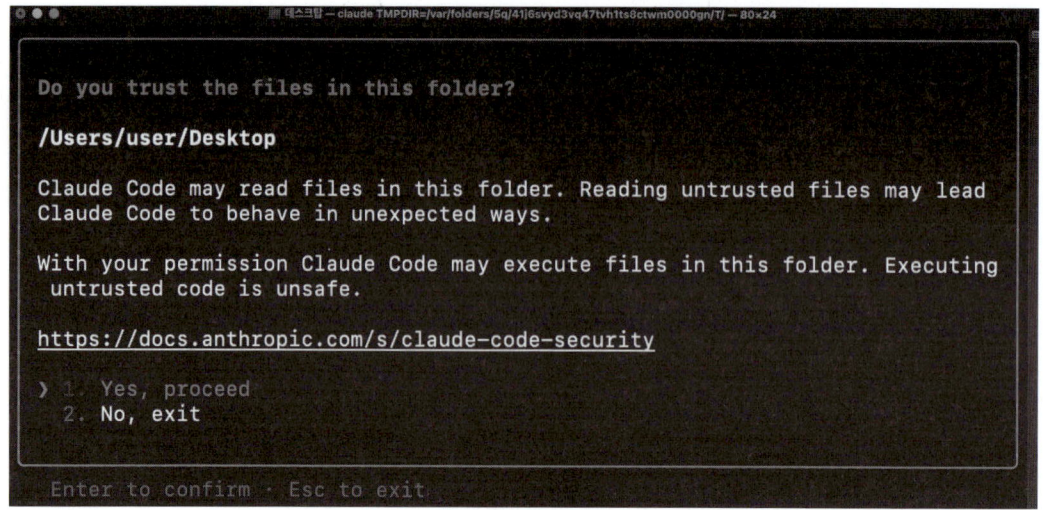

그림 9-13

위의 화면이 출력되면 1번을 클릭하면 됩니다.

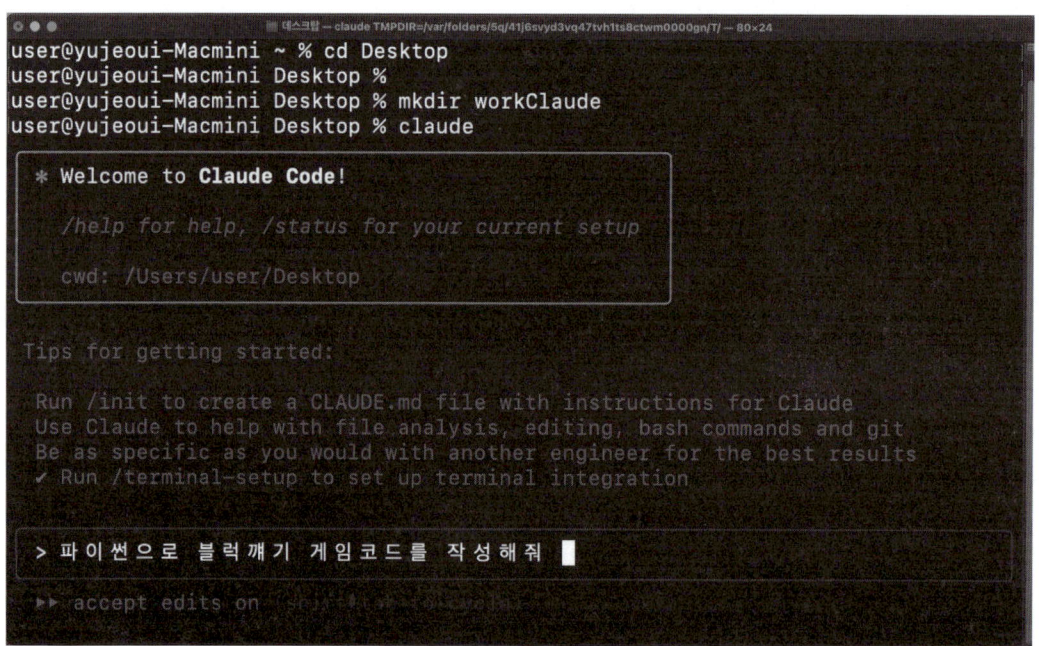

그림 9-14

맥을 사용하는 경우라면 /exit로 Claude Code를 종료한 후에 터미널에서 아래와 같이 입력합니다. 작업 폴더로 "workClaude"를 생성합니다. 이 폴더로 이동한 후에 claude를 다시 실행합니다.

다른 도구들을 사용한 것과 비슷하게 이번에는 위의 화면에서 "파이썬으로 블럭깨기 게임 코드를 작성해줘"라고 입력하면 됩니다. 기본적인 파이썬 개발 환경과 비주얼 스튜디오 코드 또는 Cursor IDE가 셋팅되어 있다면 생성된 파일을 실행해서 결과를 확인할 수 있습니다.

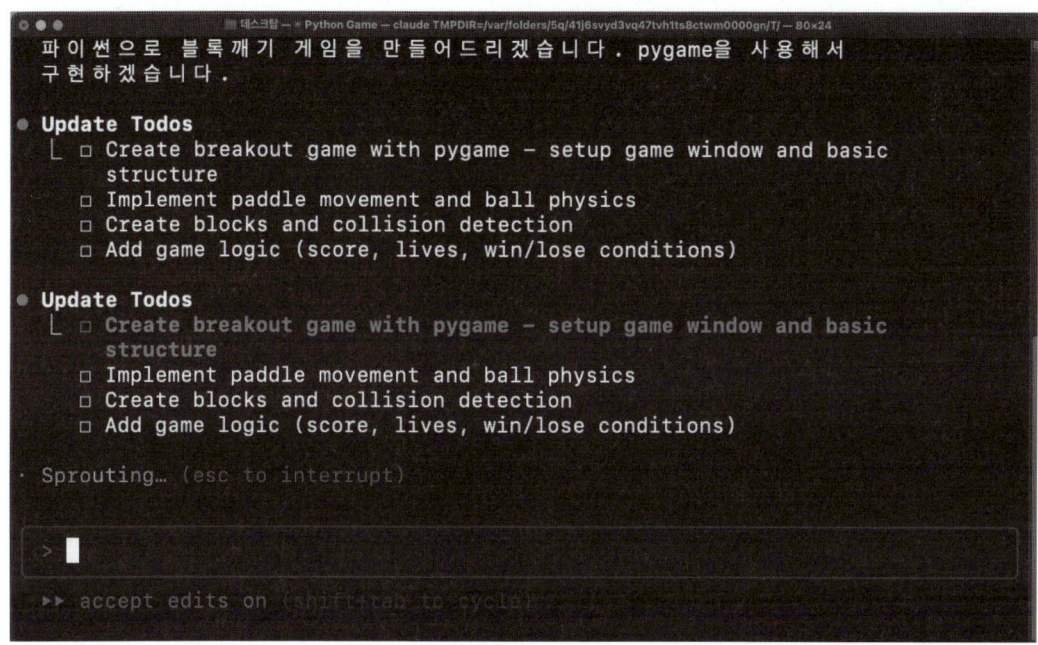

그림 9-15

열심히 Claude Code가 코드를 생성하는 것을 보고 있으면 신기합니다. ㅎㅎ

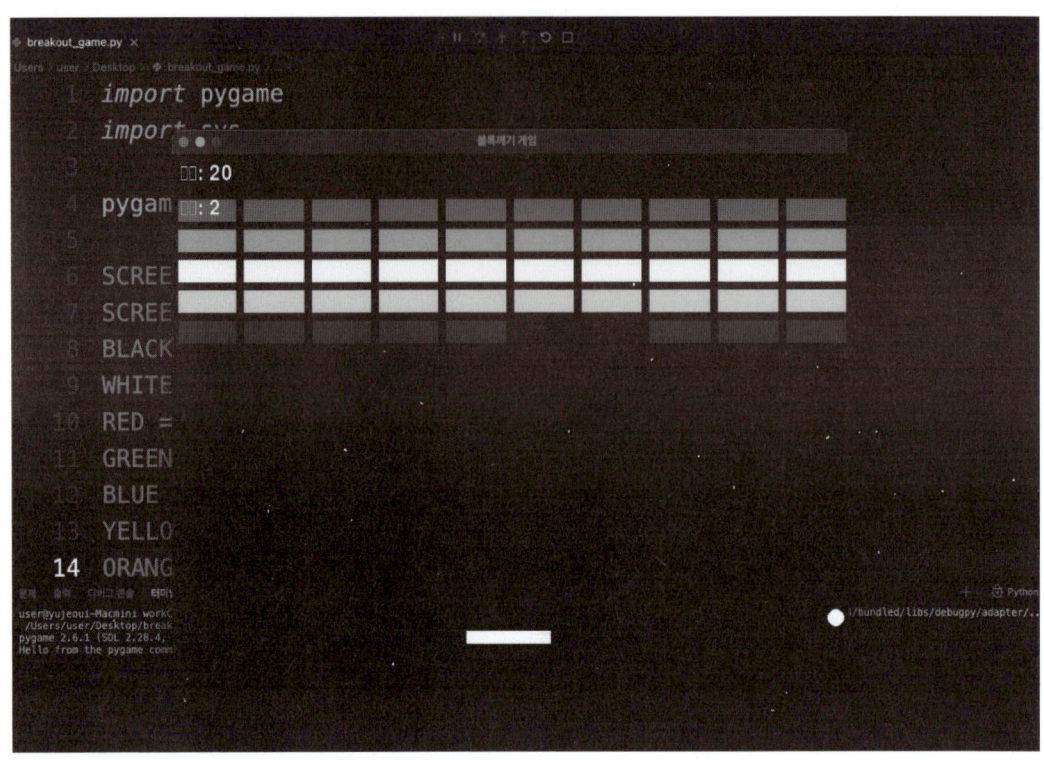

그림 9-16

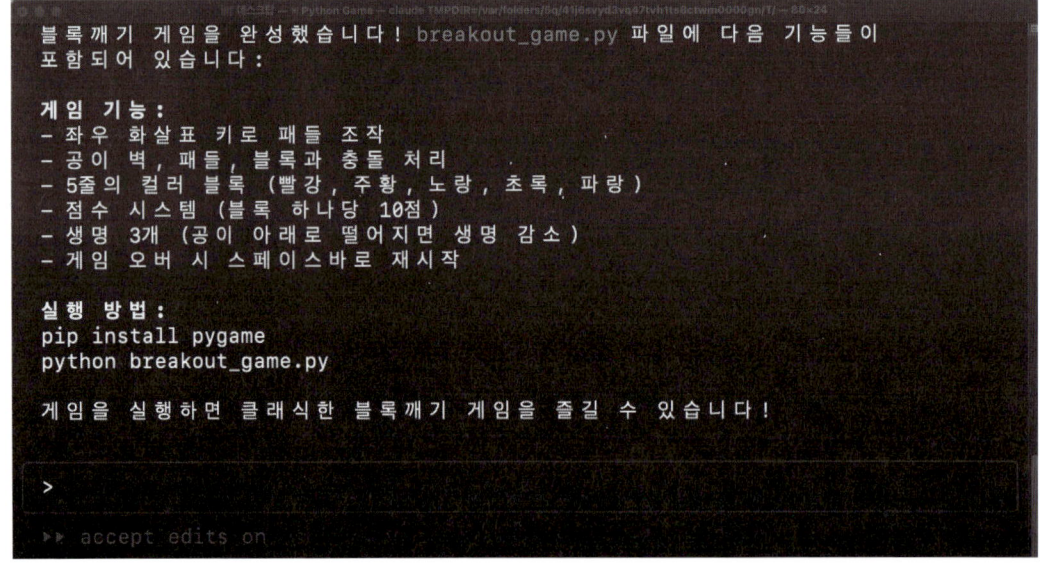

그림 9-17

생성된 코드에 대한 간단한 설명이 나오는 것을 확인할 수 있습니다.

한글이 깨지는 문제가 발생해서 아래와 같이 입력합니다.

> 한글이 깨지는 문제를 해결해줘

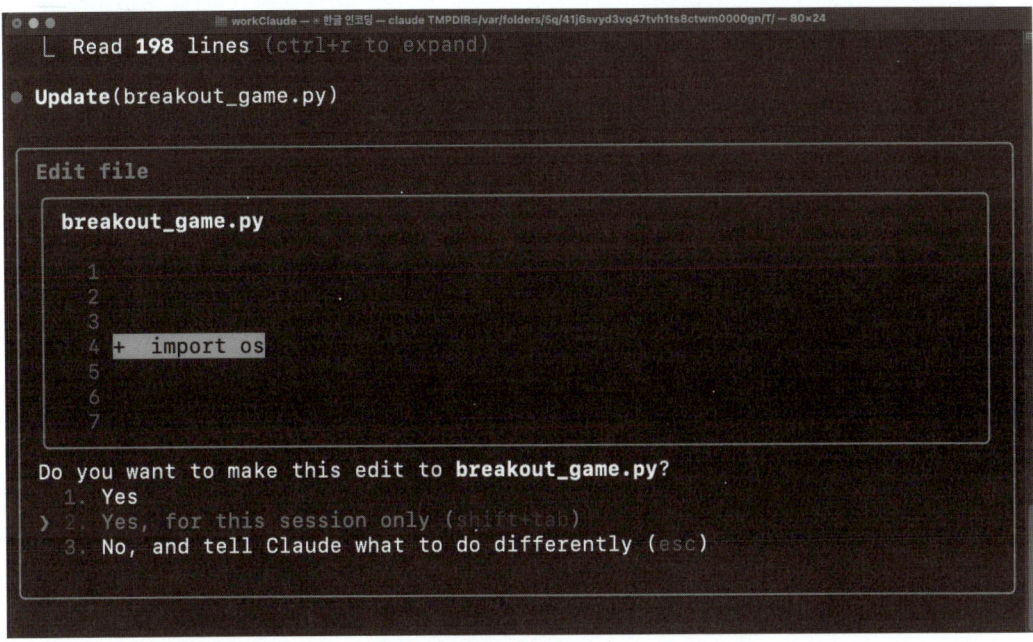

그림 9-18

매번 선택을 하고 엔터를 클릭하는 것이 귀찮다면 2번을 클릭해서 자동으로 계속 실행하도록 하면 됩니다.

🖌 그림 9-19

한글 텍스트가 잘 실행되는지를 테스트한다고 나오는 화면입니다. 2번을 클릭하면 됩니다.

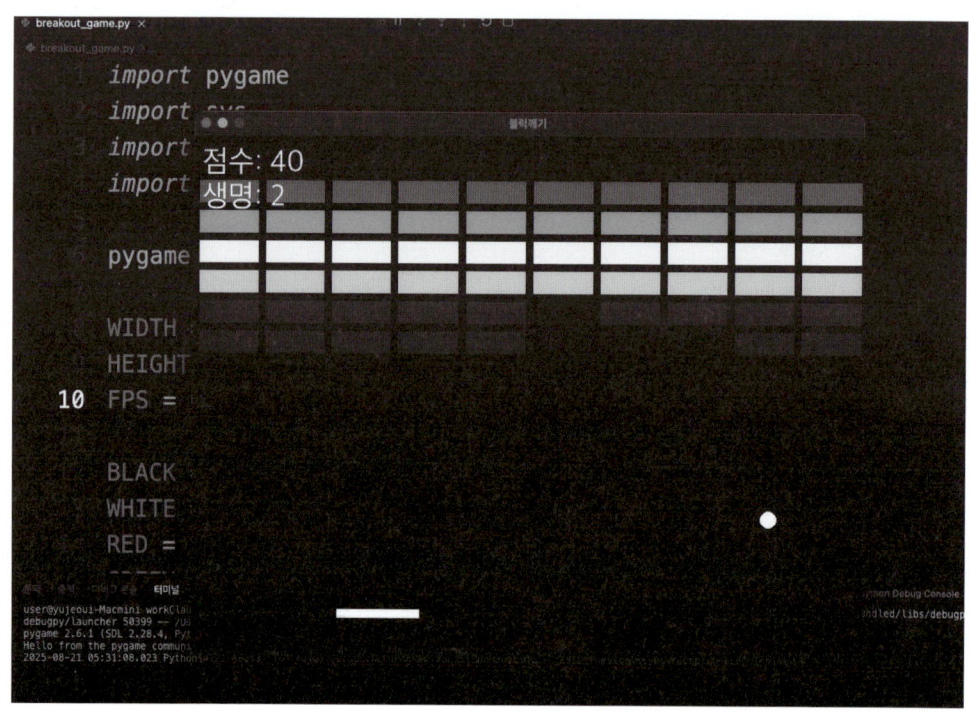

🖌 그림 9-20

코드를 실행해보면 한글이 깨지지 않고 잘 출력되는 것을 확인할 수 있습니다.

9.2 Claude Code 사용해서 제비우스 게임 만들기

이번에는 PRD 문서를 먼저 만들고 작업하는 형태로 진행하겠습니다. 사실은 Claude Code에 반복적으로 동일한 내용들을 입력하는 것이 쉽지 않기 때문에 문서를 먼저 상세하게 작성하고, 그리고 구현을 하는 것이 더 좋은 방법입니다.

몇가지 내부 명령어들을 한번 사용해 보겠습니다. CLI 창에 /model을 입력해 봅니다.

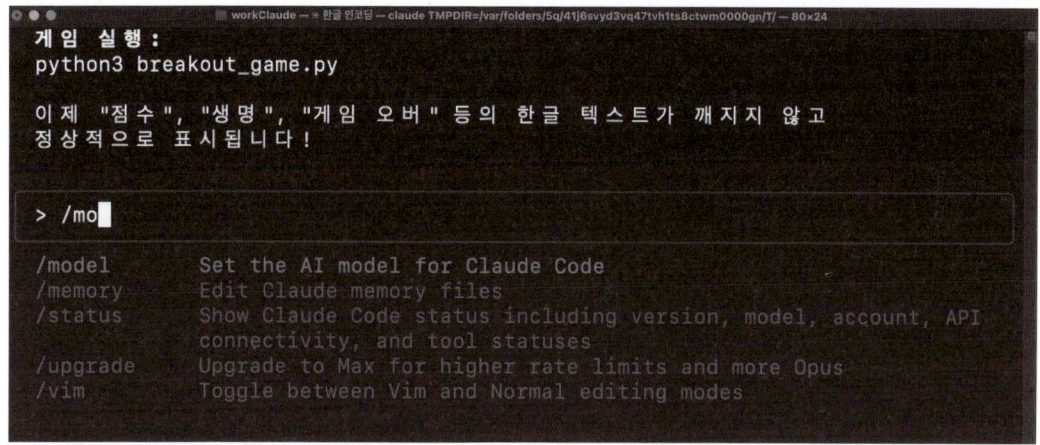

그림 9-21 model을 확인합니다.

/model을 입력하거나 하단에서 /model을 선택해서 어떤 모델을 사용하는지 확인할 수 있습니다. 저는 Sonnet 4를 사용하는 것을 확인할 수 있습니다.

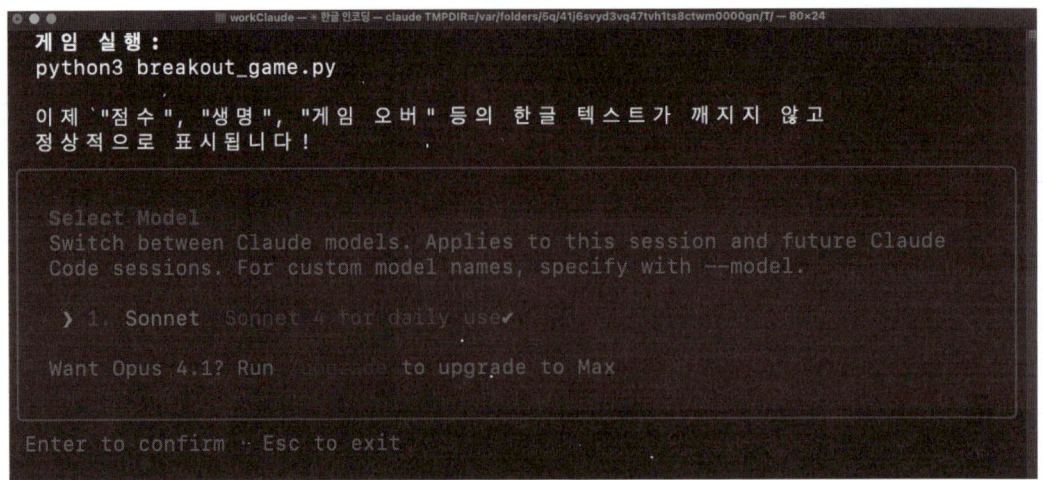

그림 9-22

요금제에 따라서 다른 모델들을 선택할 수 있는데 Claude Sonnet이나 Opus가 확실히 코딩할 때는 좋은 코드들을 만들어 주고 있습니다.

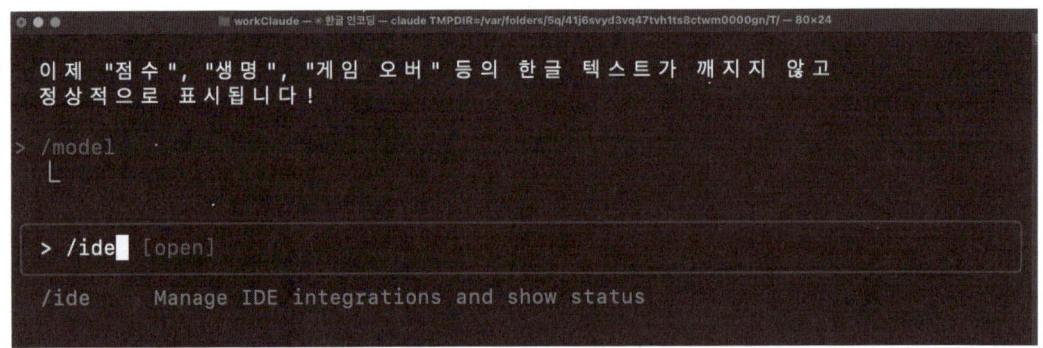

그림 9-23

어떤 IDE 환경과 같이 연동할지 지정할 수 있습니다. /ide 라고 입력하면 됩니다. 저는 Cursor IDE와 같이 연동을 하고 있습니다.

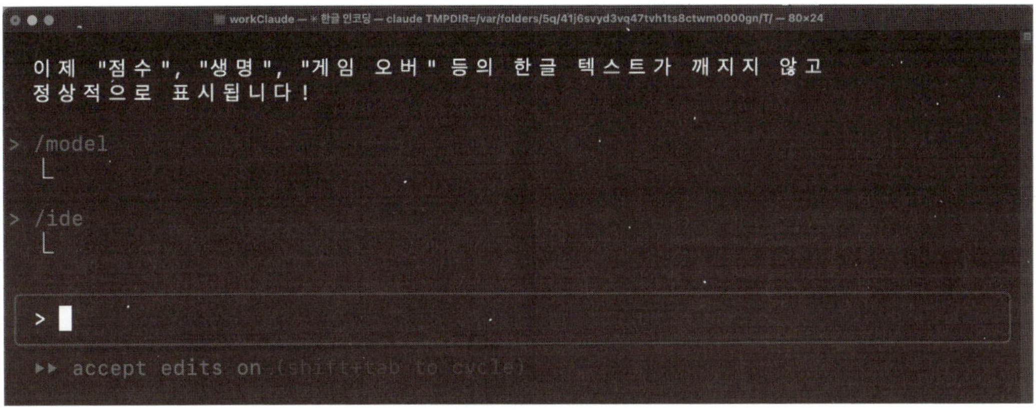

그림 9-24

비주얼 스튜디오 코드가 편리 하다면 같이 연동해도 됩니다. Cursor IDE가 익숙한 분들은 Cursor를 선택해도 됩니다. 각자 편한 통합 환경에 연동을 하면 됩니다.

그림 9-25

Cursor IDE의 하단에서 claude를 입력해서 CLI 환경으로 접속을 했습니다. 이렇게 하면 생성되는 코드를 보면서 작업하기 편리합니다. 아무래도 CLI 환경이 익숙하지 않다면 통합 개발환경을 같이 사용하는 것이 좋습니다.

이번에는 PRD(Product Requirement Document) 문서를 먼저 생성해서 개발에 활용해 보도록 합니다. 개발에 관련된 상세한 스펙을 먼저 정리를 하고 코드를 생성하는 것이 좋습니다. 아래와 같이 입력합니다.

> 이번에는 game1 폴더를 먼저 만들고, 횡스크롤 형태의 제비우스 게임을 만들기 위한 PRD 문서를 먼저 생성해줘.

PRD 문서에 대해서 ChatGPT에게 물어보았습니다.

PRD 문서는 **Product Requirement Document**(제품 요구사항 문서)의 약자예요.
보통 서비스나 제품을 만들 때 "무엇을, 왜, 어떻게 만들 것인지"를 정리해두는 핵심 문서예요.

주요 내용
1. 개요 (Overview)
   - 제품 또는 기능의 목적
   - 해결하고자 하는 문제 정의
   - 대상 사용자(User Persona)
2. 목표 및 범위 (Goals & Scope)
   - 어떤 목표를 달성하려는지
   - 프로젝트 범위(포함/제외할 것들)
3. 기능 요구사항 (Functional Requirements)
   - 제품이 반드시 제공해야 하는 기능들
   - 우선순위(필수/선택)
4. 비기능 요구사항 (Non-Functional Requirements)
   - 성능, 보안, 확장성, 호환성 등
5. UI/UX 및 플로우 (User Flow, Wireframe 등)
   - 사용자가 제품을 어떻게 이용하는지 시나리오
   - 초기 화면 스케치나 와이어프레임
6. 성과 측정 지표 (Success Metrics)
   - 제품/기능 성공 여부를 평가할 KPI

특징
- 개발팀, 디자이너, 기획자, 마케터 등 **모든 이해관계자들이 같은 방향을 보게 해주는 기준 문서**예요.
- 보통 **프로젝트 초기에 작성**해서 진행 중에도 계속 업데이트됩니다.

👉 쉽게 말하면, PRD는 "이 제품은 왜 만들고, 누가 쓰고, 어떤 기능이 꼭 들어가야 하는지"를 한눈에 보여주는 **설계 청사진** 같은 역할을 해요.

아무래도 먼저 꼼꼼한 설계가 나와야 실제 구현되는 코드도 잘 생성됩니다. 그래서 이런 형태로 작업하는 것이 유리합니다.

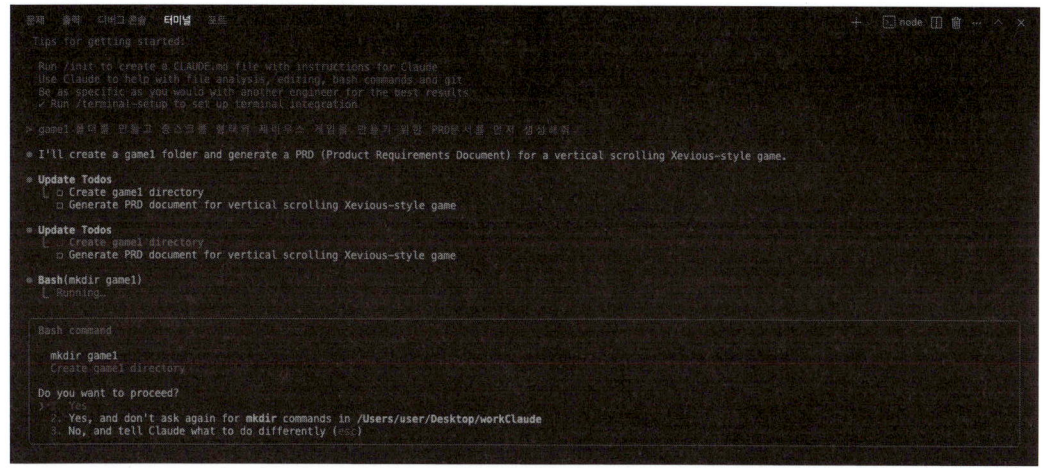

그림 9-26

이렇게 하면 아래와 같이 문서가 먼저 생성됩니다.

그림 9-27

다시 아래와 같이 입력합니다.

> 이 문서를 저장해줘.

아래의 문서를 꼼꼼하게 읽어보고 수정이 필요한 부분들을 수정해서 나중에 구현해 달라고 하면 됩니다. 이번에는 html5, css3, javascript 기반으로 생성해서 작업을 합니다.

Xevious 스타일 종 스크롤 슈팅 게임 PRD
1. 프로젝트 개요
1.1 게임 타이틀
Neo Xevious - 클래식 종 스크롤 슈팅 게임

1.2 게임 장르
- 종 스크롤 슈팅 게임 (Vertical Scrolling Shooter)
- 아케이드 액션

1.3 타겟 플랫폼
- 웹 브라우저 (HTML5/JavaScript)
- 모바일 터치 지원

1.4 개발 목표
클래식 제비우스(Xevious)의 핵심 게임플레이를 현대적으로 재해석한 종 스크롤 슈팅 게임 제작

2. 게임 컨셉

2.1 핵심 게임플레이
- 플레이어는 전투기를 조작하여 적기와 지상 목표물을 파괴
- 화면은 위에서 아래로 자동 스크롤
- 공중 적과 지상 적을 각각 다른 무기로 공격
- 파워업 아이템 수집을 통한 성장 시스템

2.2 게임 특징
- **이중 공격 시스템**: 공중용 레이저와 지상용 폭탄
- **연속 스테이지**: 끊임없이 이어지는 스테이지 진행
- **다양한 적 패턴**: 예측 가능하지만 도전적인 적 이동 패턴
- **파워업 시스템**: 무기 강화 및 보조 옵션

3. 게임 시스템

3.1 플레이어 시스템
- **생명력**: 3개의 라이프로 시작
- **점수 시스템**: 적 파괴 시 점수 획득, 일정 점수마다 라이프 추가
- **무기 시스템**:

- 기본 레이저: 공중 적 공격용
  - 폭탄: 지상 목표물 공격용 (조준 시스템 포함)

...

4. 기술 사양

4.1 개발 환경
  - **언어**: HTML5, CSS3, JavaScript (ES6+)
  - **그래픽**: Canvas API 또는 WebGL
  - **오디오**: Web Audio API
  - **입력**: 키보드, 터치스크린

4.2 화면 사양
  - **해상도**: 1920x1080 (16:9) 기본, 반응형 지원
  - **프레임레이트**: 60fps
  - **스크롤 속도**: 초당 2픽셀 (조정 가능)
  - **터치**: 드래그로 이동, 탭으로 공격

...

아래와 같이 입력합니다. 이제는 코드가 아닌 이런 기술 스펙의 문서가 더 중요한 세상이 되었습니다. PRD도 상당히 잘 작성하는 것을 알 수 있습니다.

> 문서에 있는 내용들을 그대로 구현해줘

Claude Code가 코드를 생성하는 시간이 필요하기 때문에 커피 한잔하면서 쉬고 있으면 됩니다. ㅎㅎ 내가 할 일을 이렇게 AI에게 맡길 수 있습니다.

Cursor IDE에 "live server" Extension이 설치되어 있다면 생성된 index.html을 선택해서 오른쪽 버튼을 클릭하고 "Open with live server"를 클릭하면 웹 페이지가 실행됩니다.

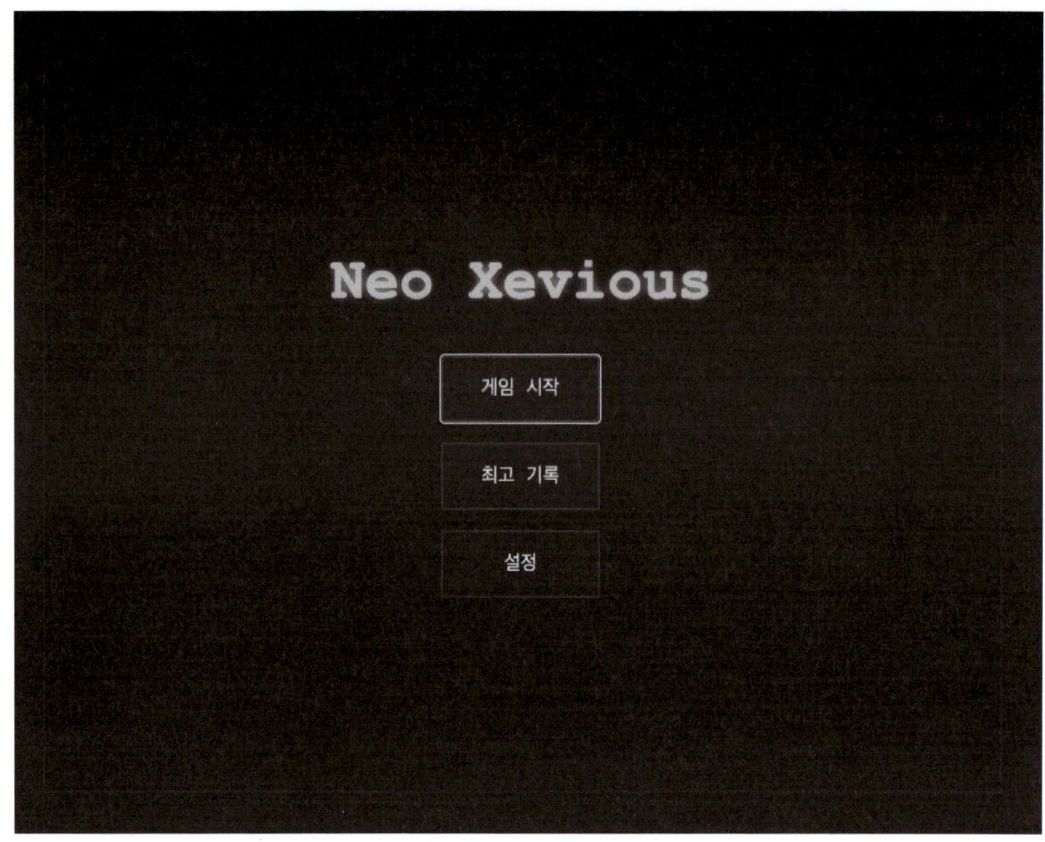

 그림 9-28

그런데 "게임 시작" 버튼을 클릭해도 게임이 실행이 안됩니다. ㅎㅎ 그래서 아래와 같이 다시 입력을 했습니다.

> 게임이 시작이 안되는데 코드를 수정해줘

열심히 Claude Code가 코드를 수정하고 있습니다. 누락된 코드들이 있다고 보고를 하네요. 후배들에게 일을 시키고 열심히 보고를 받고 있는 선배의 느낌입니다. ㅋㅋ 이렇게 몇 번 작업을 하면 코드가 실행됩니다. 실제 제가 생성했던 코드와 독자 분들이 생성한 코드는 다를 수 있습니다.

또한 바이브 코딩의 도구들도 빠르게 업데이트가 되고 있기 때문에 화면이 좀 다를 수 있지만 아마도 사용하는 것에는 크게 문제가 없을 겁니다.

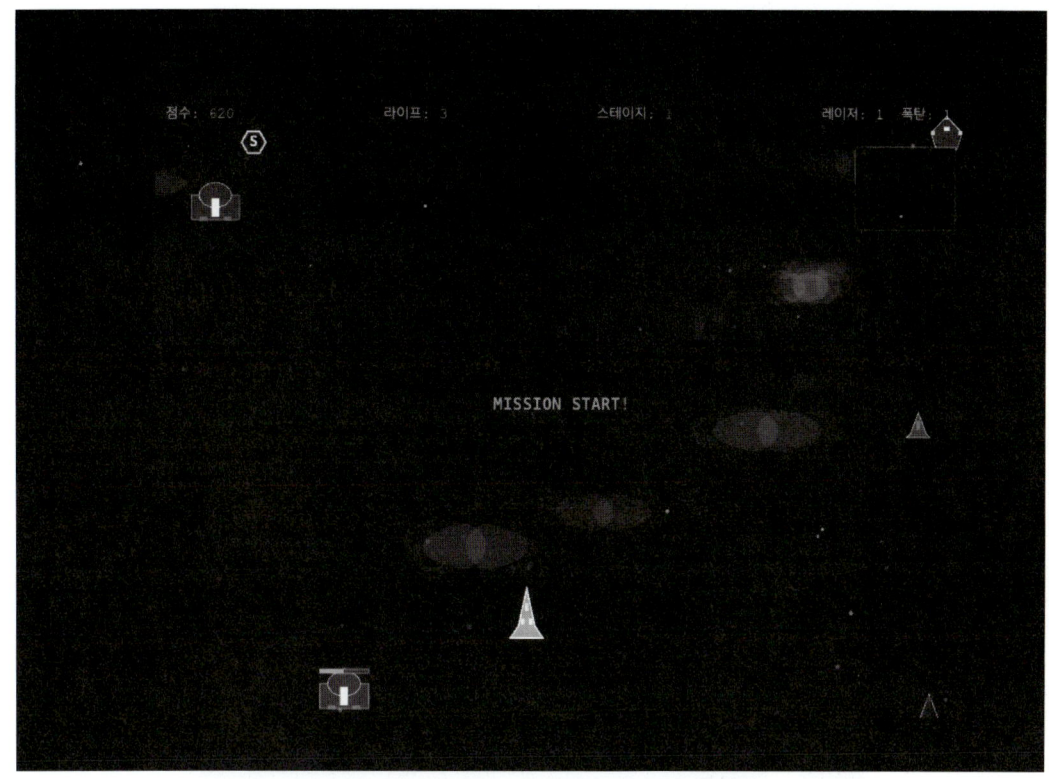

그림 9-29 제비우스 게임을 실행한 화면

코드가 전부 수정이 되면 위와 같이 게임이 실행됩니다. 아무래도 PRD 문서가 있다면 문서에 기술된 내용들로 구현이 되기 때문에 좀 더 상세하게 구현된 코드가 생성됩니다.

9.3 Claude Code 사용해서 To-do-list 웹페이지 만들기

이번에는 to-do-list 웹사이트를 생성해 봅니다. Cursor에 Extension 버튼을 클릭해서 "Claude Code for VSCode"를 설치하면 좀 더 재미있게 Cursor IDE와 Claude Code를 연동해서 사용할 수 있습니다. 대부분의 Extension들은 비주얼 스튜디오 코드와 Cursor IDE에서 동일하게 사용할 수 있습니다.

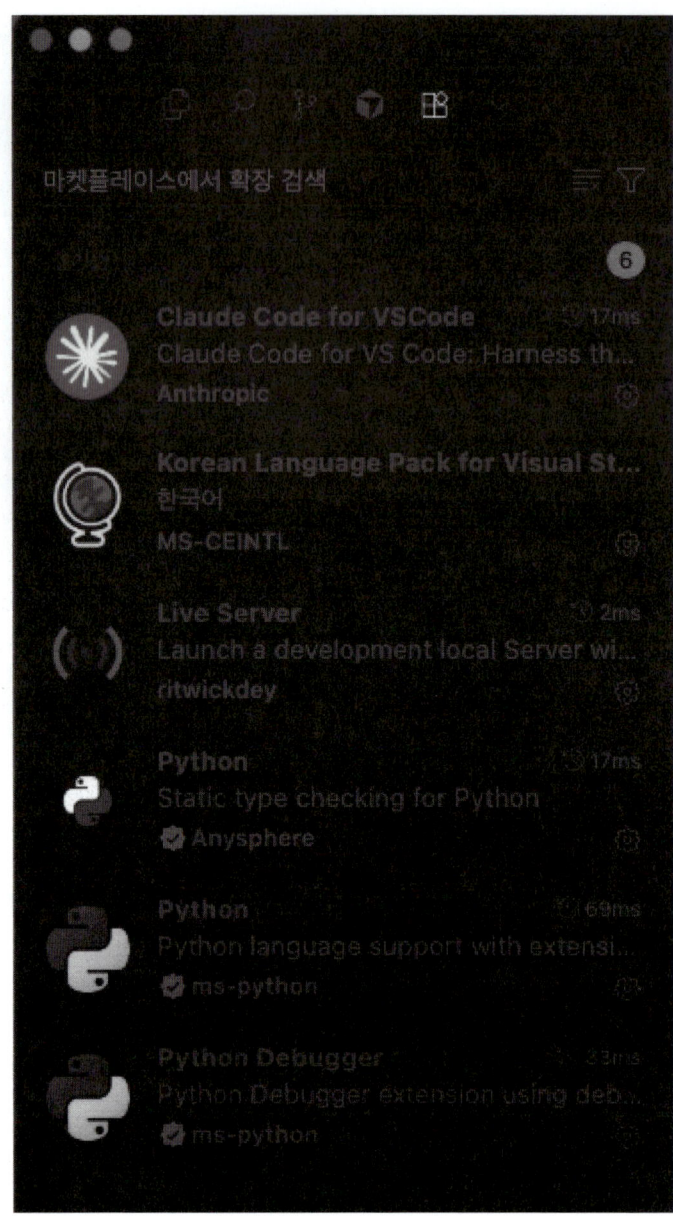

그림 9-30

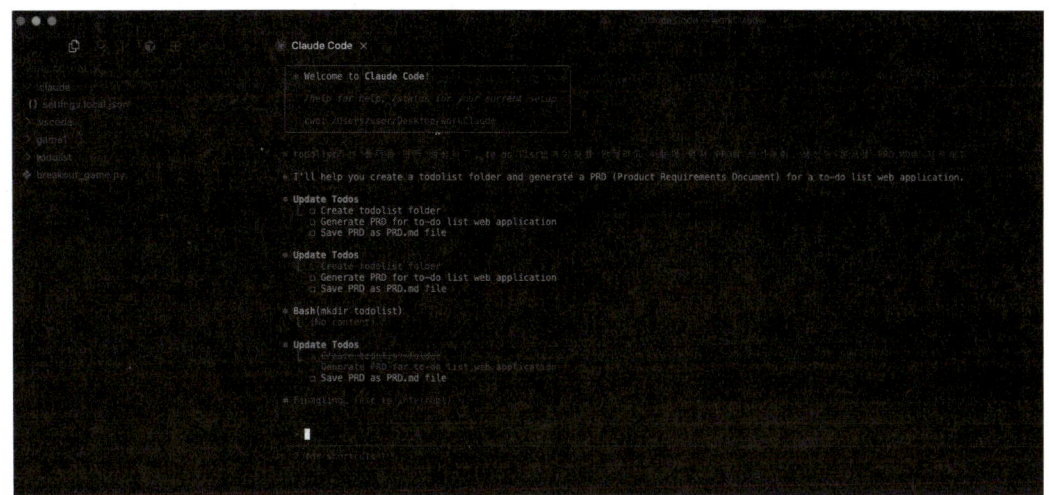

그림 9-31

Cursor IDE 오른쪽 상단에 출력되는 오렌지색의 Claude 버튼을 클릭하면 위와 같이 바로 연동이 됩니다. 소스를 보면서 작업을 할 수 있고 아래와 같이 입력합니다. 작업할 폴더를 먼저 만들고 여기에 PRD 문서를 추가해서 작업을 시작합니다.

> todolist라는 폴더를 먼저 생성하고, to do list웹페이지를 만들려고 하는데 먼저 PRD를 생성해줘. 생성된 문서를 PRD.MD로 저장해줘

아래와 같이 PRD 문서가 생성되었습니다.

```
# To-Do List 웹 애플리케이션 PRD

## 1. 개요

### 1.1 제품 비전
사용자가 효율적으로 할 일을 관리할 수 있는 직관적이고 사용하기 쉬운 웹 기반 To-Do List 애플리케이션

### 1.2 목표
- 개인 생산성 향상을 위한 간단하고 효과적인 작업 관리 도구 제공
- 직관적인 사용자 인터페이스로 누구나 쉽게 사용할 수 있는 서비스 구현
- 웹 브라우저에서 접근 가능한 크로스 플랫폼 지원
```

2. 핵심 기능

2.1 필수 기능 (MVP)
- **할 일 추가**: 새로운 작업을 빠르게 추가
- **할 일 완료**: 완료된 작업을 체크하여 표시
- **할 일 삭제**: 불필요한 작업 제거
- **할 일 목록 보기**: 전체 작업 목록을 한눈에 확인
- **데이터 영속성**: 브라우저 새로 고침 시에도 데이터 유지

2.2 고급 기능 (향후 개발)
- **할 일 편집**: 기존 작업 내용 수정
- **우선순위 설정**: 중요도에 따른 작업 분류
- **카테고리/태그**: 작업을 그룹별로 관리
- **마감일 설정**: 일정 관리 기능
- **검색 기능**: 특정 작업 빠르게 찾기
- **필터링**: 완료/미완료 작업 분류 보기

3. 사용자 스토리

3.1 주요 사용자 스토리
1. **작업 추가**: "사용자로서 새로운 할 일을 쉽게 추가하고 싶다"
2. **작업 완료**: "사용자로서 완료한 작업을 체크하여 성취감을 느끼고 싶다"
3. **작업 삭제**: "사용자로서 불필요한 작업을 제거하고 싶다"
4. **목록 관리**: "사용자로서 내 모든 작업을 한눈에 보고 관리하고 싶다"
5. **데이터 보존**: "사용자로서 브라우저를 닫았다가 다시 열어도 내 작업이 그대로 있기를 원한다"

4. 기술 요구사항

4.1 프론트엔드
- **HTML5**: 시맨틱 마크업
- **CSS3**: 반응형 디자인, 모던 스타일링
- **JavaScript (ES6+)**: 동적 기능 구현
- **로컬 스토리지**: 클라이언트 사이드 데이터 저장

4.2 호환성
- **브라우저**: Chrome, Firefox, Safari, Edge 최신 버전
- **디바이스**: 데스크톱, 태블릿, 모바일 반응형 지원

5. UI/UX 요구사항

5.1 디자인 원칙
- **단순함**: 복잡하지 않은 깔끔한 인터페이스
- **직관성**: 별도 학습 없이 바로 사용 가능
- **접근성**: 키보드 네비게이션 및 스크린 리더 지원
- **반응성**: 다양한 화면 크기에 최적화

5.2 주요 UI 컴포넌트
- **헤더**: 애플리케이션 제목
- **입력 폼**: 새 할 일 추가를 위한 텍스트 입력
- **할 일 목록**: 모든 작업을 표시하는 리스트
- **할 일 아이템**: 체크박스, 텍스트, 삭제 버튼을 포함한 개별 작업

6. 성능 요구사항

6.1 응답 시간
- 페이지 로딩: 2초 이내
- 작업 추가/삭제/완료: 즉시 반영

6.2 용량
- 초기 로딩 크기: 100KB 이하
- 로컬 스토리지 사용량: 5MB 이하

7. 출시 계획

7.1 Phase 1 (MVP)
- 기본 CRUD 기능 구현
- 로컬 스토리지 데이터 저장
- 반응형 디자인

7.2 Phase 2 (Enhancement)
- 우선순위 및 카테고리 기능
- 검색 및 필터링
- 개선된 UI/UX

7.3 Phase 3 (Advanced)
- 백엔드 연동 (선택사항)
- 사용자 계정 시스템
- 데이터 동기화

8. 성공 지표
...

아래와 같이 입력해서 일단 디자인 작업까지 구현합니다.

일단은 디자인 작업 까지만 해줘

그림 9-32 Cursor IDE에 Claude Code를 같이 연동해서 작업하는 화면

위와 같이 연동해서 작업하는 것이 편합니다. 생성된 코드를 리뷰할 수 있고, 에러가 나면 선택해서 선택한 부분의 에러에 대해 질문을 해도 됩니다.

구현된 index.html 페이지를 "live server"를 사용해서 실행해 봅니다. 아직 기능은 구현하지 않았지만 디자인을 살펴볼 수 있습니다.

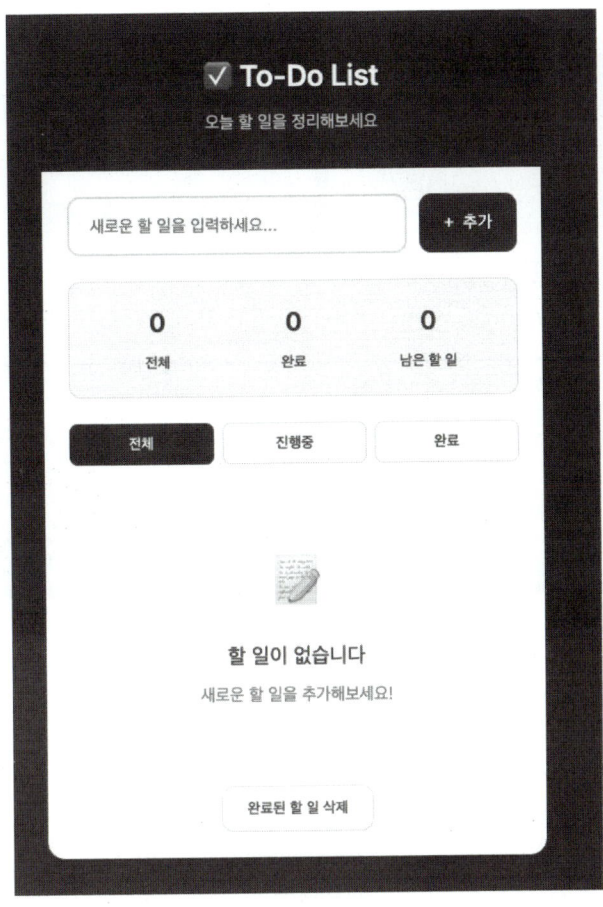

그림 9-33

밋밋한 디자인을 아래와 같이 수정할 수 있습니다.

tailwind.css를 사용해서 파스텔톤의 디자인으로 수정해줘

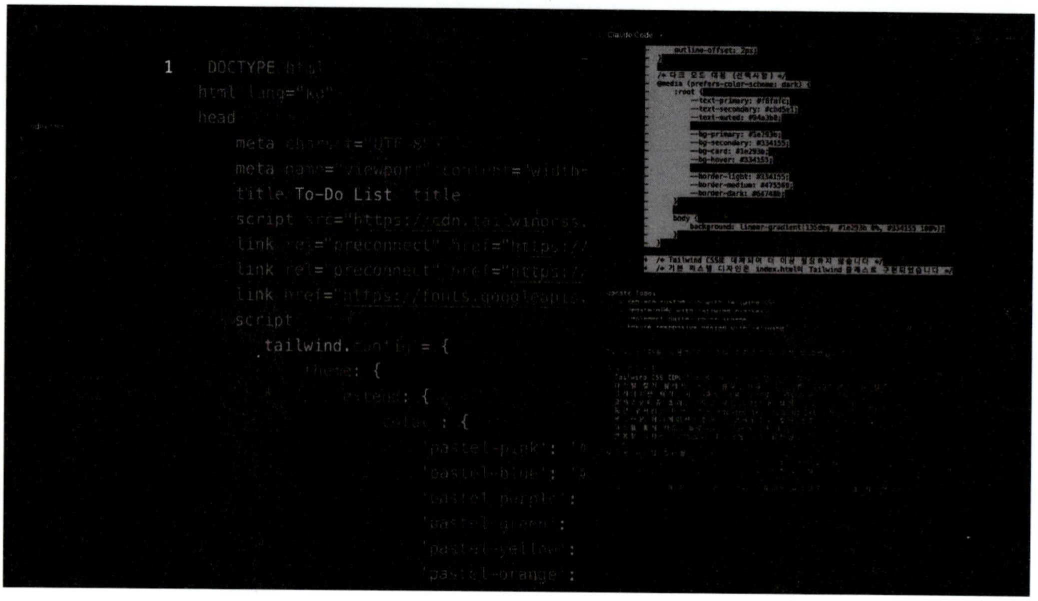

그림 9-34

오른쪽의 Claude Code창을 보면 어떻게 코드가 수정되는지를 보여주고 설명하고 있습니다.

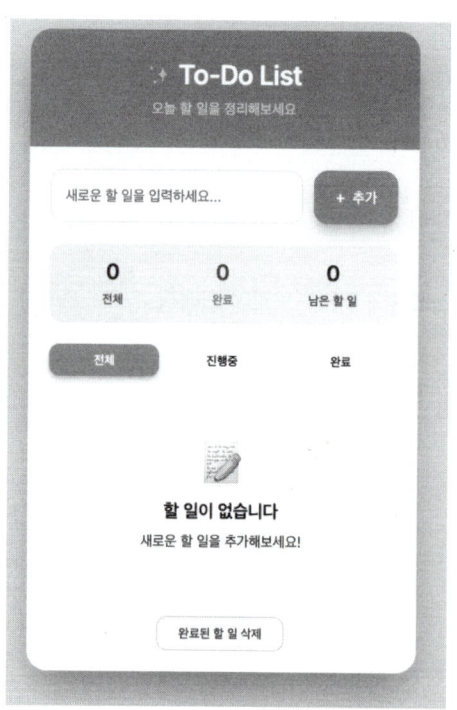

그림 9-35

이렇게 이쁘게 파스텔 톤으로 수정된 웹페이지를 확인할 수 있습니다. 이제 기능까지 전부 구현을 합니다.

> 이제 PRD 문서에 있는 기능들까지 구현해줘

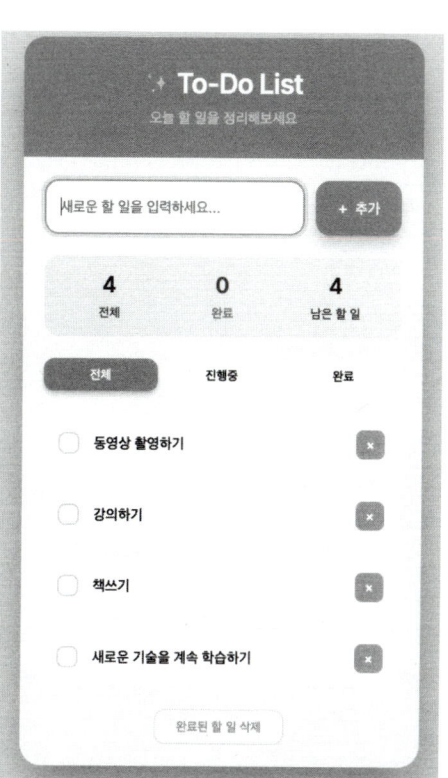

그림 9-36

index.html 페이지를 실행해서 확인을 해 보면 기능들도 잘 구현된 것을 확인할 수 있습니다. 우리는 한 줄도 직접 코딩하지 않고 다양한 앱과 웹페이지를 생성해보았습니다.

10장

미니 프로젝트 - Cursor IDE와 Supabase 연결해서 사용하기

10.1 Supabase에 MCP를 사용해서 연결하기

10.2 쇼핑몰 프로젝트 만들기

10.3 쇼핑몰 프로젝트에 게시판 추가하기

10.1 Supabase에 MCP를 사용해서 연결하기

실제로 웹사이트를 개발하고 운영하려면 가장 중요한 작업이 데이터베이스 작업입니다. 사용자에 관련된 정보와 다양한 정보들을 저장해서 지속적으로 사용하려면 데이터베이스의 테이블을 생성하고 SQL(구조화된 질의 언어)구문들을 사용해서 연동을 해야 합니다. 그런데 이 부분도 바이브 코딩 도구들을 사용하면 바로 해결할 수 있습니다. 기존에 개발자들이 작업하던 것을 보면 먼저 백엔드의 데이터베이스에 데이터 구조를 생성한 후에 UI/UX 작업을 했는데, 바이브 코딩의 경우 프론트엔드 작업과 백엔드 작업을 같이 작업할 수 있습니다. 백엔드 개발자에게도 프론트엔드 작업을 할 수 있도록 도와주고, 프론트엔드 개발자에게도 백엔드 작업을 자동으로 처리해 줍니다. 호랑이 등에 날개를 달아준 느낌입니다. ㅋㅋ

아래의 사이트에 접속해서 회원 가입을 해야 합니다. 저는 GitHub에 있는 계정과 연동을 했습니다. 구글 계정과 연동해서 사용해도 됩니다.

https://Supabase.com/

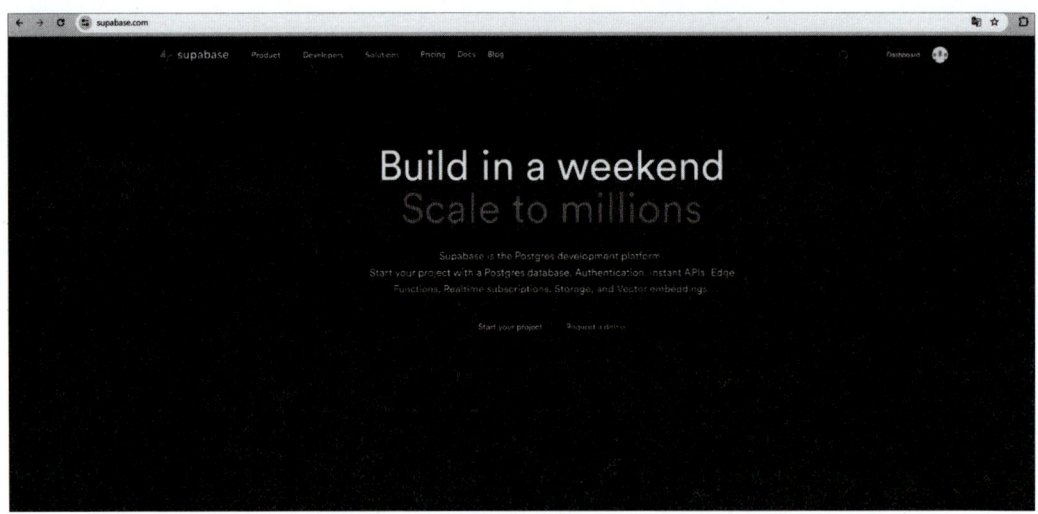

그림 10-1

화면 중앙에 있는 "Start your project"를 클릭해서 조직명을 입력하고 프로젝트를 생성하면 됩니다. 저는 "MyCampus"라는 조직명을 입력하고, "DemoMart"라는 프로젝트를 생성했습니다.

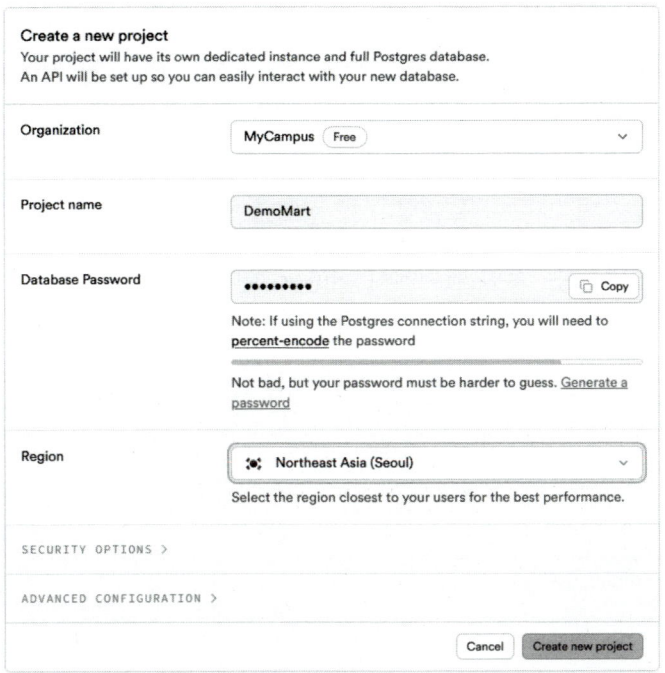

📌 그림 10-2

Project name에 "DemoMart"를 입력하고 Database Password를 입력합니다. Region에는 "Northeast Asia (Seoul)"을 선택합니다. 가까운 지역을 선택하는 것이 유리합니다.

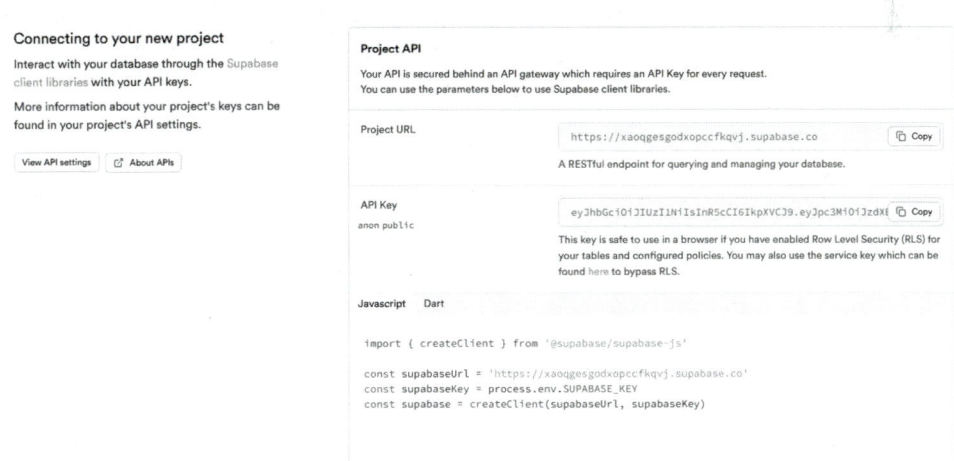

📌 그림 10-3

생성된 프로젝트 화면의 하단에 보면 Project URL과 API Key가 보입니다. 이 부분을 복사해서 Mcp 셋팅을 할 경우에 사용합니다.

MCP(Model Context Protocol)는 AI 모델과 개발 환경(IDE), 플러그인, 외부 툴 간의 표준화된 통신 프로토콜을 의미합니다. 예를 들면, Cursor같은 IDE가 AI 모델과 "어떻게 대화하고, 맥락을 주고받으며, 도구를 호출할지"를 정의한 규격이라고 보면 됩니다.

Cursor IDE의 왼쪽의 있는 작업 폴더에서 .cursor 폴더를 생성하고 mcp.json 파일을 생성합니다.

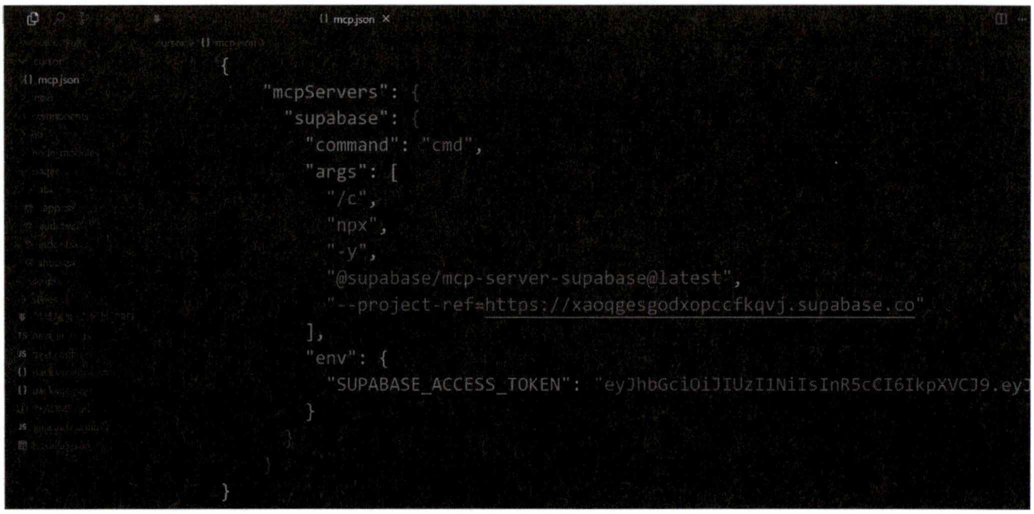

그림 10-4

```
{
    "mcpServers": {
      "Supabase
": {
        "command": "cmd",
        "args": [
          "/c",
          "npx",
          "-y",
          "@Supabase/mcp-server-Supabase@latest",
          "--project-ref= 여기에 Project URL을 붙여넣기를 합니다."
```

```
      ],
      "env": {
        "SUPABASE_ACCESS_TOKEN": "여기에 API Key를 붙여넣기를 합니다."
      }
    }
  }
}
```

이제 Supabase를 사용할 준비가 완료되었습니다!

10.2 쇼핑몰 프로젝트 만들기

일단 생성하려는 쇼핑몰은 전자제품을 판매하는 쇼핑몰입니다. 회원 가입과 로그인이 필요하고, 간단한 게시판이 있으면 될 것 같습니다. 아래와 같이 요청합니다.

> 전자제품 쇼핑몰을 만들려고 하는데 PRD 문서를 먼저 생성해줘

아래와 같이 문서가 생성되었습니다.

DemoMart 전자제품 쇼핑몰 PRD (Product Requirements Document)

1. 프로젝트 개요

1.1 프로젝트명
DemoMart - 전자제품 전문 온라인 쇼핑몰

1.2 프로젝트 목표
- 사용자 친화적인 전자제품 쇼핑몰 구축
- 반응형 웹 디자인으로 모든 디바이스에서 최적화된 경험 제공
- 직관적인 상품 검색 및 필터링 시스템 구현
- 안전하고 편리한 결제 시스템 구축

1.3 타겟 사용자
- **주요 타겟**: 20-40대 전자제품 구매자
- **부차 타겟**: 기업 구매자, 선물 구매자
- **지역**: 한국 전역 (향후 해외 진출 고려)

2. 기능 요구사항

2.1 핵심 기능

2.1.1 사용자 관리
- **회원가입/로그인**
  · 이메일, 전화번호 인증
  · 소셜 로그인 (카카오, 네이버, 구글)
  · 비밀번호 재설정
- **프로필 관리**
  · 개인정보 수정
  · 배송지 관리
  · 관심상품 목록
  · 구매내역 조회

우리는 직접 데이터베이스를 다루지 않고 Supabase를 사용하려고 합니다. 앞에서 mcp 셋팅을 했기 때문에 바로 연동이 됩니다. 아래와 같이 요청합니다.

> 데이터베이스는 mcp 셋팅을 한 Supabase
> 를 사용해서 회원 가입을 생성해줘. 회원 가입은 id와 pwd를 사용해서만 로그인하도록 구현해줘. ▶

미리 설치를 하지 않은 next.js와 필요한 모듈을 설치합니다. 그런 다음 Cursor IDE에서 "Run" 버튼을 클릭하면 됩니다. 아래와 같이 생성된 페이지를 실행해 달라고 합니다. 이제 생성된 웹 페이지를 한번 실행해 보겠습니다. 아래와 같이 요청합니다.

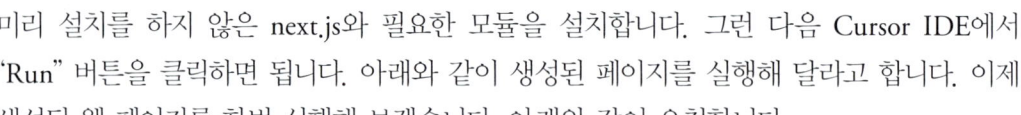

그런데 웹페이지에서 회원가입을 해보면 에러가 발생합니다. 원인은 아직 테이블이 생성되지 않아서 생기는 문제입니다. 이 문제는 아래와 같이 해결하면 됩니다. Cursor IDE의 코드 생성창에 자세하게 설명이 나옵니다. 설명을 보면서 단계별로 대응하면 됩니다.

Supabase웹사이트의 왼쪽에 있는 메뉴 중에 "SQL Editor"를 클릭해서 붙여넣기를 하면 됩니다. 화면 중앙의 상단에 "+" 버튼을 클릭하면 새로운 SQL 구문을 실행할 수 있는 창이 출력됩니다.

개발자분들에게는 익숙한 작업인데, 이런 작업을 처음 하는 분들이라면 어렵게 느껴질 수 있습니다. 데이터베이스의 테이블을 생성하는 SQL 구문이라고 생각하면 됩니다. 우리는 Cursor IDE에서 명령하는 것을 그대로 실행하면 됩니다.

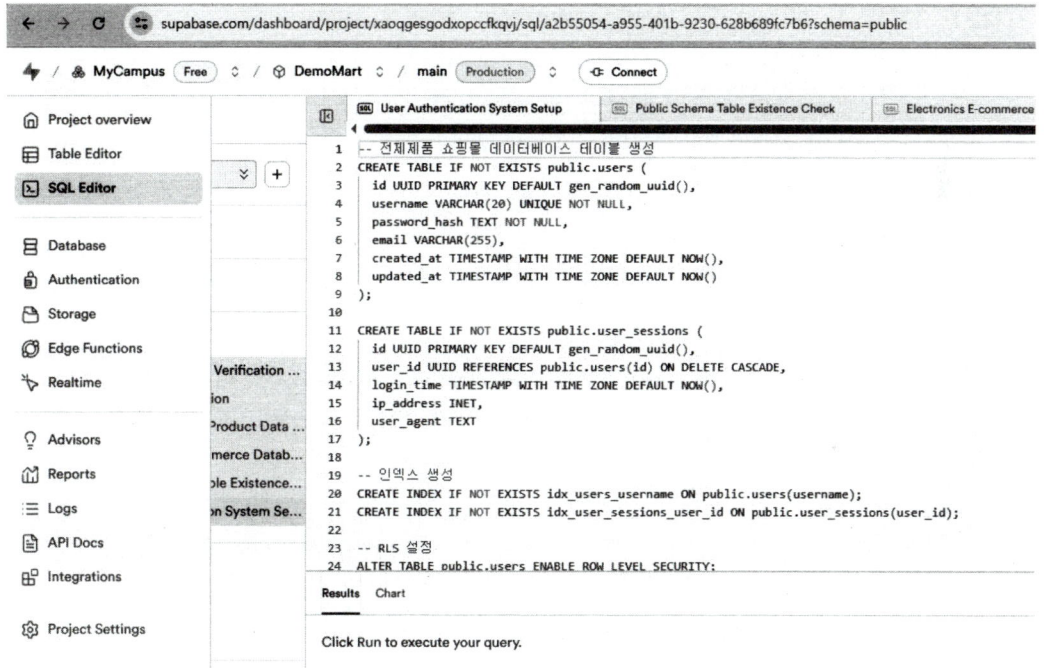

그림 10-5

직접 쿼리 실행이 안되고 있기 때문에 아래의 코드를 복사해서 실행하면 됩니다.

```sql
-- 전자제품 쇼핑몰 데이터베이스 테이블 생성
CREATE TABLE IF NOT EXISTS public.users (
  id UUID PRIMARY KEY DEFAULT gen_random_uuid(),
  username VARCHAR(20) UNIQUE NOT NULL,
  password_hash TEXT NOT NULL,
  email VARCHAR(255),
  created_at TIMESTAMP WITH TIME ZONE DEFAULT NOW(),
  updated_at TIMESTAMP WITH TIME ZONE DEFAULT NOW()
);

CREATE TABLE IF NOT EXISTS public.user_sessions (
  id UUID PRIMARY KEY DEFAULT gen_random_uuid(),
  user_id UUID REFERENCES public.users(id) ON DELETE CASCADE,
  login_time TIMESTAMP WITH TIME ZONE DEFAULT NOW(),
  ip_address INET,
  user_agent TEXT
);

-- 인덱스 생성
CREATE INDEX IF NOT EXISTS idx_users_username ON public.users(username);
CREATE INDEX IF NOT EXISTS idx_user_sessions_user_id ON public.user_sessions(user_id);

-- RLS 설정
ALTER TABLE public.users ENABLE ROW LEVEL SECURITY;
ALTER TABLE public.user_sessions ENABLE ROW LEVEL SECURITY;


-- 정책 설정 (임시로 모든 사용자 접근 허용)
CREATE POLICY "Allow all users to view users table" ON public.users FOR SELECT USING (true);
CREATE POLICY "Allow all users to insert into users table" ON public.users FOR INSERT WITH CHECK (true);

CREATE POLICY "Allow all users to insert sessions" ON public.user_sessions FOR INSERT WITH CHECK (true);
CREATE POLICY "Allow users to view their own sessions" ON public.user_sessions FOR SELECT USING (true);
```

생성된 테이블이 문제가 없는지 확인하는 쿼리 구문입니다. 아래의 코드를 붙여넣기를 하고 테이블이 생성되었는지를 체크하면 됩니다.

```sql
SELECT table_name FROM information_schema.tables
WHERE table_schema = 'public'
  AND table_name IN ('users', 'user_sessions');
```

아직은 회원가입과 로그인까지만 구현이 되었기 때문에 아래와 같이 요청합니다.

> 이제는 쇼핑몰에서 쇼핑을 할 수 있는 전자제품 데이터를 입력해서 리스트 형태로 화면에 출력해줘. 쇼핑커트에 입력해서 구매를 진행할 수 있도록 생성해줘

실제 웹페이지에서 실행을 해보면 상품 목록을 클릭하니 에러가 발생했습니다. 아래와 같이 에러를 수정해 달라고 요청합니다.

> 상품 목록을 클릭하면 에러가 발생하는데 수정해줘

에러를 확인해 보니 아직 상품 목록을 저장할 테이블이 없습니다. 아래의 코드를 복사해서 실행하면 됩니다.

```sql
-- 전자제품 쇼핑몰 - 전자제품 상품 테이블 생성 스크립트
-- 이 스크립트를 먼저 실행하세요

-- 1. 상품 카테고리 테이블
CREATE TABLE IF NOT EXISTS public.product_categories (
  id UUID PRIMARY KEY DEFAULT gen_random_uuid(),
  name VARCHAR(100) NOT NULL,
  description TEXT,
  created_at TIMESTAMP WITH TIME ZONE DEFAULT NOW()
);

-- 2. 전자제품 상품 테이블
CREATE TABLE IF NOT EXISTS public.products (
  id UUID PRIMARY KEY DEFAULT gen_random_uuid(),
```

```sql
  name VARCHAR(200) NOT NULL,
  description TEXT,
  price DECIMAL(10,2) NOT NULL,
  original_price DECIMAL(10,2),
  stock_quantity INTEGER NOT NULL DEFAULT 0,
  category_id UUID REFERENCES public.product_categories(id),
  brand VARCHAR(100),
  model VARCHAR(100),
  specifications JSONB,
  images TEXT[],
  is_featured BOOLEAN DEFAULT false,
  is_active BOOLEAN DEFAULT true,
  created_at TIMESTAMP WITH TIME ZONE DEFAULT NOW(),
  updated_at TIMESTAMP WITH TIME ZONE DEFAULT NOW()
);

-- 3. 장바구니 테이블
CREATE TABLE IF NOT EXISTS public.cart_items (
  id UUID PRIMARY KEY DEFAULT gen_random_uuid(),
  user_id UUID REFERENCES public.users(id) ON DELETE CASCADE,
  product_id UUID REFERENCES public.products(id) ON DELETE CASCADE,
  quantity INTEGER NOT NULL DEFAULT 1,
  created_at TIMESTAMP WITH TIME ZONE DEFAULT NOW(),
  updated_at TIMESTAMP WITH TIME ZONE DEFAULT NOW(),
  UNIQUE(user_id, product_id)
);

-- 4. 주문 테이블
CREATE TABLE IF NOT EXISTS public.orders (
  id UUID PRIMARY KEY DEFAULT gen_random_uuid(),
  user_id UUID REFERENCES public.users(id) ON DELETE CASCADE,
  order_number VARCHAR(50) UNIQUE NOT NULL,
  total_amount DECIMAL(10,2) NOT NULL,
  status VARCHAR(50) DEFAULT 'pending',
  shipping_address JSONB,
  payment_method VARCHAR(50),
  payment_status VARCHAR(50) DEFAULT 'pending',
  created_at TIMESTAMP WITH TIME ZONE DEFAULT NOW(),
```

```sql
    updated_at TIMESTAMP WITH TIME ZONE DEFAULT NOW()
  );

  -- 5. 주문 상세 테이블
  CREATE TABLE IF NOT EXISTS public.order_items (
    id UUID PRIMARY KEY DEFAULT gen_random_uuid(),
    order_id UUID REFERENCES public.orders(id) ON DELETE CASCADE,
    product_id UUID REFERENCES public.products(id),
    product_name VARCHAR(200) NOT NULL,
    product_price DECIMAL(10,2) NOT NULL,
    quantity INTEGER NOT NULL,
    subtotal DECIMAL(10,2) NOT NULL,
    created_at TIMESTAMP WITH TIME ZONE DEFAULT NOW()
  );

  -- 6. 인덱스 생성
    CREATE INDEX IF NOT EXISTS idx_products_category ON public.products(category_id);
    CREATE INDEX IF NOT EXISTS idx_products_active ON public.products(is_active);
    CREATE INDEX IF NOT EXISTS idx_cart_items_user ON public.cart_items(user_id);
    CREATE INDEX IF NOT EXISTS idx_orders_user ON public.orders(user_id);
    CREATE INDEX IF NOT EXISTS idx_order_items_order ON public.order_items(order_id);

  -- 7. RLS 설정
  ALTER TABLE public.product_categories ENABLE ROW LEVEL SECURITY;
  ALTER TABLE public.products ENABLE ROW LEVEL SECURITY;
  ALTER TABLE public.cart_items ENABLE ROW LEVEL SECURITY;
  ALTER TABLE public.orders ENABLE ROW LEVEL SECURITY;
  ALTER TABLE public.order_items ENABLE ROW LEVEL SECURITY;

  -- 8. 정책 설정
    CREATE POLICY "Allow all users to view categories" ON public.product_categories FOR SELECT USING (true);
    CREATE POLICY "Allow all users to view products" ON public.products FOR SELECT USING (true);
```

```sql
    CREATE POLICY "Users can view own cart" ON public.cart_items FOR SELECT
USING (auth.uid()::text = user_id::text);
    CREATE POLICY "Users can insert own cart" ON public.cart_items FOR INSERT
WITH CHECK (auth.uid()::text = user_id::text);
    CREATE POLICY "Users can update own cart" ON public.cart_items FOR UPDATE
USING (auth.uid()::text = user_id::text);
    CREATE POLICY "Users can delete own cart" ON public.cart_items FOR DELETE
USING (auth.uid()::text = user_id::text);
     CREATE POLICY "Users can view own orders" ON public.orders FOR SELECT
USING (auth.uid()::text = user_id::text);
    CREATE POLICY "Users can insert own orders" ON public.orders FOR INSERT
WITH CHECK (auth.uid()::text = user_id::text);
    CREATE POLICY "Users can update own orders" ON public.orders FOR UPDATE
USING (auth.uid()::text = user_id::text);
    CREATE POLICY "Users can view own order items" ON public.order_items FOR
SELECT USING (
    EXISTS (
      SELECT 1 FROM public.orders
      WHERE orders.id = order_items.order_id
      AND orders.user_id::text = auth.uid()::text
    )
);

-- 9. 카테고리 데이터 삽입
INSERT INTO public.product_categories (name, description) VALUES
('스마트폰', '최신 스마트폰 및 액세서리'),
('노트북', '노트북 및 컴퓨터 관련 제품'),
('태블릿', '태블릿 및 관련 액세서리'),
('가전제품', '생활 가전 및 전자제품'),
('액세서리', '전자제품 액세서리 및 주변기기');
```

간단한 제품 데이터도 필요합니다. 역시 생성된 SQL을 SQL Editor에 붙여넣고 실행하면 됩니다.

```sql
-- 전자제품 쇼핑몰 - 샘플 전자제품 데이터 삽입
-- 첫 번째 스크립트 실행 후 이 스크립트를 실행하세요

-- 스마트폰 카테고리 상품들
INSERT INTO public.products (name, description, price, original_price, stock_quantity, category_id, brand, model, specifications, images, is_featured) VALUES
(
    '갤럭시 S24 Ultra',
    '삼성 최신 플래그십 스마트폰, S펜 지원, AI 기능 탑재',
    1598000,
    1798000,
    50,
    (SELECT id FROM public.product_categories WHERE name = '스마트폰'),
    'Samsung',
    'Galaxy S24 Ultra',
    '{"display": "6.8인치 QHD+", "ram": "12GB", "storage": "512GB", "camera": "200MP + 12MP + 50MP + 10MP", "battery": "5000mAh"}',
    ARRAY['https://images.unsplash.com/photo-1511707171634-5f897ff02aa9?w=400', 'https://images.unsplash.com/photo-1592750475338-74b7b21085ab?w=400'],
    true
),
(
    'iPhone 15 Pro Max',
    '애플 최신 프리미엄 스마트폰, 티타늄 프레임, A17 Pro 칩',
    1750000,
    1950000,
    45,
    (SELECT id FROM public.product_categories WHERE name = '스마트폰'),
    'Apple',
    'iPhone 15 Pro Max',
    '{"display": "6.7인치 Super Retina XDR", "ram": "8GB", "storage": "256GB", "camera": "48MP + 12MP + 12MP", "battery": "4441mAh"}',
    ARRAY['https://images.unsplash.com/photo-1592750475338-74b7b21085ab?w=400', 'https://images.unsplash.com/photo-1511707171634-5f897ff02aa9?w=400'],
    true
)
```

```sql
-- 노트북 카테고리 상품들
INSERT INTO public.products (name, description, price, original_price, stock_quantity, category_id, brand, model, specifications, images, is_featured) VALUES
(
    'MacBook Pro 16" M3 Pro',
    '애플 M3 Pro 칩 탑재, 16인치 Liquid Retina XDR 디스플레이',
    3500000,
    3800000,
    25,
    (SELECT id FROM public.product_categories WHERE name = '노트북'),
    'Apple',
    'MacBook Pro 16" M3 Pro',
    '{"display": "16인치 Liquid Retina XDR", "processor": "M3 Pro", "ram": "18GB", "storage": "512GB SSD", "gpu": "18-core GPU"}',
    ARRAY['https://images.unsplash.com/photo-1496181133206-80ce9b88a853?w=400', 'https://images.unsplash.com/photo-1541807084-5c52b6b3adef?w=400'],
    true
);

-- 태블릿 카테고리 상품들
INSERT INTO public.products (name, description, price, original_price, stock_quantity, category_id, brand, model, specifications, images, is_featured) VALUES
(
    'iPad Pro 12.9" M2',
    '애플 M2 칩 탑재, 12.9인치 Liquid Retina XDR 디스플레이',
    1800000,
    2000000,
    40,
    (SELECT id FROM public.product_categories WHERE name = '태블릿'),
    'Apple',
    'iPad Pro 12.9" M2',
    '{"display": "12.9인치 Liquid Retina XDR", "processor": "M2", "ram": "8GB", "storage": "256GB", "camera": "12MP + 10MP"}',
    ARRAY['https://images.unsplash.com/photo-1544244015-0df4b3ffc6b0?w=400'],
```

```sql
    true
  );

  -- 액세서리 카테고리 상품들
  INSERT INTO public.products (name, description, price, original_price, stock_quantity, category_id, brand, model, specifications, images, is_featured) VALUES
  (
    'AirPods Pro 2세대',
    '애플 최신 무선 이어폰, 액티브 노이즈 캔슬링',
    350000,
    400000,
    100,
    (SELECT id FROM public.product_categories WHERE name = '액세서리'),
    'Apple',
    'AirPods Pro 2nd Gen',
      '{"type": "무선 이어폰", "noise_cancelling": "액티브", "water_resistant": "IPX4", "battery": "6시간"}',
        ARRAY['https://images.unsplash.com/photo-1606220588913-b3aacb4d2f46?w=400'],
    true
  );
```

생성된 아래의 SQL 구문을 실행해서, 테이블이 제대로 생성되었는지를 체크합니다.

```sql
-- 테이블이 제대로 생성되었는지 확인
SELECT
  table_name,
  table_schema
FROM information_schema.tables
WHERE table_schema = 'public'
  AND table_name IN ('product_categories', 'products', 'cart_items', 'orders', 'order_items');
```

생성된 아래의 SQL 구문을 실행해서, 샘플데이터가 제대로 입력되었는지를 체크합니다.

```sql
-- 상품 데이터가 제대로 삽입되었는지 확인
SELECT
  p.name,
  p.price,
  p.stock_quantity,
  pc.name as category,
  p.brand
FROM public.products p
JOIN public.product_categories pc ON p.category_id = pc.id
ORDER BY pc.name, p.price DESC;
```

이제 페이지를 실행해서 회원 가입을 하고 쇼핑을 해 봅니다. ㅎㅎ

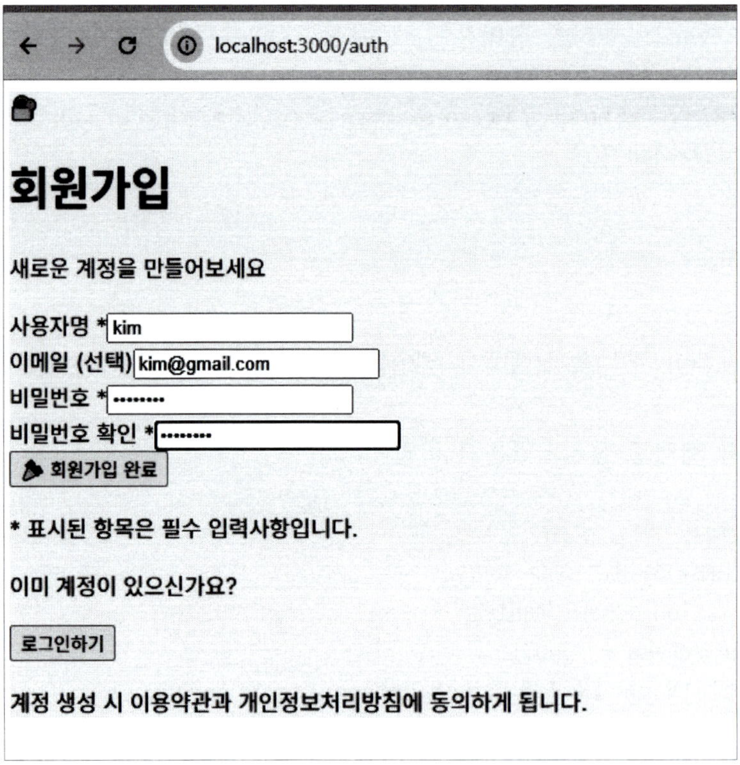

그림 10-6

회원 가입을 한 정보를 사용해서 로그인을 하면 아래와 같이 성공적으로 로그인을 할 수 있습니다.

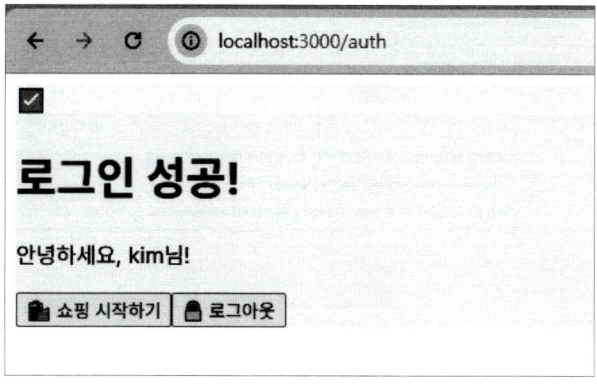

그림 10-7

그림 10-8

실제 작업을 한 이후에 Supabase에 접속해서 "Table Editor"를 실행해 보면 데이터가 입력되어 있는 것을 확인할 수 있습니다.

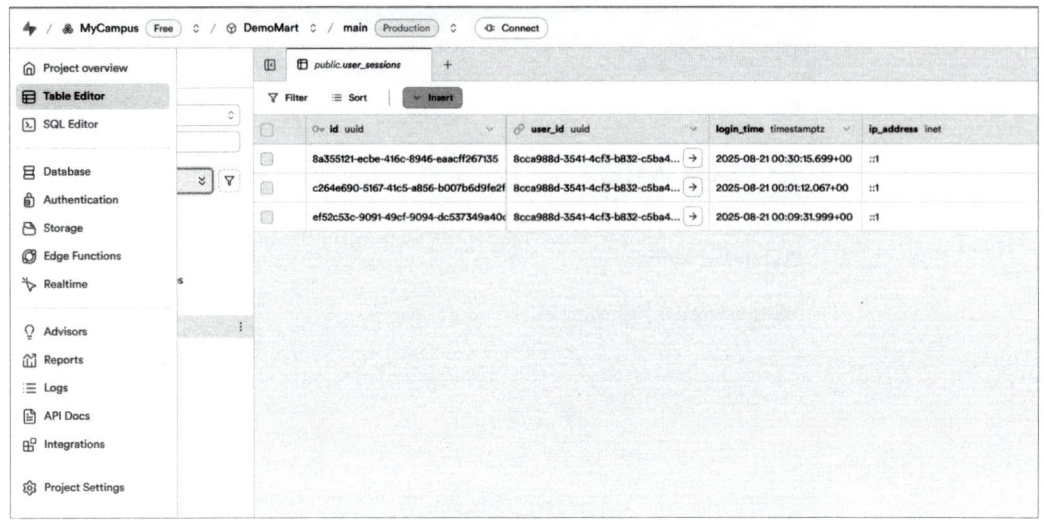

그림 10-9

쇼핑을 하고 장바구니로 이동하려고 하면 에러가 발생합니다. 수정해 달라고 요청합니다.

> 장바구니로 이동하는데 에러가 발생하는데 에러를 수정해줘

아직 문제점들이 보입니다. 제품을 추가해서 장바구니로 이동하려면 하면 비어 있습니다. 이 부분을 수정해 달라고 합니다.

> 장바구니를 클릭하면 추가된 상품들이 비어 있는데 이 부분을 수정해줘

실제 웹사이트를 사용해 보면서 발생하는 문제점들을 하나씩 해결해 달라고 하면 됩니다. 실제로 쇼핑몰 사이트를 구축하려면 많은 기술들을 사용해야 합니다. 정말 어렵게 코딩을 하면서, 일주일 이상 걸리는 작업을 우리는 한시간 이내에 해결하고 있습니다. AI와 대화하면서 꼼꼼하게 필요한 사항들을 물어보면 됩니다.

10.3 쇼핑몰 프로젝트에 게시판 추가하기

이제는 고객들이 제품에 대한 문의사항을 올릴 수 있는 게시판을 하나 추가해봅니다. 아래와 같이 입력합니다.

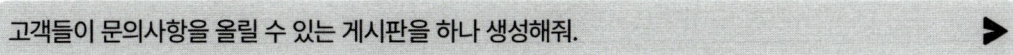

고객들이 문의사항을 올릴 수 있는 게시판을 하나 생성해줘.

아래와 같이 글을 작성할 수 있는 게시판이 준비되었습니다.

🖌 그림 10-10

실제 "문의 작성하기" 버튼을 클릭하면 에러가 발생합니다. 다시 수정해 달라고 합니다.

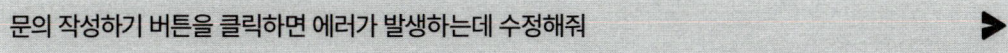

문의 작성하기 버튼을 클릭하면 에러가 발생하는데 수정해줘

이런 에러들이 수정되고 입력이 잘 됩니다. 다만 입력 창의 크기가 좀 작게 되어 있어서 이 부분을 수정하고, Supabase에 데이터가 저장되도록 변경합니다. 다음과 같이 입력합니다.

> 게시물을 입력하는 창의 각 크기를 좀 더 크게 만들어 주고, Supabase에 이런 입력 데이터들이 저장되도록 테이블 구조를 생성해줘

아래와 같은 에러가 다시 발생해서 수정해 달라고 요청을 합니다. 에러 메시지를 복사해서 아래와 같이 요청하면 됩니다.

> 1 of 1 error
> Next.js (14.2.32) is outdated (learn more)
> Server Error
> ReferenceError: Link is not defined
> 이런 서버 에러가 발생하는데 수정해줘

아직 Supabase에 게시판 내용을 저장할 수 있는 테이블이 생성되지 않았습니다. 이 부분을 요청합니다.

> Supabase에 이런 입력 데이터들이 저장되도록 테이블 구조를 생성해줘

생성된 SQL 구문을 Supabase의 SQL Editor에 붙여넣고 실행을 하면 됩니다.

```sql
-- 고객 문의 게시판 테이블 생성
CREATE TABLE IF NOT EXISTS public.inquiries (
  id UUID PRIMARY KEY DEFAULT gen_random_uuid(),
  title VARCHAR(200) NOT NULL,
  content TEXT NOT NULL,
  author VARCHAR(100) NOT NULL,
  email VARCHAR(255) NOT NULL,
   status VARCHAR(20) DEFAULT 'pending' CHECK (status IN ('pending', 'answered', 'closed')),
  created_at TIMESTAMP WITH TIME ZONE DEFAULT NOW(),
  updated_at TIMESTAMP WITH TIME ZONE DEFAULT NOW(),
  answer TEXT,
```

```
  answered_at TIMESTAMP WITH TIME ZONE,
  answered_by UUID REFERENCES public.users(id)
);
```

아래의 구문도 복사해서 실행합니다.

```
-- 인덱스 생성 (빠른 검색을 위해)
CREATE INDEX IF NOT EXISTS idx_inquiries_status ON public.inquiries(status);
CREATE INDEX IF NOT EXISTS idx_inquiries_created_at ON public.inquiries(created_at DESC);
CREATE INDEX IF NOT EXISTS idx_inquiries_email ON public.inquiries(email);
CREATE INDEX IF NOT EXISTS idx_inquiries_author ON public.inquiries(author);
```

아래의 테스트 데이터도 복사해서 붙여넣기를 하고 실행합니다.

```
-- 테스트용 샘플 문의 데이터
INSERT INTO public.inquiries (title, content, author, email, status) VALUES
('배송 관련 문의', '주문한 상품의 배송 현황을 확인하고 싶습니다. 언제쯤 받을 수 있을까요?', '김고객', 'customer1@example.com', 'pending'),
('제품 A/S 문의', '구매한 노트북에 문제가 있어서 A/S를 받고 싶습니다. 어떻게 진행하면 될까요?', '이사용', 'user2@example.com', 'pending'),
('환불 요청', '주문 취소하고 환불받고 싶습니다. 절차가 어떻게 되나요?', '박구매', 'buyer3@example.com', 'pending'),
('제품 추천 요청', '게임용 컴퓨터를 구매하려고 하는데 어떤 제품을 추천해주실 수 있나요?', '최게이머', 'gamer4@example.com', 'pending');

-- 일부 문의에 답변 추가
UPDATE public.inquiries
SET answer = '안녕하세요! 주문하신 상품은 현재 배송 준비 중이며, 내일 오후에 발송 예정입니다. 배송은 1-2일 소요될 예정이니 조금만 기다려주세요. 감사합니다!',
    answered_at = NOW(),
    status = 'answered'
WHERE title = '배송 관련 문의';
UPDATE public.inquiries
```

```
SET answer = '게임용 컴퓨터로는 RTX 4070 탑재 모델을 추천드립니다. 현재 할인
행사 중이며, 성능 대비 가격이 우수합니다. 자세한 상담은 고객센터로 연락주세
요!',
    answered_at = NOW(),
    status = 'answered'
WHERE title = '제품 추천 요청';
```

아래의 구문을 실행해서 정상적으로 테이블이 생성되었는지를 확인할 수 있습니다.

```
-- 테이블이 정상적으로 생성되었는지 확인
SELECT
  table_name,
  table_schema
FROM information_schema.tables
WHERE table_schema = 'public'
  AND table_name = 'inquiries';

-- 컬럼 구조 확인
SELECT
  column_name,
  data_type,
  is_nullable,
  column_default
FROM information_schema.columns
WHERE table_name = 'inquiries'
  AND table_schema = 'public'
ORDER BY ordinal_position;

-- 데이터 확인
SELECT id, title, author, status, created_at
FROM public.inquiries
ORDER BY created_at DESC
LIMIT 5;
```

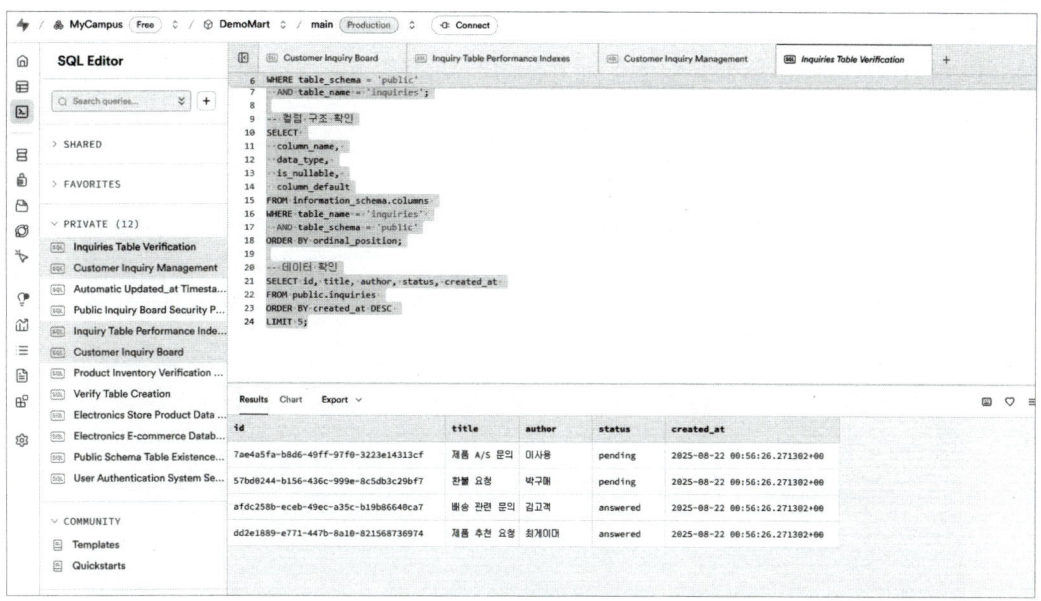

그림 10-11

게시판의 목록이 나오는 모양이 마음에 들지 않아서 다시 아래와 같이 요청을 했습니다. 한 커뮤니티의 게시판 사진을 캡쳐를 해서 프로젝트에 추가했습니다. 파일명을 참조하도록 @을 추가해서 사용합니다. @게시판.png를 입력해서 사진과 같은 형태의 게시판으로 수정해 달라고 요청을 했습니다. 원하는 모양이 있다면 이렇게 캡쳐 한 파일을 보내서 수정해 달라고 할 수 있습니다.

그림 10-12

아래와 같이 열심히 Cursor IDE가 일을 하고 있습니다. 기존에 게시판 코드를 늘 수동으로 작성하던 개발자 입장에서는 정말 신기합니다. 개발을 처음 접하는 분들도 신기할 것 같습니다. 한주 정도의 미니 프로젝트로 진행하던 작업을 빠른 시간안에 마무리하고 있습니다.

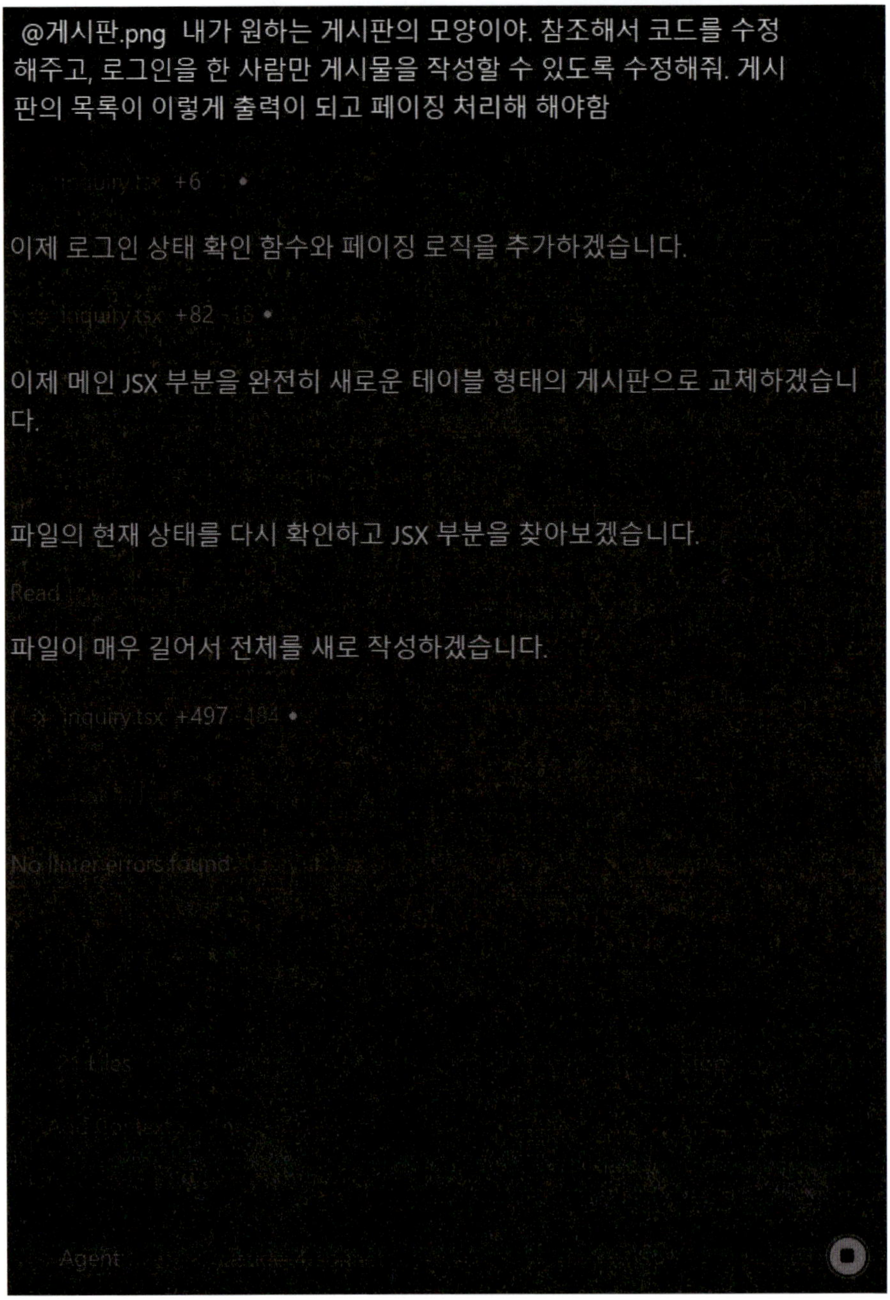

@게시판.png 내가 원하는 게시판의 모양이야. 참조해서 코드를 수정해주고, 로그인을 한 사람만 게시물을 작성할 수 있도록 수정해줘. 게시판의 목록이 이렇게 출력이 되고 페이징 처리해 해야함
이제 로그인 상태 확인 함수와 페이징 로직을 추가하겠습니다.
이제 메인 JSX 부분을 완전히 새로운 테이블 형태의 게시판으로 교체하겠습니다.
파일의 현재 상태를 다시 확인하고 JSX 부분을 찾아보겠습니다.
파일이 매우 길어서 전체를 새로 작성하겠습니다.
No linter errors found
Agent

그림 10-13

아직도 버그들이 있습니다. 수정해 달라고 요청을 합니다. 이런 과정을 여러 번 할 수 있습니다. 실제 개발을 한다고 생각하면 힘든데 AI와 협업을 하면 좀 더 쉽게 처리할 수 있습니다.

> 로그인을 했는데도 글쓰기 버튼을 클릭하면 로그인하라고 나오는데 수정해줘

마지막으로 다양한 문제들이 해결되었습니다. 아래와 같이 게시판이 잘 동작을 하고 리스트가 잘 출력되는 것을 확인할 수 있습니다. 관리자 페이지가 필요하다면 요청을 해서 추가할 수 있습니다. 독자 여러분의 다양한 아이디어를 바로 바로 코드로 생성해서 사용할 수 있습니다.

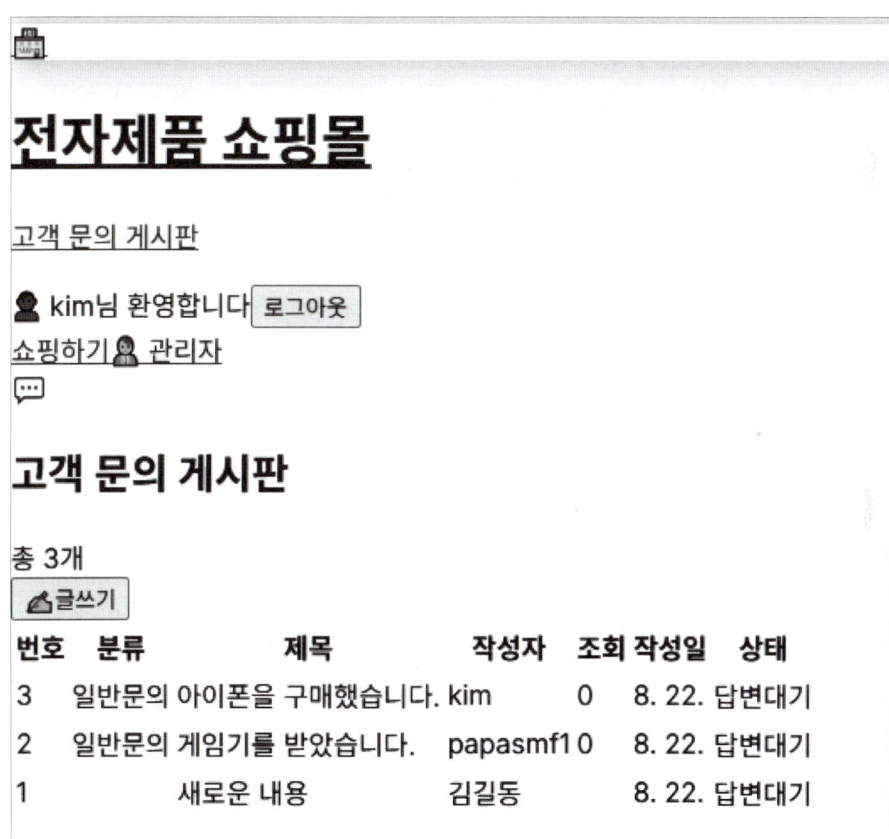

그림 10-14

맺은말

다양한 바이브 코딩을 지원하는 도구들을 사용하다 보면 이런 흐름이 하나의 트렌드가 될 것을 알 수 있습니다. 다만 이 책에 소개된 어떤 코드 어시스턴트 도구를 사용할지 고민될 수 있습니다. 다양한 도구들을 조합해서 입맛에 맞게 사용하면 됩니다. 꼭 한가지만 고집할 이유는 없다고 봅니다. 제가 테스트해 보지 못한 도구들도 상당히 많습니다. 주로 가장 개발자들과 일반인분들에게 인기가 있는 도구들을 사용해 보았습니다.

가장 쉬운 첫번째 접근은 비주얼 스튜디오 코드 + 코파일럿입니다. 한줄 한줄의 코드를 잘 생성해 주기도 하고, 무료로 사용할 수 있는 기능도 좋아서 처음에 접근하기 좋은 코드 어시스턴트 환경입니다. 기업 고객의 경우 이미 30%이상의 고객분들이 코파일럿을 사용하고 있습니다.

두번째로는 통합 개발 환경이 편하다면 Cursor IDE를 사용해 보면 좋습니다. 여기에 어느 정도 익숙해지면, Claude Code와 구글 제미나이 CLI를 같이 활용해 보면 좀 더 멋진 앱들을 생성할 수 있습니다. CLI 환경이 약간은 어렵기 때문에 처음에는 비주얼 한 환경을 미리 접해보는 것이 도움이 됩니다.

사실은 어떤 도구를 사용해도, 사람의 역할이 가장 중요한 것 같습니다. **내가 잘하는 분야, '본진'이 있다면 유리합니다.** '본진'이라 함은 순전히 직무 혹은 소득을 벌기 위한 수단이기도 하지만 자신의 정체성이 자리매김하는 고유 영역을 뜻합니다. "호명사회"를 집필한 마인드 마이너 - 송길영 작가님의 책에 나오는 문구입니다. 내가 일을 하고 있는 제조, 금융, 마케팅, IT 분야의 전문가가 된다면 앞으로는 이런 일반 시민 개발자들이 직접 앱과 웹사이트를 어느정도 만들 수 있는 시대가 되었다고 판단합니다.

앞으로의 개발자의 역할은 이렇게 변경될 것 같습니다. 단순한 코더가 아닌 문제를 해결하고 전체 큰 그림을 보고, 멘토의 역할을 하는 사람으로 성장해야 할 것 같습니다.

개발자 = 문제 해결자 + 아키텍트 + 멘토

- 비즈니스 문제 이해와 해결
- 시스템 설계와 아키텍처
- AI와 협업을 통한 효율적 구현
- 팀과 AI를 이끄는 리더십

AI는 증강(Augmentation)이지 대체(Replacement)가 아니라고 생각합니다. 오히려 AI를 잘 사용하는 개발자들이 더 필요할 수 있습니다. Human + AI가 협업을 하는 세상이 되었습니다. 개발의 트렌드를 보면 이제는 AI 네이티브의 시대가 되고 있습니다. 독자 여러분의 건투를 빕니다. 늘 새로운 지식에 도전하는 분들을 응원합니다.

INDEX

ETC
/model ... 257

A
Agent ... 122
Agent 모드 ... 62
AI시대의 실용적 생존 가이드 ... 12
AI전쟁 ... 20
Always ... 167
alwaysApply:true ... 167
Ask 모드 ... 62

B
BeautifulSoup ... 116
build폴더 ... 84

C
C# ... 75
Calude-4-opus ... 161
Claude Code ... 246
Claude Sonnet 4 ... 62, 114
Claude-4-sonet ... 161
cmd ... 62
Copy Element ... 79
css3 ... 50
Cursor IDE ... 21, 98
Cursor Settings ... 113

D
Data Sharing ... 105
def ... 47
dist폴더 ... 84

E
Excel Viewer ... 125
Extension ... "32, 60"

F
FMDB ... 224
Font Size ... 31
Free Plan ... 56
f-string ... 49

G
Generate Cursor Rules ... 163
Git ... 58
GitHub Copilot Chat ... 60
GUI(Graphical User Interface) ... 72, 90

H
html5 ... 50

J
javascript ... 50

K
K-drama ... 154
K-food ... 154
kiro ... 192
K-movie ... 154
Korean Language Pack ... 33
KOSIS ... 132

L
Language for AI ... 106
launch.json ... 40
live server ... 94
LLM OS ... 5
LLM(Large Language Model) ... 3

M

Manual	167
matplotlib	68
MCP(Model Context Protocol)	276
mdc(Markdown with Cursor extensions)	165
Models	114, 161
MVC	230
MVP(Minimum Viable Product)	8
MVVM	222, 230

N

node.js	246
npm	179
npx	179

O

openpyxl	124

P

pandas	68
pip.exe	83
PRD	260
pyinstaller	83
PyQt5	72, 90

Q

QLineEdit	90

R

README_GUI.md	126
requirements.md	201
requirements.txt	117
rule	160

S

SQL Editor	281
SQLite	72, 224
Supabase	276
Swift	217
SwiftUI	217

T

tailwind.css	95
to-do-list	162, 265

V

VB.NET	75
Vibe Coding	3

W

Windows PowerShell	173

X

Xcode	215

ㄱ

개발자 계정	240
개발자 도구	78
게시판	293
고수의 단계	16
기술 스택	2
깃허브	58

ㄴ

나노디그리	11
닌텐도	150

ㄷ

데이터 자동 분석	68
데이터분석	129
듀얼 브레인	12
디지털 노마드	13
딕셔너리(Dict)	44

ㄹ

랜딩 웹페이지	91
레버리지	158

로그인 283
리스트(List) 44

ㅁ
마리오 게임 150
마이크로소프트의 코파일럿 20
맑은 고딕 폰트 71
맥미니 214

ㅂ
바이브 코딩 2
백엔드 173
버티컬 AI 6
본진 300
부기장 10
부사수(Copilot) 10
블록깨기게임 62
비주얼 스튜디오 코드 56

ㅅ
소프트웨어 개발 3.0 2
솔로프리너 13
송길영 8
쇼핑몰 279
슈팅 게임 144
스펙 기반 198
시각화 68, 129
실행파일 83

ㅇ
아마존의 Kiro 23
아이템 149
아이폰 앱 214
아틀라스 8
안드레이 카파시 2
앤드류 응 8
엑셀 파일 85
옵티머스 8

워커 15
유니트리 8
음향 효과 150
인베스터 15

ㅈ
제미나이 CLI 22, 172
제비우스 144
제비우스 게임 256
중단점(Break Point) 39

ㅋ
코파일럿 56
크롤링 77
크리에이터 15
클래스(class) 48

ㅌ
테트리스게임 65
튜플(Tuple) 44
트라이얼 제품 57
트렌드 300

ㅍ
파스텔 톤 96
파이썬 26
프론트엔드 173
프리 에이전트 13
프리랜서 강사 13

ㅎ
한근태 16
함수(Function) 47
회원가입 283